浙江省"十四五"普通高等教育本科规划教材

浙江省高等教育"十三五"第二批教学改革研究项目

浙江大学校级研究生教材项目

浙江大学经济学院研究生系列优秀教材编著与出版计划

浙江大学财税大数据与政策研究中心资助教材

U0647628

PANEL DATA ANALYSIS AND APPLICATION USING

STATA

面板数据分析与 Stata 应用

方红生　◎编著

ZHEJIANG UNIVERSITY PRESS

浙江大学出版社

·杭州·

图书在版编目(CIP)数据

面板数据分析与 Stata 应用 / 方红生编著. — 杭州：
浙江大学出版社，2022.4(2025.5 重印)
ISBN 978-7-308-22350-8

Ⅰ. ①面… Ⅱ. ①方… Ⅲ. ①经济计量分析 Ⅳ.
①F224.0

中国版本图书馆 CIP 数据核字(2022)第 025540 号

本教材中的数据集和 do 文件可从中国大学 MOOC——"面板数据分析与 Stata 应用"
(https://www.icourse163.org/course/ZJU-1206581810)中下载。下载方法如下：(1)选择
课程，进入课程页面后点击"已参加，查看内容"；(2)进入页面后，在页面左侧点击"课件"，
就会看到每一讲的数据和 do 文件都在每一讲第一个视频的下方；(3)点击"第×讲数据集
及 do 文件"，进入页面后，右下方有一个"下载附件"按钮，点击即可下载相应的课程资料。

本书提供教学课件，订购本书作为教材上课的老师可向作者咨询课件。

面板数据分析与 Stata 应用

方红生　编著

责任编辑	朱　玲
责任校对	傅宏梁
封面设计	春天书装
出版发行	浙江大学出版社
	（杭州市天目山路 148 号　邮政编码 310007）
	（网址：http://www.zjupress.com）
排　　版	杭州朝曦图文设计有限公司
印　　刷	杭州宏雅印刷有限公司
开　　本	787mm×1092mm　1/16
印　　张	10.5
字　　数	216 千
版印次	2022 年 4 月第 1 版　2025 年 5 月第 3 次印刷
书　　号	ISBN 978-7-308-22350-8
定　　价	39.00 元

前　言

　　这本教材源于我 2012 年在浙江大学经济学院接手的研究生课程"截面和面板数据分析"的教学探索和实践。"截面和面板数据分析"课程此前由经济学院兼职教授、著名经济学家陆铭开设，非常受欢迎。2012 年，陆铭教授不再继续教授这门课程。出于兴趣，我鼓起勇气接手了这门课程。不过，考虑 2 学分的时间限制，同时也考虑到与截面数据分析相比，面板数据分析更有优势，我就将重心放在面板数据分析及其 Stata 实现方面。经过艰难探索和实践，这门课程于 2017 年入选了首批浙江大学研究生素养与能力培养型课程建设项目。以这门课程为基础，2019 年我成功申请主持了浙江省高等教育"十三五"第二批教学改革研究项目——前沿方法与工具类课程教学改革创新与实践：以"面板数据分析与 Stata 应用"课程为例。2018 年，浙江大学非常重视慕课教学，受此影响，2019 年我再次鼓起勇气申请了浙江大学第二批校级研究生慕课项目。令人高兴的是，2019 年 6 月 4 日，我再次获得了学校的立项资助。考虑到当年的 8 月 18 日，我将前往美国 UIUC（伊利诺伊大学香槟分校）考察学习，我下定决心必须在 8 月 17 日前完成"面板数据分析与 Stata 应用"慕课拍摄任务，否则，9 月 7 日回国后再拍摄，将无法在新学期及时推出慕课，也很有可能在年底前都完不成慕课项目的结项任务。幸运的是，在浙江大学研究生院、智慧树公司以及我的博士研究生胡稳权、张旭飞、鲁玮骏、郭林等的大力支持下，慕课从 8 月 12 日周一晚上开始了拍摄，到 17 号晚上，共拍摄了 7 次，终于顺利完成了 2 学分共 490 分钟的拍摄任务。可以说，这是一次与时间赛跑且必须赢的"战斗"，其间经历了难以想象的智力和身心的双重挑战，好在最终赢下了这次"战斗"，对此，我感到自豪。8 月 18 日，我安心地和同事一起去了美国。在美国期间，我利用休息时间和我的研究生们、浙江大学研究生院以及智慧树公司进行了充分沟通，不断完善慕课视频。9 月 7 日回国后，经过持续努力，"面板数据分析与 Stata 应用"慕课最终于 2019 年 9 月 30 日正式在"中国大学 MOOC"平台开课。截至目前，线上课程已开课 4 期，约 3.4 万人次选学，第 5 期课程也正在开设中。该线上课程还荣获了 2019 年浙江省优秀研究生课程认定，以此为基础申报的教材也荣获了浙江大学 2020 年度校级研究生教材项目 A 类立项。

　　《面板数据分析与 Stata 应用》是"面板数据分析与 Stata 应用"这门慕课的配套教材，基于我长达 10 年的探索与实践而成。本教材主要试图提升学生以下两方面的能力：第一，读懂国内外权威期刊（如《中国社会科学》《经济研究》《管理世界》以及 *American Economic Review* 等）上用面板数据分析方法做的经验研究论文；第二，理解应用前景非常广阔的面板数据分析方法的理论并掌握其在 Stata 中的实现程序，进而提高学生的实证分析能力和经验研究论文的写作水平。

经过长期的探索与实践，与同类教材相比，本教材具有以下鲜明特色：(1)注重实用性。鉴于面板数据分析相比于截面数据分析与时间序列数据分析具有很多的优点，被广泛应用于国内权威期刊论文和国际顶级期刊论文中，本教材只注重面板数据分析。(2)注重两结合。本教材以实证分析为导向，强调计量理论和应用操作的结合，并且在方法上注重主流方法和前沿方法的结合。(3)注重实战性。对于每种计量方法，本教材都会根据经验研究论文的写作需要配上富有逻辑的讲解理论、操作和案例。为更好地帮助学习者应用这些方法，本教材还提供若干篇重要论文，供其撰写经验研究论文时参考。

本教材适用对象为经济学、国际经济与贸易、金融学、财政学、税收学等社科类专业三年级及以上年级本科生、硕士研究生和博士研究生，以及从事社会科学教学和研究的教师和学者。希望大家在应用本教材中的方法时，要一切从实际出发，着眼于解决新时代改革开放和社会主义现代化建设的实际问题，不断回答中国之问、世界之问、人民之问、时代之问，做出符合中国实际和时代要求的正确回答，得出符合客观规律的科学认识，形成与时俱进的理论成果，更好地指导中国实践，为以中国式现代化全面推进中华民族伟大复兴贡献力量。

本教材得以顺利出版，首先，感谢浙江大学历届领导、经济学院历届领导和各位同事、学界同仁、智慧树公司领导及其团队、"中国大学 MOOC"平台领导对我的关心和照顾，以及《经济研究》编辑部、《管理世界》编辑部、*China Economic Review* 编辑部等对我研究工作给予的大力支持和鼓励。其次，感谢我的博士研究生胡稳权、张旭飞、鲁玮骏、鲍雨欣、苏云晴、郭林、俞琳慧、何敏元、党丹丹、许铭雪和硕士研究生洪圆双、李明曦、吴宵等的大力支持以及2012—2021 年选课学生所贡献的智慧。再次，感谢首批浙江大学研究生素养与能力培养型课程建设项目、浙江省高等教育"十三五"第二批教学改革研究项目、浙江大学第二批校级研究生慕课项目、浙江省优秀研究生课程认定、浙江大学 2020 年度校级研究生教材项目、浙江大学经济学院研究生系列优秀教材编著与出版计划和浙江大学财税大数据与政策研究中心的慷慨资助和大力支持，以及浙江大学出版社朱玲编辑为本书出版所做的卓有成效的工作。最后，我还要感谢我所参考的所有教材和资料的作者。在本教材中，凡有参考，我都尽可能做了引用，当然，也可能有疏漏，若有不规范之处，敬请作者或读者写邮件告知。我的邮箱是：fhs@zju.edu.cn。虽然我在这本教材的编写上下了很大的功夫，但疏漏仍在所难免，不当之处还恳请读者不吝批评指正，我会尽可能早地推出修订版，在修订版中一并加以完善。

最后，我要特别感谢我的家人，我深知，没有他们的大力支持，这本教材也很难顺利出版。

方红生

2023 年 6 月 28 日

修改于浙江大学紫金港校区西区经济学院 305 室

目 录

第六章 双重差分模型

第七章 断点回归设计

第一章　短面板数据分析

短面板数据分析是"面板数据分析与 Stata 应用"的基础。本章将从理论和操作两个部分对其进行重点介绍,其中理论部分包括面板数据与模型、面板数据模型估计与标准误的修正;操作部分主要介绍短面板数据分析的基本程序。

1.1　短面板数据分析理论部分

1.1.1　面板数据与模型

什么是面板数据? 面板数据是在一段时间内跟踪同一组个体得到的数据。这既有横截面的维度(n 个个体),又有时间维度(t 个时期)。它是同时在时间和截面上取得的二维数据,又称为时间序列与截面混合数据(pooled time series and cross section data)。

下面我们举两个例子。表 1.1 所示的是微观面板数据,这个数据集包含 100 个企业 2010—2013 年的投资和市值数据。其中,面板(个体)变量是 $company$,时间变量是 $year$。值得注意的是,面板(个体)变量的取值必须是整数且不重复,相当于把样本中每个个体进行编号,它是数字型变量。

表 1.1　微观面板数据

company	year	invest	mvalue
1	2010		
1	2011		
1	2012		
1	2013		
...	...		
100	2010		
100	2011		

续 表

company	year	invest	mvalue
100	2012		
100	2013		

表 1.2 所示的则是宏观面板数据,这个数据集包含中国大陆 31 个省区市 2010—2013 年的人均实际 GDP 和通货膨胀数据。其中,面板(个体)变量是 $code$,时间变量是 $year$。

如果面板数据中只有 $region$ 这个字符串变量,则可以将这个 Excel 数据集复制到 Stata 中,然后通过 **encode region,gen($code$)** 这个简单的命令生成面板(个体)变量 $code$。

表 1.2 宏观面板数据

region	code	year	prgdp	inflation
北京	1	2010		
北京	1	2011		
北京	1	2012		
北京	1	2013		
…	…	…		
新疆	100	2010		
新疆	100	2011		
新疆	100	2012		
新疆	100	2013		

那么,面板数据有几种类型呢?面板数据类型通常有三类,分别是短面板(short panel)和长面板(long panel),动态面板(dynamic panel)和静态面板(static panel),平衡面板(balanced panel)和非平衡面板(unbalanced panel)。什么是短面板和长面板?很简单,当截面数 n 大于 t 时,就是短面板;当截面数 n 小于 t 时就是长面板。上面提到的微观面板数据和宏观面板数据显然都是短面板,原因是微观面板数据的截面数是 100,时期数是 4;宏观面板数据的截面数是 31,时期数是 4。两个面板数据的截面数都大于时期数。那么,什么是动态面板和静态面板?如果解释变量包含被解释变量的滞后值,则为动态面板;反之,则为静态面板。什么是平衡面板和非平衡面板?当每个个体在相同的时间内都有观测值记录,就是平衡面板;反之,则为非平衡面板。

与截面数据和时间序列数据相比,面板数据由于同时包含横截面和时间两个维度,所以有不少优点。第一个优点是,它可以处理由不可观察的个体异质性所导致的内生性问题;第二个优点是,它提供更多个体动态行为的信息;第三个优点是,它的样本量较大,可以提高估计的精确度。但是面板数据也有其不足之处，主要有两点。第一是大多数面板数据分析技术都针对的是短面板；第二是寻找面板数据结构的工具变量不是很容易。

接下来介绍面板数据模型。面板数据模型通常可以分为非观测效应模型（unobserved effects model）和混合回归模型（pooled regression model）。什么是非观测效应模型？存在不可观测的个体效应的模型就是非观测效应模型，而不存在不可观测的个体效应的模型则为混合回归模型（pooled regression model，PR）。非观测效应模型又可以进一步细分为固定效应模型（fixed effects model，FE）和随机效应模型（random effects model，RE）。

我们首先介绍固定效应模型，模型基本设定为：

$$y_{it} = \beta x_{it} + \alpha_i + \varepsilon_{it} \qquad\qquad (式1.1)$$

其中，y_{it} 是被解释变量，这里有两个下标，i 代表截面，t 代表时间，这是面板数据模型的表示方法；x_{it} 是解释变量；ε_{it} 是误差项。这里需要重点关注的是式子中没有下标 t 的 α_i 项，它表示不随时间变化的不可观测的个体效应。如果 α_i 与某个解释变量相关，就是固定效应模型。现在我们看到的这个模型是单向固定效应模型，只考虑了个体效应，没有考虑时间效应。如果同时考虑个体效应和时间效应就是双向固定效应模型。在单向固定效应模型的右边加上不随个体而变但随时间而变的时间效应 λ_t，就构成了双向固定效应模型，即：

$$y_{it} = \beta x_{it} + \lambda_t + \alpha_i + \varepsilon_{it} \qquad\qquad (式1.2)$$

其中，λ_t 控制的是不可观察的政策冲击或经济冲击，其在同一时间对不同个体的影响效应都是相同的。值得一提的是，在学术研究中，一般都是将双向固定效应模型作为经验分析的逻辑起点，否则审稿人就会提出质疑，要求修改。

随机效应模型与固定效应模型的区别在于，在随机效应模型中，不可观测的个体效应 α_i 与所有解释变量不相关。当不存在个体效应，也就是 $\alpha_i = 0$ 时，面板数据模型为混合回归模型。

1.1.2　面板数据模型估计与标准误的修正

以下简单介绍一下面板数据模型的估计方法。对于固定效应模型的估计，有固定效应变换法（fixed effects transformation，FET）和最小二乘虚拟变量法（least square dummy variable，LSDV）两种方法。

（1）固定效应模型的估计

我们先来看固定效应变换法。首先，对给定的第 i 个个体，有固定效应模型如下：

$$Y_{it} = \beta_1 X_{it} + \alpha_i + \mu_{it} \qquad\qquad (式1.3)$$

将式 1.3 两边对时间取平均，叫得式 1.4，如下所示：

$$\overline{Y}_i = \beta_1 \overline{X}_i + \alpha_i + \overline{\mu}_i \qquad\qquad (式1.4)$$

然后,用式 1.3 减去式 1.4,可得离差形式的式 1.5:

$$Y_{it} - \overline{Y}_t = \beta_1(X_{it} - \overline{X}_i) + (\mu_{it} - \overline{\mu}_i) \qquad\qquad (式1.5)$$

进一步令 $\widetilde{Y}_{it} = Y_{it} - \overline{Y}_i$、$\widetilde{X}_{it} = X_{it} - \overline{X}_i$、$\widetilde{\mu}_{it} = \mu_{it} - \overline{\mu}_i$,式 1.5 可变为式 1.6:

$$\widetilde{Y}_{it} = \beta_1 \widetilde{X}_{it} + \widetilde{\mu}_{it} \qquad\qquad (式1.6)$$

最后,由于式 1.6 已将不可观测的个体效应 α_i 消去,所以只要误差项的离差与解释变量的离差不相关,则可以用普通最小二乘法(ordinary least squares,OLS)一致地估计 β,称为固定效应估计量(fixed effects estimator),记为 $\hat{\beta}_{FE}$。由于 $\hat{\beta}_{FE}$ 主要使用了每个个体的组内离差信息,所以也称为"组内估计量"(within estimator)。

固定效应变换方法的优点是,即使个体效应与解释变量 x_{it} 相关,也可得到一致估计。固定效应变换方法的缺点是,无法估计不随时间而变的变量的影响,比如教育、性别、是否为少数民族等。那么,如何解决这一问题?通常有三种方法。第一种方法是可以与年度虚拟变量交互起来进行分析。如在一个工资方程中,人的受教育程度不随时间变化,我们就可以把教育同每个年度的虚拟变量交互起来,看教育回报如何随时间变化而变化。但值得一提的是,我们无法估计基期的教育回报,只能识别每年的教育回报与基期的差别。第二种方法是使用工具变量法,感兴趣的同学可以看看陈强(2014)的解释及 ***xthtaylor*** 估计命令。

固定效应模型估计的 Stata 实现命令是 **xtreg y x , fe**。其中,y 是被解释变量,x 是解释变量。引入时间效应的双向固定效应估计的 Stata 实现命令是 **xi: xtreg y x i. *year*, fe**。其中,**i. *year*** 直接生成了年份的虚拟变量,控制了时间效应。另外,我们也可以通过 **tab *year***,**gen(*year*)** 这一命令生成年份的虚拟变量,然后将生成的虚拟变量放到 x 变量之后。

LSDV 方法的基本思想就是将不可观测的个体效应 α_i 看作待估计的参数,α_i 就是第 i 个个体的截距。估计 n 个截距的方法就是引入 $n-1$ 个虚拟变量(如果省略常数项,则引入 n 个虚拟变量)。例如,共有 7 个州,计量模型可以写成:

$$y_{it} = \beta_0 + \beta_1 X_{it} + \gamma_1 D_1 + \gamma_2 D_2 + \gamma_3 D_3 + \gamma_4 D_4 + \gamma_5 D_5 + \gamma_6 D_6 + \mu_{it} \qquad (式1.7)$$

在这个计量模型中,7 个州的回归线斜率相同,都是 β_1,但截距不同。第 1 个州的截距是 $\alpha_1 = \beta_0$;第 2 个州的截距是 $\alpha_2 = \beta_0 + \gamma_1$;第 3 个州的截距是 $\alpha_3 = \beta_0 + \gamma_2$;第 4 个州的截距是 $\alpha_4 = \beta_0 + \gamma_3$;依此类推。这种方法可以估计每个个体的异质性,也可以估计不随时间变化的变量的影响。

如果不存在时间效应,则 LSDV 方法的 Stata 实现命令是 **xi: reg y x i. *code***。其中,**i. *code*** 直接生成了个体的虚拟变量。如果存在时间效应,则 LSDV 方法的 Stata 实现命令是 **xi: reg y x i. *code* i. *year***。

（2）随机效应模型的估计

接下来,我们介绍随机效应模型的估计。对于随机效应模型的估计,虽然 OLS 估计可以得到一致的估计量,但不是有效的估计量,因为复合误差项 $v_{it} = \alpha_i + \mu_{it}$ 存在正的自相关。为什么复合误差项存在正的自相关? 这是由于存在个体效应 α_i,所以同一个个体在不同时间的复合误差项之间存在正的自相关,即 $\mathrm{Corr}(v_{it}, v_{is}) = \sigma_\alpha^2/(\sigma_\alpha^2 + \sigma_\mu^2), t \neq s$。其中,$\sigma_\alpha^2$ 为不可观测个体效应的方差,而 σ_μ^2 为误差项的方差。

我们可以通过广义最小二乘法(generalized least squares,GLS)估计随机效应模型,得到随机效应估计量。其基本思路如下。

首先,对随机效应模型采取广义离差变换可得广义离差模型:

$$y_{it} - \lambda \bar{y}_i = \beta_0(1 - \lambda) + \beta_1(x_{it1} - \lambda \bar{x}_{i1}) + \cdots + \beta_k(x_{itk} - \lambda \bar{x}_{ik}) + (v_{it} - \lambda \bar{v}_i) \qquad （式1.8）$$

其中,$\lambda = 1 - [\sigma_\mu^2/(\sigma_\mu^2 + T\sigma_\alpha^2)]^{\frac{1}{2}}$。值得注意的是,原随机效应模型经过这样的广义离差变换,可以使得误差项不存在自相关。

其次,用 λ 的估计值 $\hat{\lambda} = 1 - \{1/[1 + T(\hat{\sigma}_\alpha^2/\hat{\sigma}_\mu^2)]\}^{\frac{1}{2}}$ 替换 λ。其中,$\hat{\sigma}_\alpha^2$ 是不可观测效应方差的估计量,$\hat{\sigma}_\mu^2$ 是误差项方差的估计量。

最后,通过 OLS 估计上述广义离差模型,可获得随机效应估计量。

当 $\hat{\lambda} = 0$ 时,上述广义离差模型或随机效应模型就变成混合回归模型;

当 $\hat{\lambda} = 1$ 时,上述广义离差模型或随机效应模型就变成固定效应模型;

当 $\hat{\lambda}$ 趋近于 0 时,随机效应模型就趋近于混合回归模型,此时,个体效应相对于误差项就显得不重要;当 $\hat{\lambda}$ 趋近于 1 时,随机效应模型就趋近于固定效应模型,此时,个体效应相对于误差项就显得尤为重要。

随机效应模型估计的 Stata 实现命令是 **xtreg y x , re**。这个命令与固定效应模型估计的命令相比,其差别就是逗号之后是 **re**,而非 **fe**。如果要双向控制,则使用命令 **xi:xtreg y x i. year , re**。

对于短面板数据模型,在估计的同时,还需要考虑三大问题,分别是误差项的异方差、自相关和截面相关问题。[①] 这些问题都可能对统计推断产生重要影响。我们可以看一下表1.3,首先,通过在命令中加入选项 **robust**,可以获得 White 稳健标准误,它能够解决异方差的问题。如果在命令中加入选项 **cluster**,可以获得 Rogers 标准误或聚类稳健的标准误,它可以同时解决异方差和自相关两大问题。另外,特别推荐使用的命令是表 1.3 中最后一列

---

① 不同个体的误差项存在相关性。

的 **xtscc**,它可以同时解决三大问题,提供 Driscoll-Kraay 标准误。笔者和香港中文大学的杜巨澜教授合作发表在 *China Economic Review* 期刊上的文章"The 'Growth-First Strategy' and the Imbalance between Consumption and Investment in China"就使用了这个命令,感兴趣的同学可以学习本章的附录。

表 1.3　命令与处理不同问题的选项

命令	选项	标准误可处理的问题	附注
reg,xtreg **reg,xtreg**	**robust** **cluster()**	异方差问题 异方差和自相关问题	
xtregar **newey**		AR(1)[1] 的自相关问题 异方差和 MA(q)[2] 类型的自相关问题	
xtgls	**panels(),** **corr()**	异方差问题、同期截面相关问题以及 AR(1)的自相关问题	需要 $N < T$,以确保生成最优标准误
xtpcse	**correlation()**	异方差问题、同期截面相关问题以及 AR(1)的自相关问题	使用 **xtpcse** 命令对大型面板数据进行估计需要很长时间
xtscc		异方差问题、MA(q)的自相关问题,以及截面相关问题	

[1] AR(1)指一阶自回归。
[2] MA(q)表示滞后 q 期的移动平均自回归。
来源:Hoechle D. Robust standard errors for panel regressions with cross-sectional dependence[J]. The Stata Journal,2007,7(3):281—312.

下面是 Hoechle(2007)的一些估计结果,帮助大家进一步理解采用不同标准误的差异。表 1.4 显示的是使用混合回归模型估计但使用不同标准误得到的结果。第一列是混合回归,对误差项的问题不提供任何修正的标准误;第二列是稳健标准误,解决了异方差问题;第三列是聚类稳健的标准误,解决了异方差和自相关问题;第五列是使用 **xtscc** 估计的结果,解决了异方差、自相关和截面相关三大问题。可以看到,这些列的估计系数没有发生变化,变化的是标准误和显著性。OLS 估计下 *aVol* 变量前的系数在 1% 的水平上显著,有三颗星,但是在 **xtscc** 命令的估计下,*aVol* 变量前的系数则不显著。

表 1.4　不同稳健标准误下的 OLS 估计结果

SE	OLS	White	Rogers	Newey-West	Driscoll-Kraay
aVol	-0.0018^{***} (-4.006)	-0.0018^{**} (-2.043)	-0.0018^{*} (-1.831)	-0.0018^{*} (-1.760)	-0.0018 (-1.627)
Size	-0.1519^{***} (-17.412)	-0.1519^{***} (-12.496)	-0.1519^{***} (-6.756)	-0.1519^{***} (-10.717)	-0.1519^{***} (-14.789)

SE	OLS	White	Rogers	Newey-West	Driscoll-Kraay
TRMS2	0.0033*** (5.295)	0.0033*** (5.520)	0.0033*** (5.495)	0.0033*** (5.582)	0.0033*** (3.773)
TRMS	−0.0018 (−0.370)	−0.0018 (−0.353)	−0.0018 (−0.381)	−0.0018 (−0.340)	−0.0018 (−0.351)
Const.	1.4591*** (25.266)	1.4591*** (18.067)	1.4591*** (9.172)	1.4591*** (14.883)	1.4591*** (10.775)
#*obs*	11775	11775	11775	11775	11775
#*clusters*			219		219
R^2	0.029	0.029	0.029	0.029	0.029

注：***、**和*分别代表1%、5%和10%的显著性水平，括号中为 t 统计量，下同。

来源：Hoechle D. Robust standard errors for panel regressions with cross-sectional dependence[J]. The Stata Journal，2007，7(3)：281-312.

我们继续看表1.5，这是一个使用固定效应模型估计但使用不同标准误的估计结果。第一列是固定效应 FE 的估计结果，对误差项的问题不提供任何修正的标准误；第二列是稳健标准误；第三列是聚类稳健的标准误；第四列是使用 **xtscc** 命令的估计结果。同样的，*aVol* 的估计系数没有发生变化，但标准误和显著性发生了变化。值得一提的是，与混合回归模型相比，固定效应模型使用 **xtscc** 命令估计的结果则显示 *aVol* 的估计系数在 5% 的水平上显著。

表 1.5　不同稳健标准误下的 FE 估计结果

SE	FE	White	Rogers	Driscoll-Kraay
aVol	−0.0018*** (−4.161)	−0.0018*** (−2.166)	−0.0018* (−1.852)	−0.0018* (−2.057)
Size	−0.1875*** (−4.994)	−0.1875*** (−4.883)	−0.1875*** (−4.186)	−0.1875*** (−6.977)
TRMS2	0.0031*** (5.072)	0.0031*** (5.717)	0.0031*** (5.370)	0.0031*** (3.835)
TRMS	−0.0015 (−0.302)	−0.0015 (−0.300)	−0.0015 (−0.311)	−0.0015 (−0.279)
Const.	1.6670*** (7.750)	1.6670*** (7.452)	1.6670*** (6.737)	1.6670*** (7.965)
#*obs.*	11775	11775	11775	11775
#*stocks*	219	219	219	219
overall-R^2	0.029	0.029	0.029	0.029

来源：Hoechle D. Robust standard errors for panel regressions with cross-sectional dependence[J]. The Stata Journal，2007，7(3)：281-312.

1.2 短面板数据分析操作部分

1.2.1 短面板数据分析的基本程序 1

前面介绍了短面板数据分析的理论部分,接下来介绍短面板数据分析的操作部分。经过多年的教学实践,笔者将其命名为短面板数据分析的基本程序,可以指导大家做经验研究。一篇经验研究论文在做了理论分析并提出若干假说之后,接下来就要检验理论分析所提出的假说。为了完成这个工作,在操作层面,需要遵循一些基本程序,笔者将其概括为四步。下面以检验提高啤酒税将降低交通死亡率的假说为例,介绍四步程序。

第一步,模型设定与数据。

为了检验假说,我们可以构造如下的双向固定效应模型:

$$fatal_{it} = \beta_0 + \beta_1 beertax_{it} + \beta_2 spircons_{it} + \beta_3 unrate_{it} + \beta_4 perinck_{it} + \mu_i + \gamma_t + \varepsilon_{it}$$

(式 1.9)

其中,被解释变量是交通死亡率 $fatal$,核心解释变量是啤酒税 $beertax$。另外三个可观察的控制变量是酒精的消费量 $spircons$、失业率 $unrate$ 和人均个人收入 $perinck$。值得一提的是,控制变量一般根据权威文献来选择。μ_i 是不可观测的个体效应,γ_t 是时间效应。

上述五个可观察的变量来自 Baum(2006)的 traffic 数据集,我们可以打开 Stata 软件导入 traffic 数据集来查看。导入数据集通常有两种方式,第一种是直接输入命令,第二种是在 Stata 窗口手动导入。先采用直接输入命令方式导入,我们一般可以使用 **use"数据所在文件路径\数据集名称.dta"** 这一命令打开数据集。在下载了教材配套的相应数据集后,我们将其置于电脑桌面上,此时可以使用 **use"C:\Users\Administrator\Desktop\traffic.dta"** 这个命令打开。打开后,在 Stata 软件的右侧页面就会显示数据集中所包含的变量以及变量的解释(见图 1.1)。

接下来在 Stata 窗口手动导入,具体步骤如图 1.2 所示:首先,在 Stata 软件左上角点击 File,并找到 Open 选项;其次,点击 Open 后会弹出一个窗口,在该窗口中找到并选择目标数据集,点击打开。完成以上两步时,数据集便已在 Stata 中打开了,打开后的界面跟前面使用对应命令打开后是一样的。

在 Stata 中导入数据集之后,我们可以通过 **des** 这个命令查看数据。如图 1.3 所示,在 Stata 命令窗口输入 **des** 之后,我们可以看到这个数据集包括 336 个观察值,54 个变量,变量名称、数据类型以及相关的说明等重要信息。

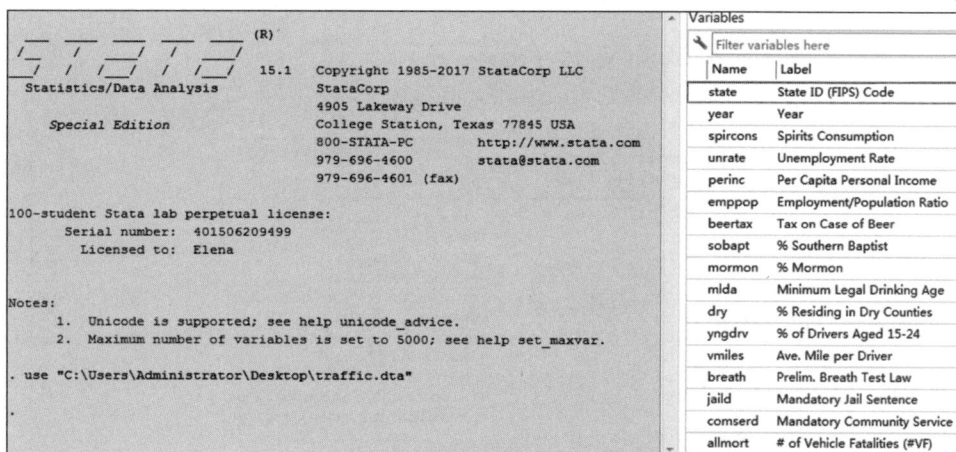

图 1.1　在 Stata 中导入数据集后的窗口示意

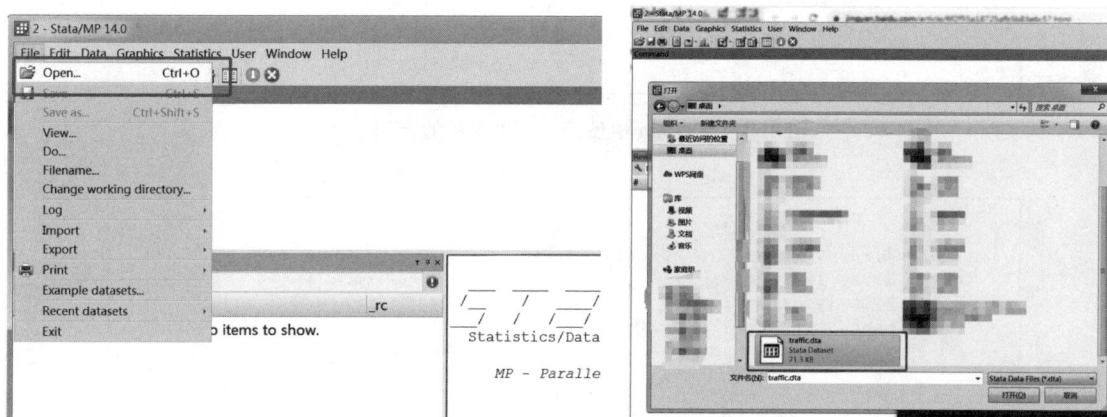

图 1.2　在 Stata 中手动导入数据集流程

另外,通过 **xtdes** 这个命令我们可以查看有关面板数据的特征,如图 1.4 所示,可以看到截面数 n 是 48,时间数是 7,是一个短面板数据集。

在使用面板数据分析前,要输入 **xtset** *state year* 命令,指示 Stata 软件这是一个以面板变量或截面变量为州 *state*,时间变量为 *year* 的面板数据集(见图 1.5)。strongly balanced 说明这是一个平衡面板数据集。到目前为止,我们可以得知,traffic 数据集是一个 48 个州 1982—1988 年的平衡面板数据集。

第二步,描述性统计与作图。

使用命令 **sum** 加关键变量,可以得到描述性统计表,如图 1.6 所示,表中第一列是变量名,第二列是观测值数目,后面依次是均值、标准差、最小值、最大值。

在进行回归之前,我们可以画出核心解释变量 *beertax* 与被解释变量 *fatal* 的散点图以及回归直线,看看核心解释变量与被解释变量之间是否存在理论上预期的负向关系。输入 **twoway**

```
. des

Contains data from C:\Users\Louis\Desktop\traffic.dta
  obs:            336
  vars:            54                           30 Nov 2008 15:45
  size:         61,152
───────────────────────────────────────────────────────────────────
              storage   display    value
variable name  type     format     label     variable label
───────────────────────────────────────────────────────────────────
state         float     %9.0g      sid       State ID (FIPS) Code
year          int       %9.0g                Year
spircons      float     %9.0g                Spirits Consumption
unrate        float     %9.0g                Unemployment Rate
perinc        float     %9.0g                Per Capita Personal Income
emppop        float     %9.0g                Employment/Population Ratio
beertax       float     %9.0g                Tax on Case of Beer
sobapt        float     %9.0g                % Southern Baptist
mormon        float     %9.0g                % Mormon
mlda          float     %9.0g                Minimum Legal Drinking Age
dry           float     %9.0g                % Residing in Dry Counties
yngdrv        float     %9.0g                % of Drivers Aged 15-24
vmiles        float     %9.0g                Ave. Mile per Driver
breath        byte      %9.0g                Prelim. Breath Test Law
jaild         byte      %9.0g                Mandatory Jail Sentence
comserd       byte      %9.0g                Mandatory Community Service
allmort       int       %9.0g                # of Vehicle Fatalities (#VF)
mrall         float     %9.0g                Vehicle Fatality Rate (VFR)
allnite       int       %9.0g                # of Night-time VF (#NVF)
mralln        float     %9.0g                Night-time VFR (NFVR)
allsvn        int       %9.0g                # of Single VF (#SVN)
a1517         int       %9.0g                #VF, 15-17 year olds
```

图 1.3　在 Stata 中使用 des 命令后的窗口示意

```
. xtdes

  state:  1, 4, ..., 56                                       n =        48
   year:  1982, 1983, ..., 1988                               T =         7
          Delta(year)  = 1 unit
          Span(year)   = 7 periods
          (state*year uniquely identifies each observation)

Distribution of T_i:   min      5%    25%    50%    75%    95%    max
                         7       7      7      7      7      7      7

     Freq.  Percent   Cum.  │ Pattern
    ───────────────────────────────────
       48    100.00  100.00 │ 1111111
    ───────────────────────────────────
       48    100.00         │ XXXXXXX
```

图 1.4　在 Stata 中使用 xtdes 命令后的窗口示意

```
. xtset state year
       panel variable:  state (strongly balanced)
        time variable:  year, 1982 to 1988
                delta:  1 unit
```

图 1.5　在 Stata 中使用 xtset 相关命令后的窗口示意

（scatter *fatal beertax*）（lfit *fatal beertax*）就可以完成这个研究任务。观察图 1.7，我们发现这两个变量之间是正相关关系，与理论预期不符。不过，这个命令并没有控制其他影响因素。

```
. sum fatal beertax spircons unrate perinc

    Variable |        Obs        Mean    Std. Dev.         Min         Max
-------------+--------------------------------------------------------------
       fatal |        336     2.040444    .5701938      .82121     4.21784
     beertax |        336      .513256    .4778442    .0433109    2.720764
    spircons |        336      1.75369    .6835745         .79         4.9
      unrate |        336     7.346726    2.533405         2.4          18
      perinc |        336     13880.18    2253.046    9513.762    22193.46
```

图 1.6　在 stata 中使用 Sum 相关命令后的窗口示意

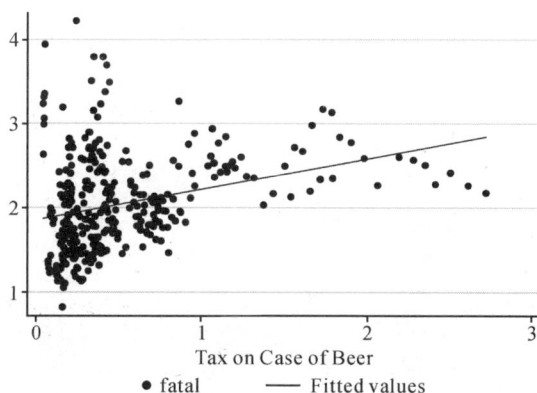

图 1.7　在 Stata 中使用 twoway 相关命令后的窗口示意

　　如何在控制其他变量的基础上展示核心解释变量与被解释变量之间的偏相关图？用 **reg** 命令做出回归结果之后,在 **avplot** 命令后面加上核心变量的命令即可,这里可以用 **help avplot** 命令查看其用法。如果直接用 **avplots** 这个命令,就会把所有的变量与被解释变量之间的偏回归图展示出来。

　　我们先进行 LSDV 估计,输入命令:**reg** *fatal beertax spircons unrate perinck* i. *year* i. *state*,然后输入命令:**avplot** *beertax*(不过,要先使用 **search avplot** 命令安装)。图 1.8 是运行了 **avplot** 命令之后的结果,此时是控制了其他变量之后得到的偏回归图,可以看到 *fatal* 与 *beertax* 明显呈负相关关系。而使用 **avplots** 命令时,结果就如图 1.9 所示,可以看到图中把所有解释变量与被解释变量之间的偏回归图都展示了出来。

　　除此之外,我们还可以使用 **xtline** 命令做出核心变量在各个州的时间序列图。在论文中,如果核心变量的衡量体现了你的贡献,那么做这个工作就显得非常重要,或许会成为打动编辑或审稿人的一个因素。图 1.10 便是用 **xtline** *fatal* 命令做出的美国 48 个州 1982—1988 年交通死亡率的时间序列图。

1.2.2　短面板数据分析的基本程序 2

第三步,模型选择。

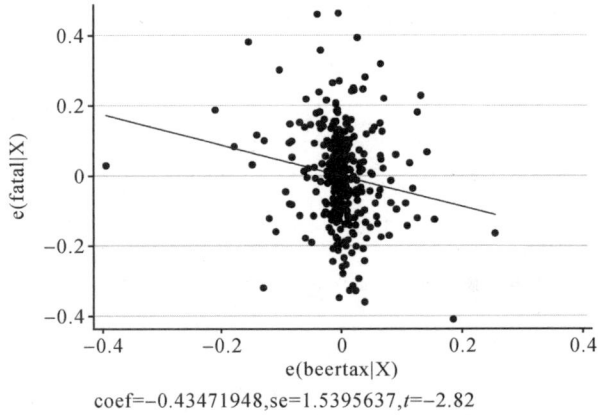

coef=-0.43471948,se=1.5395637,t=-2.82

图 1.8　在 Stata 中使用 avplot 相关命令后的窗口示意

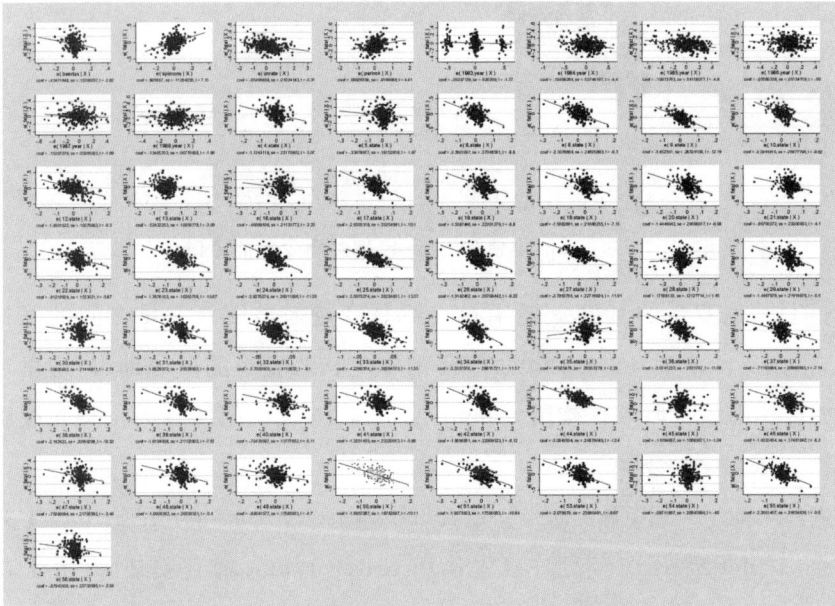

图 1.9　在 Stata 中使用 avplots 相关命令后的窗口示意

我们之前介绍过三个模型,即固定效应模型、随机效应模型和混合回归模型,那么我们到底应该选择哪个模型去检验假说呢?一般来说,在学术研究中,选择双向固定效应模型就可以了,但是有些审稿人还是希望你做模型选择工作,看看双向固定效应模型是否为匹配traffic 数据集的最合适模型,因此,还是有必要学习模型选择程序。一般来说,模型选择程序包括以下几个。

首先,比较混合回归模型(PR)和固定效应模型(FE)。

我们先使用 **tab year**,**gen**(*year*)命令生成年份虚拟变量,然后通过 **xtreg** *fatal beertax spircons unrate perinck year2-year7*,**fe** 命令估计双向固定效应模型。需要注意的是,在使

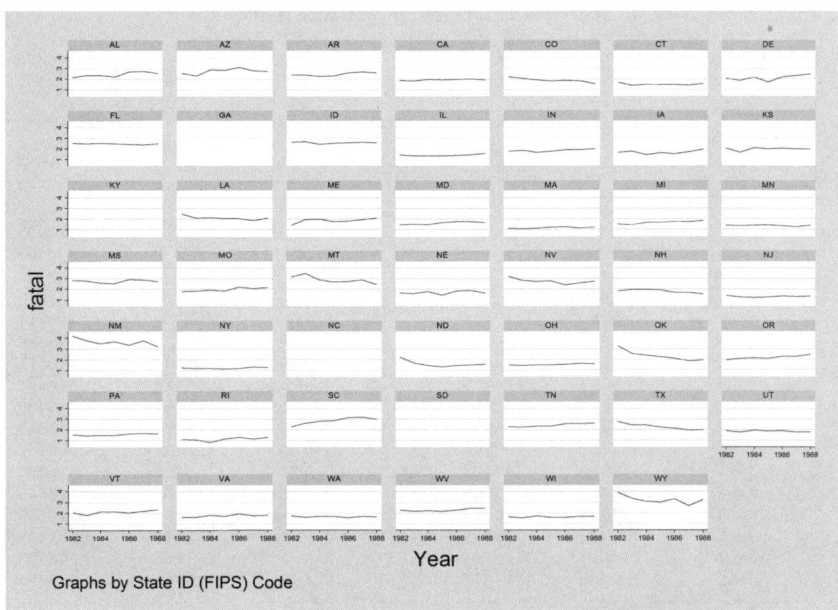

图 1.10 在 Stata 中使用 xtline 相关命令后的窗口示意

用命令"**xtreg…，fe**"时，如果不加选项 **cluster**(*state*)，则输出结果还包含一个 F 检验，其原假设为"$H_0: all\ \mu_i = 0$"。这意味着，如果接受原假设，就选择混合回归模型；如果拒绝原假设，就选择固定效应模型。

图 1.11 便是使用上述命令后的结果。我们从最后一行可以看到，F 检验显示 p 值远小于 0.1，这是否意味着可以拒绝原假设，选择固定效应模型呢？答案是否定的。原因是，误差项可能存在自相关、异方差和截面相关等三大问题，如果不对其进行处理，F 检验显示的结果可能就不可靠。所以，出于严谨性的考虑，我们还需要对三大问题进行检验。

一般来说，先检验截面相关问题是否存在。那么，可以使用哪些命令来检验呢？**xtcsd** 命令就可以做到这一点。在使用这个命令前，需要先使用 **ssc install xtcsd** 命令进行安装。如表 1.6 所示，**xtcsd** 命令有三个选项 **pes，fri** 和 **fre**。

表 1.6 xtcsd 命令三个选项的适用前提

选项	平衡面板	非平衡面板	动态面板	时间效应
pes	√	√	√	
fri	√			
fre	√			√

xtcsd 命令的每个选项都有其适用的前提。**pes** 既能用于平衡面板也能用于非平衡面板、动态面板；**fri** 只能用于平衡面板；**fre** 也只能用于平衡面板，但同时考虑了时间效应。值

```
. xtreg fatal beertax spircons unrate perinck year2-year7, fe

Fixed-effects (within) regression              Number of obs      =        336
Group variable: state                          Number of groups   =         48

R-sq:                                          Obs per group:
     within  = 0.4528                                       min =          7
     between = 0.1090                                       avg =        7.0
     overall = 0.0770                                       max =          7

                                               F(10,278)          =      23.00
corr(u_i, Xb)  = -0.8728                        Prob > F           =     0.0000

-------------------------------------------------------------------------------
       fatal |      Coef.   Std. Err.      t    P>|t|     [95% Conf. Interval]
-------------+-----------------------------------------------------------------
     beertax | -.4347195   .1539564    -2.82   0.005    -.7377878   -.1316511
     spircons |  .805857    .1126425     7.15   0.000     .5841163    1.027598
      unrate | -.0549084   .0103418    -5.31   0.000    -.0752666   -.0345502
     perinck |  .0882636   .0199988     4.41   0.000     .0488953    .1276319
       year2 | -.0533713   .030209     -1.77   0.078    -.1128387    .0060962
       year3 | -.1649828   .037482     -4.40   0.000    -.2387674   -.0911983
       year4 | -.1997376   .0415808    -4.80   0.000    -.2815908   -.1178845
       year5 | -.0508034   .0515416    -0.99   0.325    -.1522647    .050658
       year6 | -.1000728   .05906      -1.69   0.091    -.2163345    .0161889
       year7 |  -.134057   .0677696    -1.98   0.049    -.2674638   -.0006503
       _cons |  .1290568   .4310663     0.30   0.765    -.7195118    .9776253
-------------+-----------------------------------------------------------------
     sigma_u |  1.0987683
     sigma_e |  .14570531
         rho |  .98271904   (fraction of variance due to u_i)
-------------------------------------------------------------------------------
F test that all u_i=0: F(47, 278) = 64.52               Prob > F = 0.0000
```

图 1.11   在 Stata 中使用 xtreg 相关命令后的窗口示意

得一提的是，**xtcsd** 只有在固定效应模型（FE）或随机效应模型（RE）估计之后才可以运行。

在做了 FE 估计之后，接下来便可以在 Stata 中运行这些命令来看看结果。如图 1.12 所示，首先可以看到，**pes** 的结果在 10% 的显著性水平下拒绝了不存在截面相关问题的原假设，所以这个命令显示，我们构造的模型中的误差项存在截面相关问题。其次，再看 **fri** 的结果，很明显这时是接受原假设的，也就是不存在截面相关。最后，再看一下 **fre** 的结果，由于 1.068 大于 1% 的显著性水平所对应的临界值，所以我们可以判断这个命令在 1% 的显著性水平下拒绝了原假设，表明存在截面相关问题。截至目前，我们发现，这三个命令的检验出现了冲突性的结果，两个命令认为存在截面相关问题，一个命令认为不存在截面相关问题。那么我们到底该相信哪个结果？这要看三个命令的适用性前提条件。由于我们所使用的数据是平衡面板数据，使用的模型控制了时间效应，所以我们更倾向于 **xtcsd，fre** 的结果，认为我们所构造的模型中的误差项存在截面相关问题。

因此，我们需要用之前介绍的 **xtscc** 命令来处理这个问题，然后再检验个体效应。为此，我们首先在 Stata 中输入 **xi：xtscc** *fatal beertax spircons unrate perinck year*2-*year*7 i. *state* 命令，这个命令做的是 LSDV 的估计，但同时处理了误差项的截面相关问题。然后，用 **testparm _Istate** * 命令对州虚拟变量做 F 检验。

如图 1.13 所示，上述命令显示的 p 值小于 0.1，可以拒绝原假设，认为存在个体效应，选

```
. xtcsd,pes

Pesaran's test of cross sectional independence =    -1.716, Pr = 0.0862

. xtcsd,fri

Friedman's test of cross sectional independence =     1.482, Pr = 1.0000

. xtcsd,fre

 Frees' test of cross sectional independence =       1.068
|-------------------------------------------------------------|
 Critical values from Frees' Q distribution
                        alpha = 0.10 :    0.3583
                        alpha = 0.05 :    0.4923
                        alpha = 0.01 :    0.7678
```

图 1.12　在 Stata 中使用 xtcsd 相关命令后的窗口示意

```
. testparm _Istate*          Constraint 35 dropped
                             Constraint 36 dropped
( 1)  _Istate_4 = 0          Constraint 37 dropped
( 2)  _Istate_5 = 0          Constraint 38 dropped
( 3)  _Istate_6 = 0          Constraint 39 dropped
( 4)  _Istate_8 = 0          Constraint 40 dropped
( 5)  _Istate_9 = 0          Constraint 42 dropped
( 6)  _Istate_10 = 0         Constraint 43 dropped
( 7)  _Istate_12 = 0         Constraint 44 dropped
( 8)  _Istate_13 = 0         Constraint 45 dropped
( 9)  _Istate_16 = 0         Constraint 46 dropped
(10)  _Istate_17 = 0
(11)  _Istate_18 = 0
(12)  _Istate_19 = 0         F(  6,    6) =  330.75
(13)  Istate_20 = 0            Prob > F =    0.0000
```

图 1.13　在 Stata 中使用 testparm _Istate * 相关命令后的部分窗口示意

择 FE 模型。如果不存在截面相关问题,那就使用 **xi：reg** *fatal beertax spircons unrate perinck year2-year7* **i.** *state*，**cluster**($state$)命令,这个命令使用聚类到州获得的标准误来处理自相关和异方差问题。然后再用 **testparm _Istate** * 命令对州虚拟变量做 F 检验。同样的,如图 1.14 所示,p 值小于 0.1,可以拒绝原假设,认为存在个体效应,选择 FE 模型。

```
. testparm _Istate*          Constraint 33 dropped
                             Constraint 34 dropped
( 1)  _Istate_4 = 0          Constraint 35 dropped
( 2)  _Istate_5 = 0          Constraint 36 dropped
( 3)  _Istate_6 = 0          Constraint 37 dropped
( 4)  _Istate_8 = 0          Constraint 39 dropped
( 5)  _Istate_9 = 0          Constraint 40 dropped
( 6)  _Istate_10 = 0         Constraint 41 dropped
( 7)  _Istate_12 = 0         Constraint 42 dropped
( 8)  _Istate_13 = 0         Constraint 43 dropped
( 9)  _Istate_16 = 0         Constraint 44 dropped
(10)  _Istate_17 = 0         Constraint 45 dropped
(11)  _Istate_18 = 0         Constraint 46 dropped
(12)  _Istate_19 = 0         Constraint 47 dropped
(13)  Istate_20 = 0          F(  4,   47) =   42.86
                               Prob > F =    0.0000
```

图 1.14　在 Stata 中使用 testparm _Istate * 相关命令后的部分窗口示意

1.2.3　短面板数据分析的基本程序 3

上一节我们判断了混合回归模型和固定效应模型应当如何选择的问题，这一节我们继续比较混合回归模型（PR）和随机效应模型（RE）。

Breusch 等（1979）提出了一个检验个体效应的 LM 检验（LM test for individual-specific effects），原假设是不存在个体效应的，即 $H_0:\sigma_\mu^2 = 0$，备择假设为 $H_1:\sigma_\mu^2 \neq 0$。如果拒绝原假设，就选择 RE，否则选择 PR。

检验的命令是 **xttest0** 或者 **xttest1**。我们先使用随机效应模型进行估计，输入 **xtreg** *fatal beertax spircons unrate perinck year2-year7*，re 命令，然后再输入 **xttest0** 命令。

图 1.15 是随机效应模型的估计结果，而图 1.16 则为随机效应的检验结果。我们可以看到 p 值为 0，拒绝原假设，选择 **RE**。

```
. xtreg fatal beertax spircons unrate perinck year2-year7, re

Random-effects GLS regression              Number of obs     =       336
Group variable: state                      Number of groups  =        48

R-sq:                                      Obs per group:
     within  = 0.3482                                  min =         7
     between = 0.0376                                  avg =       7.0
     overall = 0.0129                                  max =         7

                                           Wald chi2(10)     =    101.39
corr(u_i, X)    = 0 (assumed)              Prob > chi2       =    0.0000

       fatal |      Coef.   Std. Err.      z    P>|z|     [95% Conf. Interval]
     beertax |   .0267497   .1177637     0.23   0.820     -.204063    .2575624
    spircons |   .2441989   .0853367     2.86   0.004      .076942    .4114559
      unrate |  -.0785772   .0112242    -7.00   0.000    -.1005762   -.0565783
     perinck |  -.0075135   .0203299    -0.37   0.712    -.0473594    .0323324
       year2 |  -.0691237   .0352158    -1.96   0.050    -.1381454    -.000102
       year3 |  -.2059816   .0420477    -4.90   0.000    -.2883935   -.1235697
       year4 |  -.2465828   .0452698    -5.45   0.000      -.33531   -.1578555
       year5 |  -.1334456   .0527554    -2.53   0.011    -.2368444   -.0300469
       year6 |  -.1800546   .0599858    -3.00   0.003    -.2976247   -.0624846
       year7 |  -.2173046   .0682934    -3.18   0.001    -.3511572    -.083452
       _cons |   2.430395   .3817877     6.37   0.000     1.682105    3.178686
     sigma_u |  .41733092
     sigma_e |  .14570531
         rho |  .89134817   (fraction of variance due to u_i)
```

图 1.15　在 Stata 中使用随机效应模型的估计结果

```
. xttest0

Breusch and Pagan Lagrangian multiplier test for random effects

        fatal[state,t] = Xb + u[state] + e[state,t]

        Estimated results:
                         |       Var     sd = sqrt(Var)

                   fatal |   .3251209        .5701938
                       e |     .02123        .1457053
                       u |   .1741651        .4173309

        Test:   Var(u) = 0
                             chibar2(01) =     556.27
                             Prob > chibar2 =    0.0000
```

图 1.16　在 Stata 中使用 xttest0 命令后的窗口示意

如果误差项存在自相关，用 **xttest1** 命令检验随机效应更好。如图 1.17 所示，我们发现，误差项存在一阶自相关，随机效应也存在。综上，我们选择 RE。

```
. xttest1

Tests for the error component model:

        fatal[state,t] = Xb + u[state] + v[state,t]
            v[state,t] = lambda v[state,(t-1)] + e[state,t]

    Estimated results:
                        |      Var      sd = sqrt(Var)
            ------------+---------------------------------
               fatal    |   .3251209       .5701938
                   e    |    .02123        .14570531
                   u    |   .1741651       .41733092

    Tests:
        Random Effects, Two Sided:
        ALM(Var(u)=0)            =    239.59  Pr>chi2(1) =   0.0000

        Random Effects, One Sided:
        ALM(Var(u)=0)            =     15.48  Pr>N(0,1)  =   0.0000

        Serial Correlation:
        ALM(lambda=0)            =     69.45  Pr>chi2(1) =   0.0000

        Joint Test:
        LM(Var(u)=0,lambda=0) =    625.72  Pr>chi2(2) =   0.0000
```

图 1.17　在 Stata 中使用 xttest1 命令后的窗口示意

接着，我们要在 FE 和 RE 中做出选择。

通常使用 Husman 检验，其基本思想是，如果不可观测的个体效应和解释变量不相关（假设是随机效应模型），即 $\mathrm{Cov}(\alpha_i, X_{it}) = 0$，用 FE 和 RE 进行估计，都可以得到一致的估计结果，但 RE 更有效。如果不可观测的个体效应和解释变量相关，此时 FE 估计可以得到一致的结果，但随机效应（RE）是有偏的。所以，如果原假设成立，则 FE 与 RE 的估计量将共同收敛于真实的参数值，两者之间没有系统性的差别；反之，两者的差距过大，则倾向于拒绝原假设，选择 FE。

Husman 检验有以下四行命令：

xtreg *fatal beertax spircons unrate perinck year* **2** *-year* **7**，**fe**

est store FE

xtreg *fatal beertax spircons unrate perinck year* **2** *-year* **7**，**re**

hausman FE，**sigmamore**（或 **sigmaless**）

我们将上述命令称为 Husman test1，其中第一行命令是做固定效应估计，第二行命令是存储固定效应估计的结果，第三行命令是做随机效应估计，最后一行命令则是将两个估计结果进行比较。将上述命令复制到命令框,运行后可以得到图 1.18 所示的结果,可以看到结果是 p 值为 0,此时拒绝原假设,选择 FE。

	—— Coefficients ——			
	(b)	(B)	(b-B)	sqrt(diag(V_b-V_B))
	FE	.	Difference	S.E.
beertax	-.4347195	.0267497	-.4614692	.1369992
spircons	.805857	.2441989	.5616581	.1009394
unrate	-.0549084	-.0785772	.0236688	.0046138
perinck	.0882636	-.0075135	.0957771	.011722
year2	-.0533713	-.0691237	.0157524	.0040526
year3	-.1649828	-.2059816	.0409988	.0129019
year4	-.1997376	-.2465828	.0468451	.0182022
year5	-.0508034	-.1334456	.0826423	.0295764
year6	-.1000728	-.1800546	.0799818	.0347073
year7	-.134057	-.2173046	.0832476	.0407421

```
                    b = consistent under Ho and Ha; obtained from xtreg
          B = inconsistent under Ha, efficient under Ho; obtained from xtreg

Test:  Ho:  difference in coefficients not systematic

              chi2(4) = (b-B)'[(V_b-V_B)^(-1)](b-B)
                      =        91.87
         Prob>chi2 =        0.0000
         (V_b-V_B is not positive definite)
```

图 1.18　在 Stata 中使用 Hausman test1 检验后的窗口示意

但是这一检验也存在缺点,就是它不适用于异方差的情形。一种解决办法是构造一个辅助回归:

$$y_{it} - \hat{\theta}\bar{y}_i = (x_{it} - \hat{\theta}\bar{x}_i)'\beta + (1 - \hat{\theta})z_i'\delta + (x_{it} - \bar{x}_i)'\gamma + [(1 - \hat{\theta})u_i + (\varepsilon_{it} - \hat{\theta}\bar{\varepsilon}_i)]$$

(式 1.10)

这个辅助回归是在随机效应模型广义离差变换的基础上加了一个解释变量的组内离差 $(x_{it} - \bar{x}_i)'\gamma$,这个辅助回归的基本思想有三点。

第一,如果 $\gamma = 0$,这个辅助回归方程就等价于随机效应的广义离差变换模型。如果随机效应模型成立,则 OLS 估计是一致的,故 $\plim_{n \to \infty}\hat{\gamma} = \gamma = 0$。

第二,如果固定效应模型成立,由于扰动项 $[(1 - \hat{\theta})u_i + (\varepsilon_{it} - \hat{\theta}\bar{\varepsilon}_i)]$ 与 $(x_{it} - \bar{x}_i)$ 相关,则 OLS 估计是不一致的,即 $\plim_{n \to \infty}\hat{\gamma} = \gamma' \neq \gamma = 0$,因此,拒绝"$H_0: \gamma = 0$",意味着拒绝随机效应,接受固定效应。

第三,使用聚类稳健标准误处理异方差问题后,再检验假设"$H_0: \gamma = 0$",如果拒绝原假设,选择固定效应;反之,则选择随机效应。

实现这一方法,我们需要使用 Hausman test2,程序有些复杂,但在实际运用的过程中只需要更换其中的变量名称即可,具体程序如下:

quietly xtreg *fatal beertax spircons unrate perinck year*2-*year*7，re

scalar theta＝e(**theta**)

global *yandxforhausman fatal beertax spircons unrate perinck year*2-*year*7

sort *state*

foreach x of varlist $ *yandxforhausman*{

  by state：**egen mean**`x＝mean(`x)

  gen md`x＝`x-mean`x'

  gen red`x＝`x-theta＊mean`x'

  }

quietly reg *redfatal redbeertax redspircons redunrate redperinck redyear*2-*redyear*7 *mdbeertax mdspircons mdunrate mdperinck mdyear*2-*rmdyear*7，**cluster**(state)

  test *mdbeertax mdspircons mdunrate mdperinck mdyear*2 *mdyear*3 *mdyear*4 *mdyear*5 *mdyear*6 *mdyear*7

上述程序考虑了时间效应，是对陈强(2014)程序的小修正。第一行命令是进行随机效应估计；第二行命令是得到广义离差中的参数估计；第三行命令是生成全局宏变量 *yandxforhausman* 之后用 $ yandxforhausman 进行引用；第四行命令就是根据 *state* 进行排序；第五行命令 **foreach** 引领的就是循环语句，表示对变量名单上的所有 x 进行同样的操作，分别是计算每个变量的均值、组内离差和广义离差，*md*`x' 和 *red*`x' 分别代表组内离差和广义离差；第六行命令 **quietly** 引领的便是辅助回归，用 **cluster**(*state*)对异方差问题进行了处理。最后用 **test** 命令对所有解释变量的组内离差进行联合显著性检验。我们可以得到如图 1.19 所示的结果，可以看到，这个 F 检验的 p 值是 0，说明拒绝原假设，应当选择固定效应模型，即 FE。

```
( 1)   mdbeertax = 0
( 2)   mdspircons = 0
( 3)   mdunrate = 0
( 4)   mdperinck = 0
( 5)   mdyear2 = 0
( 6)   mdyear3 = 0
( 7)   mdyear4 = 0
( 8)   mdyear5 = 0
( 9)   mdyear6 = 0
(10)   mdyear7 = 0

      F( 10,    47) =    12.99
           Prob > F =     0.0000
```

图 1.19   在 Stata 中使用 Hausman test2 检验后的窗口示意

如果进一步考虑截面相关,上述的 Hausman test2 也会失效(Hoechle,2007),此时可以使用 Hausman test3 来检验。基于随机效应估计的截面相关检验和基于固定效应的类似,三种检验截面相关的命令仍然适用,因此,我们可采用同样的方法来判断。

基于 **xtcsd** 相关命令的估计结果如图 1.20 所示,不难发现,**pes** 检验是接受原假设的,不存在截面相关问题,**fri** 检验也是接受原假设的,不存在截面相关问题。但是 **fre** 检验则是拒绝原假设,说明存在截面相关问题。由于我们构造的模型考虑了时间效应,所以我们更倾向于 **fre** 检验的结果。

```
. xtcsd,pes

Pesaran's test of cross sectional independence =    -1.397, Pr = 0.1625

. xtcsd,fri

Friedman's test of cross sectional independence =     2.696, Pr = 1.0000

. xtcsd,fre

 Frees' test of cross sectional independence =     1.788
|-------------------------------------------------------------|
 Critical values from Frees' Q distribution
                    alpha = 0.10 :   0.3583
                    alpha = 0.05 :   0.4923
                    alpha = 0.01 :   0.7678
```

图 1.20　在 Stata 中再次使用 xtcsd 相关命令后的窗口示意

因为我们考虑了截面相关问题,就应用 **xtscc** 命令做辅助回归估计。下面是 Hausman test3 具体的实现命令:

quietly xtscc *red fatal redbeertax redspircons redunrate red perinck red year 2-red year 7 mdbeertax mdspircons mdunrate md perinck md year 2-md year 7*

test *mdbeertax mdspircons mdunrate md perinck md year 2 md year 3 md year 4 md year 5 md year 6 md year 7*

我们进一步来看 Stata 的输出结果,如图 1.21 所示,可以看出是拒绝原假设的,选择 FE。综上所述,在我们这个例子中,最终应该选择 FE。

1.2.4　短面板数据分析的基本程序 4

这一节,我们继续讲解上述步骤中的第四步,报告计量结果。

由于之前的 Hausman test 选择了 FE,所以要报告固定效应模型的估计结果,同时要解

```
( 1)    mdbeertax = 0
( 2)    mdspircons = 0
( 3)    mdunrate = 0
( 4)    mdperinck = 0
( 5)    mdyear2 = 0
( 6)    mdyear3 = 0
( 7)    mdyear4 = 0
( 8)    mdyear5 = 0
( 9)    mdyear6 = 0
(10)    mdyear7 = 0
        Constraint 5 dropped
        Constraint 6 dropped
        Constraint 7 dropped
        Constraint 8 dropped
        Constraint 9 dropped
        Constraint 10 dropped

    F(  4,      6) =     49.06
          Prob > F =     0.0001
```

图 1.21　在 Stata 中使用 Hausman test3 检验后的窗口示意

决误差项可能存在的自相关、异方差和截面相关问题。之前的 **xtcsd** 命令已识别误差项存在
截面相关问题，接下来，我们就需要先检验异方差是否存在，使用以下命令：

　　xtreg *fatal beertax spircons unrate perinck year2-year7*，**fe**

　　xttest3

　　要注意的是，**xttest3** 只能在 **xtreg…，fe** 或 **xtgls** 之后使用，且该命令使用前需要使用 **ssc
install xttest3** 命令进行安装。图 1.22 展示了安装 **xttest3** 命令及运行的结果，显示拒绝原假
设，说明存在异方差。

```
. ssc install xttest3
checking xttest3 consistency and verifying not already installed...
installing into c:\ado\plus\...
installation complete.

. xttest3

Modified Wald test for groupwise heteroskedasticity
in fixed effect regression model

H0: sigma(i)^2 = sigma^2 for all i

chi2 (48)  =      7415.18
Prob>chi2 =       0.0000
```

图 1.22　在 Stata 中安装并使用 xttest3 检验异方差问题后的窗口示意

那么，误差项是否存在自相关问题？接下来，我们就需要进行自相关检验：

search xtserial

tab *state*，**gen**(*state*)

xtserial *fatal beertax spircons unrate perinck state*2-*state*48 *year*2-*year*7

其中，第一行命令用来安装 **xtserial**，第二行命令用来生成州的虚拟变量，第三行命令则用于检验是否存在自相关。图 1.23 报告了使用 **xtserial** 命令检验自相关问题后的结果，可以看到，检验结果显示不存在自相关问题。

```
. xtserial fatal beertax spircons unrate perinck state2-state48 year2-year7

Wooldridge test for autocorrelation in panel data
H0: no first-order autocorrelation
    F(  1,     47) =      2.602
            Prob > F =      0.1134
```

图 1.23　在 Stata 中使用 xtserial 检验自相关问题后的窗口示意

由于存在截面相关和异方差问题，所以要报告由如下命令估计的结果：

xtscc *fatal beertax spircons unrate perinck year*2-*year*7，**fe**

est store Driscoll_Kraay

其中，标准误是 Driscoll-Kraay，估计量是组内估计量。将结果通过 **est store Driscoll_Kraay** 命令存储下来。如果不存在截面相关，一般最终报告是由如下命令估计的结果，此时标准误是 Rogers or clustered standard errors：

xtreg *fatal beertax spircons unrate perinck year*2-*year*7，**fe cluster**(*state*)

est store Rogers

在 **xtreg**…，**fe** 命令下，用 **robust** 替换 **cluster**(*state*) 选项会得到相同的结果：

xtreg *fatal beertax spircons unrate perinck year*2-*year*7，**fe robust**

est store White

在得到并储存了上述估计结果后，我们可以通过 **esttab** 命令将所有存储结果放在一起进行比较：

esttab Driscoll_Kraay Rogers White，b(％9.2f) **p mtitle**(**Driscoll_Kraay Rogers White**) **obslast star**(＊ 0.1 ＊＊ 0.05 ＊＊＊ 0.01) **compress nogap k**(*beertax spircons unrate perinck*) **a**

图 1.24 展示了使用 **esttab** 命令的结果报告，可以看到，在 Driscoll_Kraay 标准误下，啤酒税前的系数在 5％ 的水平下显著为负，而 Rogers 和 White 标准误下都在 10％ 的水平下显著为负。考虑这个例子存在截面相关问题，因此我们更相信第一列的估计结果。令人高兴的是，该例子中第二列和第三列的结果也是显著的，支持了提高啤酒税能够降低死亡率的假

	(1) Driscol~y	(2) Rogers	(3) White
beertax	-0.43**	-0.43*	-0.43*
	(0.011)	(0.082)	(0.082)
spircons	0.81***	0.81***	0.81***
	(0.000)	(0.000)	(0.000)
unrate	-0.05***	-0.05***	-0.05***
	(0.006)	(0.000)	(0.000)
perinck	0.09***	0.09***	0.09***
	(0.001)	(0.009)	(0.009)
N	336	336	336

p-values in parentheses
* p<0.1, ** p<0.05, *** p<0.01

图 1.24 结果报告的窗口示意

说，表明了结果的稳健性。

在学术研究中，我们还需要把上述结果输出到 Word 中，只需要在原来的命令中加入 **using tab. rtf** 就可以实现结果输出。

esttab Driscoll-Kraay Rogers White using tab. rtf，b（％9. 2f） p mtitle（Driscoll-Kraay Rogers White） obslast star（＊ 0. 1 ＊＊0. 05 ＊＊＊0. 01） compress nogap k（*beertax spircons unrate perinck*）a

如果想把结果输出到 Excel 中，直接把 **tab. rtf** 改成 **tab. csv** 就可以了。

假设 Hausman test 选择 RE，考虑之前 **xtcsd** 命令已识别 RE 存在截面相关问题，以下报告可处理截面相关问题的 RE 估计结果：

xtscc *redfatal redbeertax redspircons redunrate redperinck redyear*2 *redyear*3 *redyear*4 *redyear*5 *redyear*6 *redyear*7

上述是使用 **xtscc** 命令对随机效应模型的广义离差方程进行估计，虽然 **xtscc** 不能直接处理随机效应的截面相关问题，但是可以对其广义离差方程进行估计。回归结果如图 1.25 所示，可以看到啤酒税对交通死亡率的影响为正且不显著，这表明随机效应模型的结果不支持假说。

假设 Hausman test 选择 RE，同时还假设之前 **xtcsd** 命令未发现截面相关问题，一般报告对自相关和异方差问题进行处理的随机效应估计结果，命令如下：

xtreg *fatal beertax spircons unrate perinck year*2-*year*7，re cluster（*state*）

图 1.26 给出上述命令的估计结果，显然，该结果也不支持假说。

```
. xtscc redfatal redbeertax redspircons redunrate redperinck redyear2 redyear3

Regression with Driscoll-Kraay standard errors    Number of obs      =       336
Method: Pooled OLS                                 Number of groups   =        48
Group variable (i): state                          F( 10,      6)     =    180.82
maximum lag: 2                                      Prob > F           =    0.0000
                                                   R-squared          =    0.2378
                                                   Root MSE           =    0.1710
```

redfatal	Coef.	Drisc/Kraay Std. Err.	t	P>|t|	[95% Conf. Interval]	
redbeertax	.0267496	.2181793	0.12	0.906	-.5071159	.5606152
redspircons	.244199	.0629283	3.88	0.008	.0902189	.398179
redunrate	-.0785772	.0180375	-4.36	0.005	-.1227133	-.0344411
redperinck	-.0075135	.0624378	-0.12	0.908	-.1602932	.1452662
redyear2	-.0691237	.0066574	-10.38	0.000	-.0854138	-.0528336
redyear3	-.2059816	.0488569	-4.22	0.006	-.3255302	-.086433
redyear4	-.2465828	.0636415	-3.87	0.008	-.402308	-.0908575
redyear5	-.1334456	.0803733	-1.66	0.148	-.3301119	.0632206
redyear6	-.1800546	.107595	-1.67	0.145	-.4433302	.083221
redyear7	-.2173046	.1343933	-1.62	0.157	-.5461532	.111544
_cons	.317961	.1046252	3.04	0.023	.0619525	.5739696

图 1.25   在 Stata 中使用 xtscc 命令估计随机效应的广义离差方程的窗口示意

```
. xtreg fatal beertax spircons unrate perinck year2-year7, re cluster(state)

Random-effects GLS regression                      Number of obs      =       336
Group variable: state                              Number of groups   =        48

R-sq:                                              Obs per group:
    within  = 0.3482                                             min =         7
    between = 0.0376                                             avg =       7.0
    overall = 0.0129                                             max =         7

                                                   Wald chi2(10)      =     89.78
corr(u_i, X)    = 0 (assumed)                       Prob > chi2        =    0.0000

                                   (Std. Err. adjusted for 48 clusters in state)
```

fatal	Coef.	Robust Std. Err.	z	P>|z|	[95% Conf. Interval]	
beertax	.0267497	.1386364	0.19	0.847	-.2449726	.298472
spircons	.2441989	.0988674	2.47	0.014	.0504224	.4379755
unrate	-.0785772	.0156769	-5.01	0.000	-.1093034	-.047851
perinck	-.0075135	.0287494	-0.26	0.794	-.0638613	.0488343
year2	-.0691237	.0321092	-2.15	0.031	-.1320566	-.0061908
year3	-.2059816	.0599217	-3.44	0.001	-.3234259	-.0885373
year4	-.2465828	.0658279	-3.75	0.000	-.3756032	-.1175624
year5	-.1334456	.0792919	-1.68	0.092	-.2888548	.0219636
year6	-.1800546	.0998706	-1.80	0.071	-.3757974	.0156882
year7	-.2173046	.1142688	-1.90	0.057	-.4412674	.0066582
_cons	2.430395	.5111326	4.75	0.000	1.428594	3.432197

图 1.26   在 Stata 中使用 xtreg 命令和聚类稳健标准误估计随机效应的窗口示意

参考文献

Baum Christopher F. An Introduction to Modern Econometrics Using Stata[M]. USA TX: Stata Press, 2006: 253.

Breusch T S，Tsang C H，Pagan A R. A Simple Test for Heteroscedasticity and Random Coefficient Variation[J]. Econometrica，1979，47(5)：1287-1294.

Du J L，Fang H S，Jin X R. The "Growth-first strategy" and the imbalance between consumption and investment in China[J]. China Economic Review，2014(3)：441-458.

Hoechle D. Robust standard errors for panel regressions with cross-sectional dependence [J]. The Stata Journal，2007，7(3)：281-312.

陈强. 高级计量经济学及 Stata 应用[M]. 2 版. 北京：高等教育出版社，2014：269-270,288.

习　题

1.1　使用数据包中的"wagepan. dta"数据估计一个男性的工资方程,基本方程如下:

$$\ln wage_{it} = \alpha + \beta_1 educ_{it} + \beta_2 black_{it} + \beta_3 hispan_{it} + \beta_4 exper_{it} + \beta_5 exper_{it}^2 + \beta_6 union_{it}$$
$$+ \beta_7 married_{it} + \varepsilon_{it}$$

使用三种方法进行回归:混合 OLS、随机效应、固定效应。在前两种方法中,我们可以把 $educ$ 和种族虚拟变量[黑人($black$)和西班牙裔($hispan$)]包括进来,而在固定效应分析中这些变量将消失。随时间而变的变量是 $exper$,$exper^2$,$union$ 和 $married$。$exper$ 将在 FE 分析中消失(但 $exper^2$ 会保留下来)。每个回归都包含有全部年虚拟变量。

根据上述要求,请完成以下步骤:

(1)进行描述性统计并作图;

(2)做出模型选择,PR 或 FE,PR 或 RE,FE 或 RE(三种 Hausman Test);

(3)报告计量结果,并进行比较。如果是固定效应模型,请报告不随时间变化变量的影响。

1.2　面板数据集"mus08psidextract. dta"包含 595 名美国工人 1976—1982 年有关"工资"的以下变量:lnwage(工资对数),ed(受教育年限),$exper$(years of work experience,工龄),$exper^2$($exper$ 的平方),wks(weeks worked,工作周数)。考虑以下模型:

$$\ln wage_{it} = \alpha + \beta_1 exper_{it} + \beta_2 exper_{it}^2 + \beta_3 wks_{it} + \beta_4 ed_{it} + \mu_i + \varepsilon_{it}$$

根据上述要求,请完成以下步骤:

(1)进行描述性统计并作图;

(2)做出模型选择,PR 或 FE,PR 或 RE,FE 或 RE(三种 Hausman Test);

(3)报告计量结果,并进行比较。如果是固定效应模型,请报告不随时间变化变量的影响。

附　录

Du J L，Fang H S，Jin X R． The "Growth-First Strategy" and the imbalance between consumption and investment in China[J]． China Economic Review，2014(31):441-458.

第二章 长面板数据分析与机制识别方法

虽然与短面板数据分析相比,长面板数据分析应用并不怎么广泛。但是,如果你要分析的数据是长面板数据,本章所介绍的长面板数据分析无疑将对你有着莫大的帮助。而鉴于机制识别是一篇高质量经验研究论文的重要组成部分,本章也将特别介绍被广泛使用的机制识别方法。

2.1 长面板数据分析理论部分

2.1.1 引 言

长面板数据分析与短面板数据分析存在一些不同。首先,短面板数据分析主要关注对不可观测的个体效应的处理,而对于组内误差自相关、组间异方差和组间相关的问题只提供经过校正的标准误;长面板数据分析主要关注对误差项的处理(t 大),而将个体效应用虚拟变量来控制(n 小)。也就是说,长面板数据分析方法不需要在固定效应模型、随机效应模型和混合回归模型之间做出选择,它先验地假定,长面板数据模型就是固定效应模型,用虚拟变量直接控制即可。其次,短面板数据分析对于时间效应的处理,用虚拟变量来控制;而长面板数据分析,则用时间趋势项来控制。通过比较分析,可以认为,长面板数据模型是一个特殊的双向固定效应模型,在这个模型中,个体效应用虚拟变量控制,时间效应用时间趋势项控制。

长面板数据模型的估计主要关注对误差项的处理。通常有以下三种方法:

第一种,用 OLS 估计这个特殊的双向固定效应模型,并对误差项的自相关、异方差和截面相关问题只提供面板校正的标准误(用 **xtscc** 或 **xtpcse** 命令实现),该方法最为稳健。

第二种,如果存在自相关、异方差和截面相关问题,则使用可行广义最小二乘法(feasible generalized least squares,FGLS)估计这个特殊的双向固定效应模型,其目的只是解决了自相关的问题,并未考虑异方差或截面相关问题,而对于误差项的异方差和截面相关问题,仍然只提供面板校正的标准误（用 **xtpcse** 命令实现），该方法介于稳健和效率之间。

第三种，使用 FGLS 估计这个特殊的双向固定效应模型，对误差项的自相关、异方差和截面相关的问题一并加以处理（用 **xtgls** 命令实现），该方法最有效率。

2.1.2　三大命令

估计长面板数据模型常用的 Stata 命令有三个：**xtpcse**，**xtgls** 和 **xtscc**。

第一个命令是 **xtpcse**，其基本格式是 **xtpcse** *depvar indepvars*，**options**。该命令语法关键在于选项，不同的选项可以处理不同的问题。我们所关心的第一个问题是"组内自相关"问题，也即长面板数据模型中组内时间序列误差项存在自相关问题。在基本回归命令后面加入选项 corr(ar1)，就可以处理组内自相关的问题。使用的估计方法就是 GLS，这个方法就是在广义离差变换的基础上做了 OLS 估计。值得注意的是，这个选项在 t 不比 n 大很多时使用，因为此时 t 可能无法提供足够多的信息去估计每个个体的自相关系数，所以该选项进行了一定的约束，使每个个体的自相关系数都相等。如果 t 比 n 大很多时，可以使用 **corr**(**psar1**)进行处理。如果不存在自相关，可以使用 **corr**(**independent**)或 **corr**(**ind**)，这实际上做的就是 OLS 估计。

接下来，我们考虑异方差和截面相关问题的处理办法。如果不存在异方差和截面相关问题，只要使用 **independent** 选项即可；如果存在异方差问题但不存在截面相关问题，则要使用 **hetonly** 选项，提供的只是考虑了异方差而不考虑截面相关的面板校正标准误；如果同时存在异方差和截面相关问题，只要不加上述两个选项即可，此时提供了既考虑异方差又考虑截面相关的面板校正标准误；如果选项是 **correlation**(**independent**)＋**independent**，则等价于 LSDV。

第二个命令是 **xtgls**，其基本格式是 **xtgls** *depvar indepvars*，**options**。如果对误差处理正确，**xtgls** 估计可以得到有效的估计量，那么 **xtgls** 比 **xtpcse** 估计的效果更好。如果不存在异方差和截面相关问题，则加 **panels**(**iid**)选项即可；如果存在异方差但不存在截面相关问题，则用 **panels**(**heteroskedastic**)选项；如果存在异方差和截面相关问题，则用 **panels**(**correlated**)选项进行处理。值得注意的是，该选项只适用于长面板数据分析，不能用于短面板数据分析。如果选项为 **corr**(**independent**)＋**panels**(**iid**)，等价于 LSDV。

第三个命令是 **xtscc**，该命令在第一章短面板数据分析中进行了详细介绍，同样，该命令也可以用于长面板数据分析，它可以实现长面板数据分析的第一种方法，即使用 OLS 估计这个特殊的双向固定效应模型，并对误差项的自相关、异方差和截面相关问题提供面板校正的标准误。

2.2 长面板数据分析操作部分

2.2.1 香烟需求函数估计与三大问题检验

本节我们通过一个估计香烟需求函数的例子(Cameron and Trivedi,2009;陈强,2014)介绍长面板数据分析的具体操作。打开 Stata,导入 mus08cigar.dta 数据集。该面板数据集包含了美国 10 个州 1963—1992 年有关香烟消费量的相关变量。在 Stata 界面的右侧窗口可以看到,一共有 6 个变量:$\ln c$(人均香烟销售量的对数),$\ln p$(实际香烟价格的对数),$\ln pmin$(相邻州最低香烟价格的对数),$\ln y$(人均可支配收入的对数),$state$(州),$year$(年)。

为估计香烟需求函数,我们构造如下的"双向固定效应模型":

$$\ln c_{it} = \beta_0 + \beta_1 \ln p_{it} + \beta_2 \ln pmin_{it} + \beta_3 \ln y_{it} + u_i + \gamma_t + \varepsilon_{it} \tag{式 2.1}$$

我们可以通过 **des** 和 **xtdes** 命令查看该数据集的数据情况(见图 2.1)。

```
. des

Contains data from C:\Users\Administrator\Desktop\mus08cigar.dta
  obs:           300
  vars:            6                          26 Nov 2008 17:14
  size:        7,200

                storage   display    value
variable name    type     format     label      variable label

state           float     %9.0g                 U.S. state
year            float     %9.0g                 Year 1963 to 1992
lnp             float     %9.0g                 Log state real price of pack of cigarettes
lnpmin          float     %9.0g                 Log of min real price in adjoining states
lnc             float     %9.0g                 Log state cigarette sales in packs per capita
lny             float     %9.0g                 Log state per capita disposable income


. xtdes

    state:  1, 2, ..., 10                              n =         10
    year:  63, 64, ..., 92                             T =         30
          Delta(year) = 1 unit
          Span(year)  = 30 periods
          (state*year uniquely identifies each observation)

Distribution of T_i:   min      5%     25%     50%     75%     95%     max
                        30      30      30      30      30      30      30

    Freq.  Percent   Cum.   Pattern

     10    100.00  100.00   111111111111111111111111111111

     10    100.00           xxxxxxxxxxxxxxxxxxxxxxxxxxxxxx
```

图 2.1 在 Stata 中使用 des 和 xtdes 命令后的窗口示意

Stata 汇报结果如图 2.1 所示,使用 **des** 命令可以看到 lnc(人均香烟销售量的对数),lnp(实际香烟价格的对数),lnpmin(相邻州最低香烟价格的对数),lny(人均可支配收入的对数),state(州),year(年)这 6 个变量的名称及其含义等信息。而通过 **xtdes** 命令,我们还可以查看数据的面板信息,看到有 10 个州($n=10$),30 年时间跨度($t=30$),$t>n$,显然这是一个长面板数据。在进行回归之前,我们一定要使用 **xtset state year** 命令定义面板数据。

接下来,我们查看一下关键变量的描述性统计情况,命令为 **sum lnc lnp lnpmin lny**。图 2.2 是描述性统计的 Stata 结果,可以看到每个变量的观测值个数、均值、极值、标准差。

```
. sum lnc lnp lnpmin lny

    Variable |        Obs        Mean    Std. Dev.        Min        Max
-------------+--------------------------------------------------------
         lnc |        300    4.792591    .2071792    4.212128    5.690022
         lnp |        300    4.518424    .1406979    4.176332     4.96916
      lnpmin |        300      4.4308    .1379243      4.0428    4.831303
         lny |        300    8.731014    .6942426    7.300023     10.0385
```

图 2.2　描述性统计的 Stata 窗口示意

我们也可以使用 **twoway** 命令查看关键变量与被解释变量的散点图和回归直线,使用 **xtline** 命令画出关键变量的时间序列图。图 2.3 中的三张图是关键变量与被解释变量的散点图及回归直线,最左边的图形反映人均香烟消费量与实际香烟价格之间的关系,可见两者呈负相关关系,也即价格越高,销量越低。中间的图形反映的是人均香烟消费量与相邻州最低香烟价格之间关系的散点图和回归直线,两者同样呈负相关关系;最右边的图形反映的是人均香烟消费量与人均可支配收入之间的关系,这个图形显示同样呈负相关关系。后面两个图形都不符合经济学直觉,当然,这些散点图只能作为参考,因为尚未考虑其他控制变量。

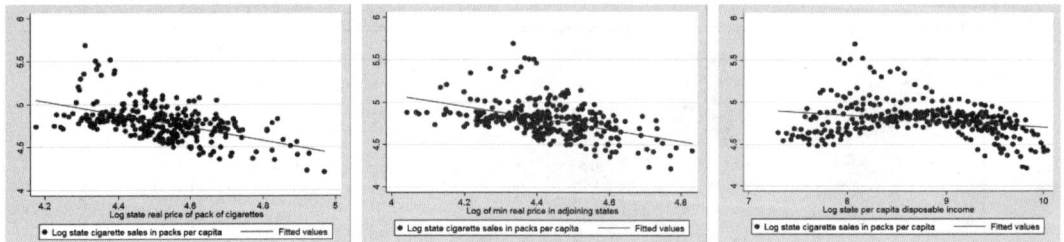

图 2.3　散点图及回归直线的 Stata 窗口示意

接下来,我们输入 **xtline lnc** 命令查看 10 个州中人均香烟消费量的对数时间趋势图(见图 2.4),不难发现,大部分图都是呈现下降趋势的。该命令有重要的用途,例如大家在比较不同省份、不同行业变量(单个或多个变量)的时间趋势时,不必再逐条去画,用该命令就可以一步到位。

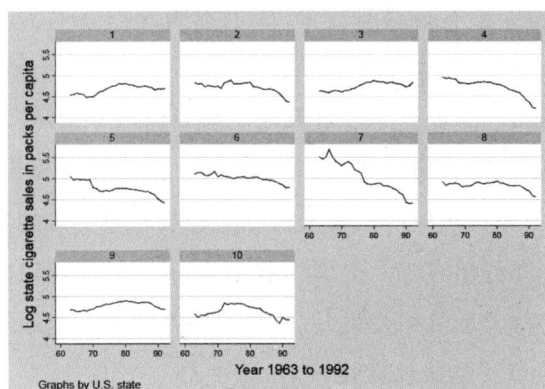

图 2.4　时间趋势图的 Stata 窗口示意

下面,我们从双向固定效应模型这一逻辑起点出发介绍 LSDV,暂时不考虑长面板数据模型普遍存在的自相关、异方差和截面相关三大问题。首先要生成州虚拟变量,利用命令 **tab** *state*,**gen**(*state*)可以得到,然后生成时间趋势变量,命令是 **gen** *t*＝*year*－62。如果起始年份为 1963 年,那么 *t*＝1,依此类推。生成之后可以发现,Stata 右边数据框里已经出现了趋势变量 *t*,打开数据集查看 *t*,都是 1～30,于是我们可以进行 LSDV 回归了,输入命令 **reg** *lnc lnp lnpmin lny state*2-*state*10 *t*,就可得到估计结果。观察 Stata 输出的回归结果(见图 2.5),我们所关心的香烟销售价格变量的系数为－1.03,也即表明香烟的价格需求弹性为－1.03,且富有弹性。

```
. reg lnc lnp lnpmin lny state2-state10 t

     Source |       SS           df       MS            Number of obs   =       300
------------+------------------------------            F(13, 286)      =     56.65
      Model |  9.24427482        13  .711098063         Prob > F        =    0.0000
   Residual |  3.58977229       286  .012551651         R-squared       =    0.7203
------------+------------------------------            Adj R-squared   =    0.7076
      Total | 12.8340471        299  .042923234         Root MSE        =    .11203


        lnc |      Coef.   Std. Err.      t    P>|t|     [95% Conf. Interval]
------------+----------------------------------------------------------------
        lnp |  -1.027181   .1035568    -9.92   0.000    -1.231011   -.8233509
     lnpmin |   .5100582    .101909     5.01   0.000     .3094714    .710645
        lny |   .4975365   .152624      3.26   0.001     .1971278    .7979453
     state2 |  -.0773908   .0384839    -2.01   0.045    -.1531385   -.0016432
     state3 |   .088557    .029349      3.01   0.003     .0306715    .1464424
     state4 |  -.1809375   .0712344    -2.54   0.012    -.3211478   -.0407272
     state5 |  -.1066138   .0888135    -1.20   0.231    -.2814249    .0681973
     state6 |   .2177434   .0476398     4.57   0.000     .1239743    .3115124
     state7 |   .115543    .0750084     1.54   0.125    -.0320954    .2631815
     state8 |   .1068277   .0492755     2.17   0.031     .0098301    .2038163
     state9 |   .0433207   .0328848     1.32   0.189    -.0214061    .1080476
    state10 |  -.133583    .0328065    -4.07   0.000    -.1981558   -.0690101
          t |  -.0429824   .0120418    -3.57   0.000    -.0666841   -.0192807
      _cons |   3.488747   1.377469     2.53   0.012     .777485     6.20001
```

图 2.5　回归结果的 Stata 窗口示意

邻近州最低香烟价格变量的系数为 0.51，也即表明香烟的交叉价格弹性为 0.51。人均可支配收入对数也就是 lny 的系数为正，这也说明我们之前得到的散点图、回归线是有偏误的。实际上，可以通过偏相关图进一步考察关键变量与被解释变量之间的关系。

输入命令 **avplot** *lnp*，观察香烟销售价格对香烟销售量的偏相关图，图 2.6 左图显然是负相关关系。再输入命令 **avplot** *lny*，观察人均可支配收入对香烟销售量的偏相关图，图 2.6 右图为正相关关系，符合经济学直觉。上文中我们观察人均香烟销费量和人均可支配收入相关关系图时，可以看到两者呈负相关关系，主要原因是当时我们没有控制其他变量。最后我们输入命令 **est store** *ols*，将结果保存在 Stata 中。

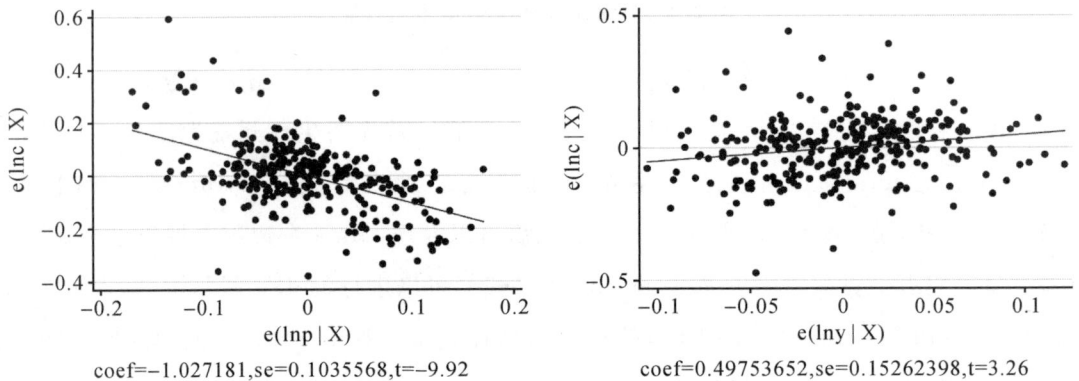

coef=−1.027181,se=0.1035568,t=−9.92   coef=0.49753652,se=0.15262398,t=3.26

图 2.6　偏相关图的 Stata 窗口示意

接着，我们将对长面板数据模型普遍存在的三大问题——自相关、异方差和截面相关进行检验。检验自相关的命令是 **xtserial**，使用前需要提前下载安装好，具体的安装命令是 **net install st0039**。然后，在 Stata 中输入 **xtserial** *lnc lnp lnpmin lny state2-state10 t* 命令，我们便得到了 F 检验结果（见图 2.7），原假设为不存在组内一阶自相关。从这一结果可以看到 p 值为 0，拒绝原假设，也即表明存在自相关问题。

```
. xtserial lnc lnp lnpmin lny state2-state10 t

Wooldridge test for autocorrelation in panel data
H0: no first-order autocorrelation
    F(  1,       9) =      89.304
            Prob > F =       0.0000
```

图 2.7　自相关检验的 Stata 窗口示意

检验异方差的命令是 **xttest3**。同样需要安装好命令，需要注意的是，该命令只能在 **xtreg…fe** 或者 **xtgls** 回归之后使用，否则该检验无法执行。在 Stata 中输入如下命令：

quietly xtreg *lnc lnp lnpmin lny t* ，**fe**

xttest3

或者输入如下命令：

quietly xtgls *lnc lnp lnpmin lny state* 2-*state* 10 *t*

xttest3

事实上，这两个命令是等价的，**quietly** 命令表明不报告回归结果。

以上两个命令得到的结果相同（见图 2.8），同样为 378.9，p 值为 0，拒绝原假设，也即表明存在异方差。

```
Modified Wald test for groupwise heteroskedasticity
in fixed effect regression model

H0: sigma(i)^2 = sigma^2 for all i

chi2 (10)  =      378.90
Prob>chi2 =       0.0000
```

图 2.8　异方差检验的 Stata 窗口示意

检验截面相关的命令是 **xttest2**（不是短面板 **xtcsd**）。值得一提的是，使用前需要提前下载安装好。该命令只能在 **xtreg**… **fe** 或者 **xtgls** 或者 **ivreg2** 后面使用，运行命令：

ssc install xttest2

quietly xtreg *lnc lnp lnpmin lny t* ，**fe**

xttest2

我们可以在 Stata 中看到结果（见图 2.9），chi2(45)＝376.963，显然拒绝截面不相关的原假设，也即表明存在截面相关。

```
Correlation matrix of residuals:

         __e1      __e2      __e3      __e4      __e5      __e6      __e7      __e8      __e9     __e10
 __e1   1.0000
 __e2  -0.0937   1.0000
 __e3   0.9592  -0.0621   1.0000
 __e4  -0.4242   0.3875  -0.4670   1.0000
 __e5  -0.5426   0.3441  -0.5872   0.5519   1.0000
 __e6   0.0245   0.5696  -0.0405   0.5177   0.5805   1.0000
 __e7  -0.7434   0.4153  -0.7509   0.5701   0.8446   0.4893   1.0000
 __e8   0.5650   0.5380   0.5281   0.1007  -0.2150   0.4899  -0.3263   1.0000
 __e9   0.8337   0.2859   0.8507  -0.2972  -0.3914   0.1548  -0.5800   0.7129   1.0000
 __e10  0.7510   0.3314   0.7628   0.0002  -0.1575   0.2508  -0.4293   0.6318   0.8345   1.0000

Breusch-Pagan LM test of independence: chi2(45) =     376.963, Pr = 0.0000
Based on 30 complete observations over panel units
```

图 2.9　组间相关检验的 Stata 窗口示意

最后，我们对长、短面板数据分析的一些检验命令进行简单总结。对于截面相关的检验，长面板数据分析的命令为 **xttest2**，短面板数据分析的命令为 **xtcsd**；对于自相关的检验，长面板数据分析的命令和短面板数据分析的命令都为 **xtserial**；对于异方差的检验，长面板数据分析的命令和短面板数据分析的命令都为 **xttest3**（见表 2.1）。

表 2.1　长、短面板数据分析检验命令总结

检验内容	长面板	短面板
截面相关	**xttest2**	xtcsd
自相关	**xtserial**	xtserial
异方差	**xttest3**	xttest3

2.2.2　结果报告与输出

本节继续介绍长面板数据分析中的操作部分——"结果报告与输出"。

首先，我们报告 **xtpcse** 和 **xtscc** 命令的结果。

第一个命令 **xtpcse** *lnc lnp lnpmin lny state*2-*state*10 *t*，corr（ar1）hetonly，处理了自相关和异方差两大问题。

第二个命令 **xtpcse** *lnc lnp lnpmin lny state*2-*state*10 *t*，corr（ar1），同时处理了三大问题。

xtscc 命令 **xtscc** *lnc lnp lnpmin lny state*2-*state*10 *t*，无须其他选项就可同时处理三大问题。

考虑到三大问题同时存在，我们倾向于第二个命令和第三个命令的结果。

我们也可以考虑用 psar1 命令进行对比。同理，命令 **xtpcse** *lnc lnp lnpmin lny state*2-*state*10 *t*，corr（psar1）hetonly 只处理了自相关和异方差两大问题，**xtpcse** *lnc lnp lnpmin lny state*2-*state*10 *t*，corr（psar1）则同时处理了三大问题，每一步结果都要保存。

接下来报告结果，所使用的命令是 **esttab** *ols ar*1*hetonly ar*1 *sc psar*1*hetonly psar*1，b（%9.2f）p mtitle（*ols ar*1*hetonly ar*1 *sc psar*1*hetonly psar*1）obslast star（ * 0.1 ** 0.05 *** 0.01）compress nogap k（*lnp lnpmin lny t*）a。这一命令是可以套用的，只需要把里面的变量替换就可以。

在 Stata 中可以看到结果报告（见图 2.10），一共有 6 列，（1）是 OLS 估计，未处理三大问题，（2）和（5）处理了自相关和异方差两大问题，只有（3）（4）（6）列的回归结果处理了三大问题，故我们相信这三列的结果。

	(1) ols	(2) ar1heto~y	(3) ar1	(4) sc	(5) psar1he~y	(6) psar1
lnp	-1.03***	-0.34***	-0.34***	-1.03***	-0.30***	-0.30***
	(0.000)	(0.000)	(0.000)	(0.000)	(0.000)	(0.000)
lnpmin	0.51***	0.10	0.10	0.51**	0.05	0.05
	(0.000)	(0.127)	(0.174)	(0.011)	(0.391)	(0.451)
lny	0.50***	0.57***	0.57***	0.50**	0.53***	0.53***
	(0.001)	(0.000)	(0.000)	(0.015)	(0.000)	(0.000)
t	-0.04***	-0.05***	-0.05***	-0.04***	-0.05***	-0.05***
	(0.000)	(0.000)	(0.000)	(0.005)	(0.000)	(0.000)
N	300	300	300	300	300	300

p-values in parentheses
* p<0.1, ** p<0.05, *** p<0.01

图 2.10 结果报告的 Stata 窗口示意

在学术研究中,我们还需要把这些结果输出到 Word 或者 Excel 中,要输出到 Word 中只需要添加命令 **tab1. rtf** 即可,要输出到 Excel 中只需要把后缀改为 **csv** 即可。可以直接点开 Stata 中的 **tab1. rtf** 就可以看到论文汇报所需的格式(见图 2.11、图 2.12)。

```
. esttab ols ar1hetonly ar1 sc psar1hetonly psar1 using tab1.rtf,b(%9.2f) p mtitle(ols a
> ly psar1) obslast star (* 0.1 ** 0.05 *** 0.01) compress nogap k(lnp lnpmin lny t) a
(note: file tab1.rtf not found)
(output written to tab1.rtf)

. esttab ols ar1hetonly ar1 sc psar1hetonly psar1 using tab1.csv,b(%9.2f) p mtitle(ols a
> ly psar1) obslast star (* 0.1 ** 0.05 *** 0.01) compress nogap k(lnp lnpmin lny t) a
(note: file tab1.csv not found)
(output written to tab1.csv)
```

	(1) ols	(2) ar1hetonly	(3) ar1	(4) sc	(5) psar1hetonly	(6) psar1
lnp	-1.03***	-0.34***	-0.34***	-1.03***	-0.30***	-0.30***
	(0.000)	(0.000)	(0.000)	(0.000)	(0.000)	(0.000)
lnpmin	0.51***	0.10	0.10	0.51**	0.05	0.05
	(0.000)	(0.127)	(0.174)	(0.011)	(0.391)	(0.451)
lny	0.50***	0.57***	0.57***	0.50**	0.53***	0.53***
	(0.001)	(0.000)	(0.000)	(0.015)	(0.000)	(0.000)
t	-0.04***	-0.05***	-0.05***	-0.04***	-0.05***	-0.05***
	(0.000)	(0.000)	(0.000)	(0.005)	(0.000)	(0.000)
N	300	300	300	300	300	300

p-values in parentheses
* $p < 0.1$, ** $p < 0.05$, *** $p < 0.01$

图 2.11 输出结果的 Stata、Word 示意

其次,我们报告 **xtgls** 命令的结果。

使用 **xtgls** *lnc lnp lnpmin lny state2-state10 t*,**corr**(**ar1**) **panels**(**heteroskedastic**)命令,处理了自相关和异方差两大问题。

使用 **xtgls** *lnc lnp lnpmin lny state2-state10 t*,**corr**(**ar1**) **panels**(**correlated**)命令则同时处理了自相关、异方差和截面相关三大问题。

也可以使用 **psar1** 作为对比。**xtgls** *lnc lnp lnpmin lny state2-state10 t*,**corr**(**psar1**)

	A	B	C	D	E	F	G
1		(1)	(2)	(3)	(4)	(5)	(6)
2		ols	ar1hetonly	ar1	sc	psar1hetor	psar1
3	lnp	-1.03***	-0.34***	-0.34***	-1.03***	-0.30***	-0.30***
4		(0.000)	(0.000)	(0.000)	(0.000)	(0.000)	(0.000)
5	lnpmin	0.51***	0.10	0.10	0.51**	0.05	0.05
6		(0.000)	(0.127)	(0.174)	(0.011)	(0.391)	(0.451)
7	lny	0.50***	0.57***	0.57***	0.50**	0.53***	0.53***
8		(0.001)	(0.000)	(0.000)	(0.015)	(0.000)	(0.000)
9	t	-0.04***	-0.05***	-0.05***	-0.04***	-0.05***	-0.05***
10		(0.000)	(0.000)	(0.000)	(0.005)	(0.000)	(0.000)
11	N	300	300	300	300	300	300
12	p-values in parentheses						
13	="* p<0.1	** p<0.05	*** p<0.01"				

图 2.12　输出结果的 Excel 示意

panels(heteroskedastic)命令处理了自相关和异方差两大问题,而 **xtgls** *lnc lnp lnpmin lny state2-state10 t*,**corr(psar1) panels(correlated)**命令则同时处理了三大问题。

运行命令,并将结果保存。接着,修改之前的命令,即可报告结果(见图 2.13)。

	(1)	(2)	(3)	(4)
	ar1hetero	ar1corr	psar1he~o	psar1corr
lnp	-0.33***	-0.36***	-0.31***	-0.35***
	(0.000)	(0.000)	(0.000)	(0.000)
lnpmin	0.09*	0.03	0.07	0.02
	(0.074)	(0.393)	(0.174)	(0.541)
lny	0.64***	0.51***	0.58***	0.55***
	(0.000)	(0.000)	(0.000)	(0.000)
t	-0.05***	-0.04***	-0.05***	-0.05***
	(0.000)	(0.000)	(0.000)	(0.000)
N	300	300	300	300

p-values in parentheses
* p<0.1, ** p<0.05, *** p<0.01

图 2.13　结果报告的 Stata 窗口示意

我们看到结果中有四列,(1)(3)列处理了两大问题,(2)(4)列同时处理了三大问题,因此我们更相信(2)(4)列的结果。同样,我们也可以将结果输出到 Word 中,具体命令是:

esttab *ar1hetero ar1corr psar1hetero psar1corr* **using tab2.rtf**,**b(％9.2f) p mtitle** (*ar1hetero ar1corr psar1hetero psar1corr*) **obslast star(* 0.1 ** 0.05 *** 0.01) compress nogap k(***lnp lnpmin lny t***) a**

或者输出到 Excel 中,具体命令是:

esttab *ar1hetero ar1corr psar1hetero psar1corr sc* **using tab2.csv**,**b(％9.2f) p mtitle**

（*ar1hetero ar1corr psar1hetero psar1corr sc*）obslast star（ * 0.1 ** 0.05 *** 0.01）
compress nogap k（*lnp lnpmin lny t*）a

最后,总结一下四个等价的命令,供大家做异方差、截面相关检验以及经验研究时参考。我们可以按照前面介绍的步骤在 Stata 中运行、保存结果、报告结果并输出。最终结果如图 2.14所示,可以看到这几个命令的结果是一样的。

reg *lnc lnp lnpmin lny state*2-*state*10 *t*

est store *ols*

xtreg *lnc lnp lnpmin lny t*，fe

est store *fe*

xtpcse *lnc lnp lnpmin lny state*2-*state*10 *t*，corr（ind）independent

est store *pcse*

xtgls *lnc lnp lnpmin lny state*2-*state*10 *t*，corr（ind）panels（iid）

est store *gls*

esttab *ols fe pcse gls*，b（%9.2f）p mtitle（*ols fe pcse gls*）obslast star（ * 0.1 ** 0.05 *** 0.01）compress nogap k（*lnp lnpmin lny t*）a

	(1) ols	(2) fe	(3) pcse	(4) gls
lnp	−1.03***	−1.03***	−1.03***	−1.03***
	(0.000)	(0.000)	(0.000)	(0.000)
lnpmin	0.51***	0.51***	0.51***	0.51***
	(0.000)	(0.000)	(0.000)	(0.000)
lny	0.50***	0.50***	0.50***	0.50***
	(0.001)	(0.001)	(0.001)	(0.001)
t	−0.04***	−0.04***	−0.04***	−0.04***
	(0.000)	(0.000)	(0.000)	(0.000)
N	300	300	300	300

p-values in parentheses
* p<0.1, ** p<0.05, *** p<0.01

图 2.14　几个等价命令结果报告的 Stata 窗口示意

我们同样可以使用命令 esttab *ols fe pcse gls* using tab3.rtf,b（%9.2f）p mtitle（*ols fe pcse gls*）obslast star（ * 0.1 **0.05 ***0.01）compress nogap k（*lnp lnpmin lny t*）a 将结果输出到 Word 中。

2.3 机制识别方法

2.3.1 联立方程方法

本节介绍机制识别方法中一种重要的方法——联立方程方法,这一方法在国际顶级期刊的论文中经常被使用。本节以 Mobarak(2005)的文章为例来介绍该方法。

这篇文章构建了如下联立方程,来试图揭示民主是否通过影响波动来影响经济发展:

$$Growth_{it} = \alpha_0 Volatility_{it} + \alpha_1 Democracy_{it} + \alpha_2 X_{it} + u_i + \varepsilon_{it}$$

$$Volatility_{it} = \beta_0 Democracy_{it} + \beta_1 X_{it} + u_i + \varepsilon_{it} \tag{式 2.2}$$

在第一个方程中,民主对经济发展的直接效应是 α_1。那么如何识别民主通过影响波动来影响经济发展的间接机制? 文章告诉我们,需要在第一个方程中,加入波动变量,然后再构造波动被民主决定的第二个方程,这样民主对经济发展的间接效应就是 $\alpha_0\beta_0$。

接下来介绍联立方程的估计方法。在使用单一方程估计方法时,由于忽略了各方程之间的联系(包括各方程扰动项之间的联系),故不如将所有方程作为一个整体进行估计(即系统估计法)更有效率。系统估计法的缺点是,如果其中的某一个方程估计得不准确,则可能影响系统中其他方程的估计。

最常见的系统估计方法为三阶段最小二乘法(three stage least square,3SLS)。对于一个多方程的系统,如果各方程中都不包含内生解释变量,则对每个方程进行 OLS 估计都是一致的,但却不是最有效率的,因为单一方程 OLS 忽略了不同方程的扰动项之间可能存在的相关性。此时,用近似不相关回归(seemingly unrelated regression estimation,SUR)对整个方程系统进行估计是有效率的。

SUR 的 Stata 实现命令为:

xi:reg3 (第一个方程的被解释变量　第一个方程的解释变量 i.*code* i.*year*)(第二个方程的被解释变量　第二个方程的解释变量 i.*code* i.*year*),sure

使用 **reg3** 命令,其中第一个括号内放入第一个方程的被解释变量、解释变量及需要控制的个体及时间效应虚拟变量,第二个括号内则依次放入第二个方程的被解释变量、解释变量及需要控制的个体及时间效应虚拟变量,并在命令后加上 **sure** 选项。

对于一个多方程系统,如果方程中包含内生解释变量,则对每个方程进行两阶段最小二乘法(two stage least square,2SLS)估计是一致的,但却不是最有效率的,因为单一方程

2SLS 忽略了不同方程的扰动项之间可能存在的相关性。此时，用 3SLS 对整个联立方程系统同时进行估计是有效率的。

3SLS 的基本命令为：

xi:reg3(第一个方程的被解释变量　第一个方程的解释变量 i.*code* i.*year*)(第二个方程的被解释变量　第二个方程的解释变量 i.*code* i.*year*)，endog(varlist) exog(varlist)

对比可知，前面部分与 SUR 的命令相似，只是在逗号后 **sure** 选项改为了 **endog(varlist)** 和 **exog(varlist)**。其中，**endog(varlist)** 代表系统内除了被解释变量外的内生变量，**exog(varlist)** 代表系统外的外生变量。值得注意的是，虽然波动在第一个方程中是内生变量，但是不要放入 **endog(varlist)** 选项中，因为波动在第二个方程中是作为被解释变量，这与 SUR 方法不同。SUR 方法将第一个方程中的波动变量也作为外生变量处理了。另外，如果系统内没有除了被解释变量之外的内生变量，那么就可以删除 **endog(varlist)** 和 **exog(varlist)**。

下面继续介绍一个更具体的例子，即 Chen 和 Yao(2011) 的文章，该篇文章主要研究的是政府基建投资影响居民消费的直接机制和间接机制。直接机制是，政府基建投资的增加会削减对居民消费的转移支付和社保支出，进而降低居民消费。间接机制则有两条：机制一是政府基建投资促进了资本密集型的第二产业份额的增加，进而挤占了劳动收入份额的比重，劳动收入的下降抑制了居民消费；机制二是基建投资增加了第二产业的利润率，导致劳动收入份额下降，进而抑制了居民消费。后文将对机制一和机制二进行具体讲解。

我们来看一下政府基建投资份额与居民消费份额之间的关系(见图 2.15)，左图是没有控制任何控制变量的情况下的偏相关图，显示政府基建投资份额与居民消费份额之间没有明显的相关关系；右图在控制双向固定效应后则显示两者之间呈现明显的负相关关系。

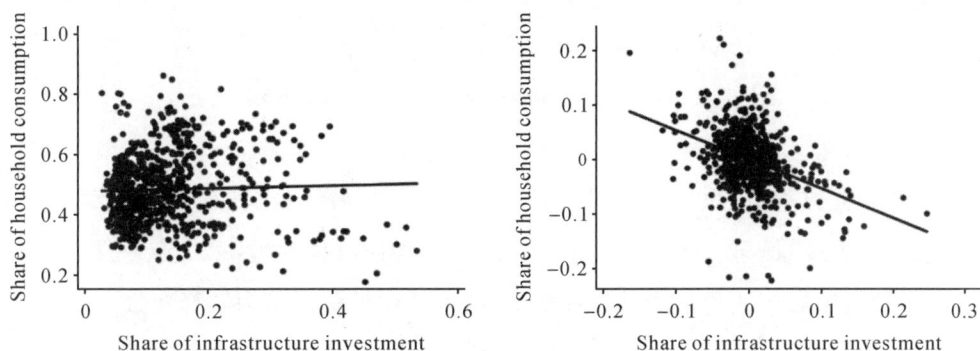

图 2.15　文章的偏相关图

接着作者继续用偏相关图展示作用机制，首先展示了政府基建投资份额与第二产业份额呈正相关关系(见图 2.16 左)，然后展示了第二产业份额与劳动收入份额呈负相关关系(见图 2.16 中)，最后展示了劳动收入份额与居民消费份额呈正相关关系(图 2.16 右)。于是,通过这一机制,便得到了政府基建投资份额与居民消费份额之间的负相关关系。

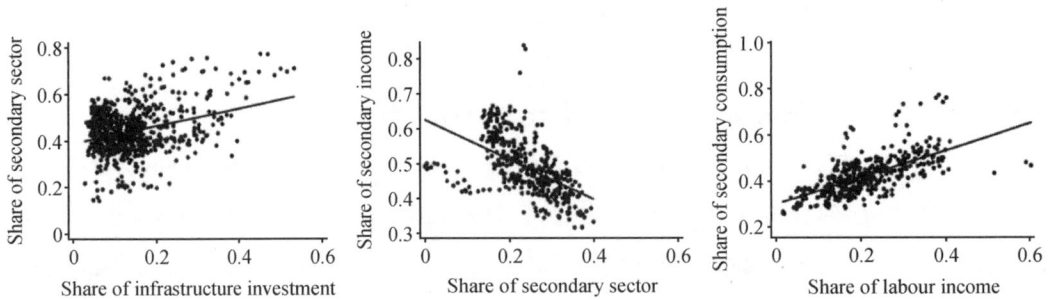

图 2.16   文章的偏相关图

此外,作者还展示了政府基建投资份额与工业利润率的正相关关系图(见图 2.17),此处不再详细展开介绍。

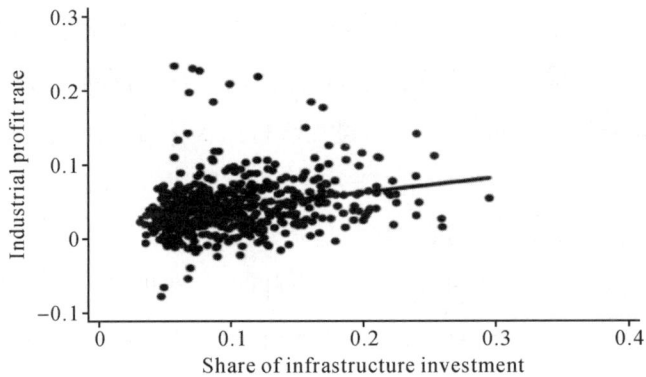

图 2.17   文章的偏相关图

为了检验机制一,作者设计了如下计量方程:

$$Share\_hhcon_{it} = \alpha_{01} + \alpha_{11} labour\_share_{it} + v_{1i} + v_{1t} + \mu_{1it}$$

$$Labour\_share_{it} = \alpha_{02} + \alpha_{12} share\_secondary_{it} + \beta_1 X_{it} + v_{2i} + v_{2t} + \mu_{2it}$$

$$Share\_secondary_{it} = \alpha_{03} + \alpha_{13} share\_infras_{it} + \beta_2 X_{it} + v_{3i} + v_{3t} + \mu_{3it} \qquad (式 2.3)$$

这是一个联立方程组,由三个方程组成:第一个方程的居民消费份额为被解释变量,劳动收入份额为解释变量;第二个方程的劳动收入份额为被解释变量,第二产业份额为解释变量;第三个方程的第二产业份额为被解释变量,政府基建投资份额为解释变量。

这篇文章中分别运用了 SUR 和 3SLS 进行回归,结果展示在表 2.2 中,可以看到,两种方法下每一个方程所对应的核心解释变量的估计结果都是在 1% 的水平下显著的,于是作者较好地验证了所提出的作用机制。

表 2.2　机制一的回归结果

变量	SUR			3SLS		
	居民消费份额	劳动收入份额	第二产业份额	居民消费份额	劳动收入份额	第二产业份额
Labour_share	0.749*** (0.039)			0.784*** (0.045)		
Share_secondary		−0.309*** (0.097)			−0.799*** (0.481)	
Share_infras.			0.152*** (0.037)			0.152*** (0.037)
Gov'n revenue/GDP		0.304* (0.174)	−0.269*** (0.088)		0.168 (0.209)	−0.268*** (0.088)
Per-capita GDP		0.008 (0.024)	0.017 (0.013)		0.009 (0.024)	0.018 (0.013)
Per-capita GDP^2		0.002 (0.004)	−0.011*** (0.002)		−0.003 (0.006)	−0.011*** (0.002)
Share of SOE employment		0.023 (0.067)	0.095*** (0.034)		0.072 (0.082)	0.095*** (0.034)
Trade/GDP		0.012 (0.018)	0.037*** (0.009)		0.035 (0.026)	0.037*** (0.009)
Constant	0.056*** (0.020)	0.371*** (0.081)	0.354*** (0.037)	0.039* (0.023)	0.640*** (0.155)	0.281*** (0.034)
Observations	392	392	392	392	392	392
R^2	0.389	0.769	0.941	0.380	0.748	0.941

注：***、**和*分别代表1％、5％和10％的显著性水平，括号中汇报的是标准误，下同。

机制二的识别与机制一类似，作者也是通过构建一个联立方程组，并分别运用 SUR 和 3SLS 进行回归，结果如表 2.3 所示。与 SUR 相比，更好的 3SLS 估计结果支持了第二个间接机制。不过，与 Mobarak(2005)相比，这个例子在联立方程中并没有考虑直接机制。

表 2.3　机制二的回归结果

变量	SUR			3SLS		
	居民消费份额	劳动收入份额	利润率	居民消费份额	劳动收入份额	利润率
Labour_share_ind	0.552*** (0.056)			0.600*** (0.066)		

续　表

变量	SUR			3SLS		
	居民消费份额	劳动收入份额	利润率	居民消费份额	劳动收入份额	利润率
Profit_ind		−0.008 (0.110)			−1.415* (0.809)	
Share_infras			0.126*** (0.044)			0.125*** (0.044)
Gov'n revenue/GDP		−0.047 (0.197)	−0.043 (0.101)		−0.089 (0.234)	−0.043 (0.101)
Per-capita GDP		0.057	0.042*		0.089	0.042*
*Per-capita GDP*²		−0.001 (0.008)	−0.009** (0.004)		−0.010 (0.011)	−0.009** (0.004)
Share of SOE employment		0.295*** (0.094)	0.037 (0.048)		0.349*** (0.117)	0.037 (0.048)
Trade/GDP		−0.029 (0.020)	0.005 (0.010)		−0.030 (0.024)	−0.005 (0.010)
Constant	0.210*** (0.023)	0.106*** (0.101)	−0.008 (0.053)	0.190*** (0.028)	0.153 (0.121)	−0.007 (0.053)
Observations	308	308	308	308	308	308
*R*²	0.154	0.717	0.670	0.142	0.561	0.670

2.3.2　Acemoglu 等(2003)方法

本节继续介绍机制二的识别方法。Acemoglu 等(2003)年发表在国际顶级期刊《货币经济学杂志》上的文章,写得非常经典,他们在文中所用的机制识别方法被后来的许多文章所引用,但是由于该文章比较长,为了理解 Acemoglu 等人的思路,下面着重讲解一篇笔者和张军教授引用该思路的文章。

方红生和张军(2013)就使用了这种方法,以该篇文章为例,相信大家很容易理解背后的逻辑。首先介绍一下文中所用到的概念。什么是攫取之手? 这是一个很形象的比喻,反映的是中央税收占总税收的比重。什么是援助之手? 这也是一个很形象的比喻,反映的是中央转移支付占地方政府财政支出的比重。我们试图将"两只手"放到同一个框架中去研究。

这篇文章使用的是动态面板数据模型,构建了三个计量方程(式 2.4 至式 2.6)。第一个方程的被解释变量为税收占 GDP 的比重(*Tshare*),解释变量有:被解释变量的滞后一期、攫取之手(Rgh)、援助之手(Rhh)、两只手的交互项($Rgh \times Rhh$)、其他控制变量。其中,攫取之手(Rgh)、援助之手(Rhh)、两只手的交互项($Rgh \times Rhh$)都是核心解释变量。我们预期攫取之手和援助之手对税收占 GDP 的比重具有正向效应,同时交互项具有负向效应。参考 Acemoglu 等(2003)的做法,我们需要对税收征管效率和高税行业的发展这两个渠道的重要性进行识别。考虑到税收征管效率面临着严重的度量问题,我们只为"高税行业的发展"这一渠道寻找了一个相对合适的代理变量,即使用了"非农产业化"($Pnonagri$)作为其代理变量。所以,我们构造了第二个方程,该方程以"非农产业化"($Pnonagri$)作为被解释变量,攫取之手(Rgh)、援助之手(Rhh)、两只手的交互项($Rgh \times Rhh$)为核心解释变量。我们预期攫取之手和援助之手对非农产业化具有正向效应,而交互项具有负向效应。第三个方程是将非农产业化引入第一个方程,核心解释变量依然是攫取之手(Rgh)、援助之手(Rhh)、两只手的交互项($Rgh \times Rhh$)。

$$Tshare_{it} = \alpha_1 Tshare_{it-1} + \alpha_2 Rgh_{it} + \alpha_3 Rhh_{it}$$
$$+ \alpha_4 Rgh_{it} \times Rhh_{it} + \beta X_{it} + \mu_i + \mu_t + \varepsilon_{it} \quad \text{(式 2.4)}$$

$$Pnonagri_{it} = \alpha_1 Pnonagri_{it-1} + \alpha_2 Rgh_{it} + \alpha_3 Rhh_{it}$$
$$+ \alpha_4 Rgh_{it} \times Rhh_{it} + \beta X_{it} + \mu_i + \mu_t + \varepsilon_{it} \quad \text{(式 2.5)}$$

$$Tshare_{it} = \gamma Pnonagri_{it} + \alpha_1 Tshare_{it-1} + \alpha_2 Rgh_{it}$$
$$+ \alpha_3 Rhh_{it} + \alpha_4 Rgh_{it} \times Rhh_{it} + \beta X_{it} + \mu_i + \mu_t + \varepsilon_{it} \quad \text{(式 2.6)}$$

那么如何判断非农产业化这个机制的重要性呢? 如果与第一个方程进行对比,第三个方程中的核心变量由显著变为不显著,或其显著性和(或)系数有明显的下降,而 $Pnonagri$ 显著,那么 $Pnonagri$ 是其作用于税收占 GDP 比重的一个主要渠道(primary channel);如果核心变量显著而 $Pnonagri$ 不显著,那么 $Pnonagri$ 不是其作用于税收占 GDP 比重的一个主要渠道,在此情形下,核心变量只能通过其他渠道(如提高税收征管效率)起作用;如果核心变量和 $Pnonagri$ 都显著,且前者的显著性和系数并没有明显下降,那么核心变量作用于税收占 GDP 比重的主要渠道是税收征管效率的提高而非 $Pnonagri$。

两个渠道的实证结果如表 2.4 所示,模型 2 是第二个方程的估计结果,可以看到攫取之手(Rgh)、援助之手(Rhh)、两只手的交互项($Rgh \times Rhh$)对非农产业化产生了预期的影响。模型 3 是第一个方程的估计结果,可以看到攫取之手(Rgh)、援助之手(Rhh)、两只手的交互项($Rgh \times Rhh$)对税收占 GDP 的比重产生了预期的影响。模型 4 是第三个方程的估计结果,可以看到非农产业化显著为正。核心解释变量方面,与模型 3 相比,模型 4 中只有援助之手(Rhh)的系数和显著性有显著下降,交互项并未发生显著性的变化。根据这一方法的规则,可以推断:①中央政府援助之手是将非农产业化($Pnonagri$)作为其推高税收占 GDP 比重的一个主要渠道,税收征管效率仅是次要渠道;②攫取之手及其与援助

之手的交互项是将税收征管效率作为推高税收占 GDP 比重的一个主要渠道，非农产业化
仅是次要渠道。

表 2.4　文章两个渠道检验的结果

被解释变量	*Pnonagri*		*Taxshare*	
模型	模型 1	模型 2	模型 3	模型 4
*Taxshare*_1			0.854*** (0.000)	0.585*** (0.000)
*Pnonagri*_1	1.097*** (0.000)	1.112*** (0.000)		
Pnonagri				0.176*** (0.003)
Rgh	0.025** (0.021)	0.018** (0.013)	0.192*** (0.001)	0.198*** (0.001)
Rhh	0.015** (0.021)	0.0149** (0.026)	0.130**	0.086* (0.053)
Rgh×Rhh	−0.00056** (0.015)	−0.0005** (0.012)	−0.003** (0.014)	−0.003** (0.014)
Year Dummy	Yes	Yes	Yes	Yes
AR(1)	0.086	0.088	0.029	0.035
AR(2)	0.888	0.856	0.197	0.182
Hansen test	1.000	1.000	0.958	1.000
Obs	324	324	324	324

参考文献

Acemoglu D，Johnson S，Robinson J，et al. Institutional causes，macroeconomic symptoms：Volatility，crises and growth[J]. Journal of Monetary Economics，2003，50 (1)：49-123.

Cameron A C，Trivedi P K. Microeconometrics using stata[M]. College Station，TX：Stata press，2010：268-269.

Chen B K，Yao Y. The cursed virtue：Government infrastructural investment and household consumption in Chinese provinces[J]. Oxford Bulletin of Economics and Statistics，2011，73(6)：856-877.

Mobarak A M. Democracy，volatility，and economic development[J]. Review of economics and statistics，2005，87(2)：348-361.

方红生，张军. 攫取之手、援助之手与中国税收超 GDP 增长[J]. 经济研究，2013(3)：108-121.

习 题

2.1 面板数据集"grunfeld. dta"包含了 10 个公司 1935—1954 年的以下变量：$invest$（投资额）、$mvalue$（公司市场价值）与 $kstock$（公司资本存量）。请估计以下投资函数的系数：

$$invest_{it} = \beta_0 + \beta_1 mvalue_{it} + \beta_2 kstock_{it} + \mu_i + \varepsilon_{it}$$

附 录

方红生，张军. 攫取之手、援助之手与中国税收超 GDP 增长[J]. 经济研究，2013(3)：108-121.

第三章 内生性与工具变量法

一篇高质量的经验研究论文不仅需要高度重视机制识别问题,而且还需要高度重视内生性问题的处理。本章将从理论和操作两个部分对内生性与工具变量法进行重点介绍,其中理论部分包括内生性问题及解决方法和工具变量法的三大检验,操作部分包括工具变量法的基本程序。

3.1 内生性与工具变量法理论部分

3.1.1 内生性问题及解决方法

前两章,我们介绍了短面板数据和长面板数据的分析技术,它们都只考虑了一种内生性问题,那就是不可观测的个体效应与解释变量相关,对于这个问题我们只要对个体效应进行控制即可。本节我们将考虑另一种普遍存在的内生性问题,即解释变量与误差项存在相关性。一般来讲,此种内生性问题普遍存在于计量方程中,如果对这个问题不加以重视和处理,那么回归结果将变得不可信,直接导致文章很难发表。

(1)内生性问题的来源

内生性问题的来源主要有三个:

一是遗漏变量。什么是遗漏变量? 就是可能与解释变量相关的变量,本来应该加以控制,但是没有控制的变量。这些变量进入了误差项,从而导致误差项与解释变量相关,产生内生性问题。

二是联立性。什么是联立性? 一般来说就是双向因果关系,即一个计量方程中的核心解释变量 A 影响被解释变量 B,反过来,被解释变量 B 又影响 A。双向因果关系导致核心解释变量 A 与误差项相关的原因如下:假设计量方程中的误差项发生一个正向冲击,那么被解释变量 B 就会增加,由于 B 影响 A,所以 A 也会相应地发生变动,从而导致核心解释变量 A 与误差项相关。如果 B 对 A 有正向影响,那么,正向冲击就会导致 A 也会增加,从而导致核心解释变量 A 与误差项呈正相关；如果 B 对 A 有负向影响，那么，正向冲击就会导致 A 降低，从而导致核心解释变量 A 与误差项呈负相关。举一个简单的联立性的例子，比如研究犯罪率与警察数量的关系，一般来讲警察数量越多，犯罪率就越低，但是反过来犯罪率越低，也会导致警察数量变少。

三是度量误差。度量误差有两类，一类是解释变量存在度量误差，另一类是被解释变量存在度量误差，度量误差的存在是如何导致内生性问题的呢？

首先，我们来看一下解释变量存在度量误差的情况，假设真实的模型是 $y = \alpha + \beta x^* + \varepsilon$，其中 x^* 和 ε 不相关，即满足 $\mathrm{Cov}(x^*, \varepsilon) = 0$，但是 x^* 无法精确观测，只能观测到 x，两者之间的关系是 $x = x^* + \mu$，且满足 $\mathrm{Cov}(x^*, \mu) = 0$，$\mathrm{Cov}(\mu, \varepsilon) = 0$，也就是说，测量误差 μ 与被观测变量 x^* 不相关，也与误差项 ε 不相关，把两式合并，就可以得到 $y = \alpha + \beta x + (\varepsilon - \beta \mu)$，此时新的误差项是 $(\varepsilon - \beta \mu)$，因为 μ 与 x 相关，所以能够观测到的解释变量 x 与新的误差项 $(\varepsilon - \beta \mu)$ 存在相关关系，从而产生了内生性问题。在这种情况下，估计得到的系数绝对值会偏小。

其次，再看被解释变量存在度量误差的情况，假设真实的模型是 $y^* = \alpha + \beta X + \varepsilon$，其中 $\mathrm{Cov}(x, \varepsilon) = 0$，$y^*$ 无法准确观测，而只能观测到 y，两者的关系是 $y = y^* + \upsilon$，υ 为测量误差。我们将两个式子合并，得到 $y = \alpha + \beta X + (\varepsilon + \upsilon)$，此时，只要被解释变量的测量误差 υ 与解释变量 x 没有系统相关，即 $\mathrm{Cov}(X, \upsilon) = 0$，则 OLS 估计量仍然是一致的，但可能会增大扰动项的方差；但是如果 $\mathrm{Cov}(X, \upsilon) \neq 0$，就会产生内生性问题。内生性问题如果不加以处理，会带来严重的影响：第一，在存在内生解释变量的情况下，OLS 估计量有偏且不一致；第二，只要任何一个解释变量与随机扰动项相关，全部解释变量的系数都会有偏且不一致。

（2）内生性问题的处理

解决内生性问题的方法通常有两种：第一种是使用内生变量的滞后一期；第二种是工具变量法。

第一种方法是使用内生变量的滞后一期，我们以研究警察数量对犯罪率的影响为例进行讲解。由于警察数量是内生变量，为了缓解警察数量的内生性问题，现有的研究文献一般使用第一种方法，即直接使用上期警察数量替换当期警察数量做回归。一般来说，上期警察数量与当期误差项不存在相关关系，这是因为当期误差项的正向冲击一般不会通过当期犯罪率的上升导致上期警察数量的上升。因此，第一种解决方法具有简单和直觉上可行的特点，但是这种方法也存在明显的缺点：第一，不能够回答当期警察数量对当期犯罪率到底产生多大影响的问题，而这个问题恰恰是我们原本想要研究的问题；第二，上期警察数量也可能因遗漏变量而具有内生性问题；第三，无法从经验上判断当期警察数量是否具有内生性问题，如果不具有内生性问题，就没有必要加以处理。

接下来介绍解决内生性问题的第二种方法——工具变量法（instrumental variable，IV）。

什么是工具变量法？首先要了解什么是工具变量，工具变量就是某一个变量与模型中解释变量高度相关，但却不与误差项相关，估计过程中被作为工具使用，以替代模型中与误差项相关的解释变量的变量。以此为基础，可以说，工具变量法就是使用工具变量进行估计的方法。

工具变量法最常用的估计方法就是 2SLS。第一步，将内生变量作为被解释变量，选择的工具变量作为解释变量，进行最小二乘估计；第二步，将第一步估计得到的内生变量作为解释变量，对感兴趣的被解释变量进行回归估计。

接下来我们通过一个例子来进一步说明：

$$y = \beta_1 + \beta_2 X_2 + \beta_3 X_3 + \beta_4 X_4 + u$$

其中，X_2 是严格外生的，而 X_3、X_4 是内生的，Z_1 和 Z_2 分别为 X_3 和 X_4 的工具变量。

第一阶段，内生变量对外生变量和工具变量回归：

$$X_3 = \pi_1 + \pi_2 X_2 + \pi_3 Z_1 + \pi_4 Z_{2+} u_1$$

$$X_4 = \gamma_1 + \gamma_2 X_2 + \gamma_3 Z_1 + \gamma_4 Z_{2+} u_2$$

对每个内生变量进行回归，回归解释变量必须全部为外生变量和工具变量，然后得到 X_3、X_4 的拟合值。这一步的目的在于消除潜在内生解释变量的内生部分。通过外生变量的预测回归，我们得到了这些变量的外生性部分。

第二阶段，用拟合值代替原方程的内生变量 X_3、X_4 进行回归：

$$y = \beta_1 + \beta_2 X_2 + \beta_3 X'_3 + \beta_4 X'_4 + \mu$$

将得到的 X_3、X_4 拟合值代替原来的内生解释变量，代入方程重新进行回归，最终得到无偏系数估计值，进而消除了偏误。

接下来介绍两阶段最小二乘法在 Stata 中的实现。

reg x3 x2 z1 z2

predict v

reg x4 x2 z1 z3

predict w

reg y x2 v w

上面的五行命令中，第一行命令和第三行命令是两个工具变量第一阶段 OLS 的回归，第二行命令和第四行命令分别是获得两个内生变量的预测值，最后一行命令用两个内生变量的预测值替换内生变量，进行第二阶段 OLS 回归。

两阶段最小二乘法的机理就是，第一阶段 OLS 回归消除了潜在内生解释变量的内生性问题。通过外生变量的预测回归，我们得到了这些变量的外生性部分。而第二阶段利用第一阶段得到的外生的预测回归的拟合值进行回归，进而消除了偏误。这种方法的原理简单，但其难点在于恰当的工具变量的选择。若存在 n 个潜在的内生解释变量,则至少需要 n 个工具变量。

如前文所述,工具变量要满足两个性质:一个是外生性,与误差项不相关,另外一个就是和内生变量高度相关、强相关。下面举几个使用工具变量法的经典例子。

①Acemoglu 等(2001、2002)使用殖民地时代(1500 年前后)的死亡率和人口密度作为制度的工具变量。

我们知道,制度的演化和经济发展密不可分,制度安排能够影响经济发展,同时经济发展能促进制度演化,故两者存在双向因果关系,表明制度是内生变量。Acemoglu 等(2001、2002)选择殖民地时代的死亡率和人口密度作为制度的工具变量,理由是,如果一个地方的殖民者死亡率高、人口密度低,殖民者就不倾向于在此定居,那么也就无法带来更好的制度安排,导致该地方的制度更加糟糕,反之亦然。也就是说,当地的殖民者死亡率、人口密度与制度质量高度相关。

②方颖和赵扬(2011)使用中国城市截面数据"1919 年基督教小学注册人数占人口比例"作为制度的工具变量。

方颖和赵扬(2011)为何将"1919 年基督教小学注册人数占人口比例"作为制度的工具变量?理由是,1919 年当地基督教小学注册人数占人口比例越高,表明该地区受到西方教育的人越多,这样该地就越容易推广西方的制度安排,于是该地区的制度也就越好。

③Waldman 等(2006、2008)使用降雨量作为看电视的工具变量。

这是一项有关看电视时间过长可能引发小儿自闭症问题的研究。文中指出,看电视时间的长短和小儿自闭症存在一定关系,但同时当小孩患自闭症的时候,看电视时间也会变长,故存在双向因果关系,表明看电视时间是内生变量。Waldman 等使用降雨量作为看电视时间的工具变量,因为降雨量越大,孩子越没法出去玩,在家里看电视的时间就会越长。

④Liu 和 Lu(2015)使用增值税转型改革政策作为投资的工具变量。

Liu 和 Lu(2015)研究了投资对出口的影响。文章指出,投资会影响出口,但反过来出口也会影响投资,故两者存在双向因果关系。他们使用增值税转型改革政策作为投资的工具变量,因为增值税转型降低了资本成本,促进投资,具体研究思路建议大家认真阅读该文体会。

不难看出,工具变量的选择是需要想象力的,想象力来源于长期的积累,故大家应该多读经典文献,日积月累,才能厚积薄发。

工具变量法估计的渐近方差为 $\left[se(\hat{\beta_1})\right]^2 = \dfrac{\hat{\sigma}^2}{SST_x R_{x,z}^2}$,由于 $0 < R^2 < 1$,显然比起 OLS 标准误,IV 法标准误始终大于 OLS 标准误,工具变量与内生解释变量相关性越强,也即 R^2

越大,IV 法标准误越低,精度越高。

接下来对 IV 估计和 OLS 估计的系数进行比较,如果计量方程确实存在内生性问题,那么 $Cov(x,u)\neq 0$,OLS 不是一致估计。如果处理内生性问题的工具变量满足相关性和外生性两个条件,即 $Cov(x,u)\neq 0$ 且 $Cov(x,z)\neq 0$,$Cov(z,u)=0$,IV 估计是一致估计;如果选择的工具变量不满足外生性条件,即 $Cov(z,u)\neq 0$,IV 估计将不再为一致估计,出现渐近系数偏差。

对比 IV 估计和 OLS 估计的渐近偏差公式:

$$\text{IV 估计:} \operatorname{plim}\hat{\beta}_1 = \beta_1 + \frac{\text{Corr}(z,u)}{\text{Corr}(z,x)} \cdot \frac{\sigma_u}{\sigma_x}$$

$$\text{OLS 估计:} \operatorname{plim}\tilde{\beta}_1 = \beta_1 + \text{Corr}(x,u) \cdot \frac{\sigma_u}{\sigma_x}$$

如果 $\text{Corr}(z,u)/\text{Corr}(z,x)<\text{Corr}(x,u)$,倾向于选择 IV 估计,反之则选择 OLS 估计。

选择一个好的工具变量非常重要,如果无法找到好的工具变量,可以选择 OLS 估计,但是最好在文章中解释 OLS 是高估还是低估了结果,这有助于对问题进行分析。那么如何判断是高估还是低估呢？要看 OLS 估计的渐近系数偏差 $\text{Corr}(x,u)$ 的正负号,即要看内生变量和误差项的相关性,如果是正相关,则高估,反之,则低估。

3.1.2　工具变量法的三大检验 1

一篇高质量的经验研究论文需要高度重视内生性问题的处理,这成为科研工作者的共识。使用工具变量法,三大检验至关重要。那么,什么是工具变量法的三大检验？为什么要做工具变量法的三大检验？如果要做三大检验,如何做？本节将回答以上三个重要问题。

三大检验分别是:第一,内生性检验,检验是否存在内生性问题,这直接决定我们是否要用 IV 法,如果一个变量不是内生变量,则没有必要使用 IV 估计;第二,相关性检验,检验内生变量与工具变量的相关性强弱,如果使用的是弱工具变量,那么会导致内生变量的估计系数标准误偏大,如果使用的工具变量不具有相关性,那么使用 IV 估计的渐近系数的偏差很可能大于 OLS 估计,在这种情形下,没必要使用 IV 估计;第三,外生性检验,检验工具变量与误差项是否相关,如果工具变量与误差项相关,不满足外生性条件,那么使用 IV 估计很可能比 OLS 估计的结果更糟糕。一般先进行相关性检验,原因是:①若存在弱工具变量,则 2SLS 可能会产生比 OLS 更糟糕的结果;②弱工具变量会使 Hausman 检验和 Hansen's J(外生性检验)结果产生偏差。换言之,若你选择的工具变量是弱工具变量,其他两个检验结果都不可靠,这提醒你应该选择更好的工具变量。具体的检验方法就是做辅助回归,用所有的外生解释变量(包括工具变量)对潜在的内生解释变量做回归,也就是 2SLS 的第一阶段回归,然后观察工具变量的系数符号是否符合预期,再观察整体显著性 F 值是否大于 10,如果大于 10,表明工具变量与内生解释变量存在强相关性。

接下再来看一个 Acemoglu 等(2001)的例子,研究的是保护掠夺制度对经济发展的影响,模型见式 3.1,显然这里存在双向因果关系,制度与经济发展互相影响,存在内生性问题。表 3.1 是例子中的变量解释。

$$\log pgp95 = \alpha avexpr + \beta lat\_abst + u \tag{式 3.1}$$

表 3.1　Acemoglu 等(2001)例子中的变量解释

被解释变量	$\log pgp95$	log PPP GDP pc in 1995,World Bank
内生解释变量	$avexpr$	average protection against expropriation risk
外生解释变量	lat_abst	Abs(latitude of capital)/90
工具变量	$logem4$	log settler mortality

这篇文章是非常有代表性的使用工具变量的论文,文章试图验证制度对人均收入的影响,文章使用殖民者死亡率作为工具变量,这是因为,如果殖民地的殖民者死亡率很高,那么殖民者就不会建立良好的保护制度,会导致该地区制度质量的下降,所以工具变量与内生变量显著相关,与被解释变量不相关,是合适的工具变量。

我们使用 Acemoglu 等(2001)的截面数据,做第一阶段 OLS 回归,回归命令为(见图 3.1):

keep if *baseco*==1

regress *avexpr logem*4 *lat_abst*

```
. regress avexpr logem4 lat_abst

      Source |       SS           df       MS            Number of obs   =        64
-------------+----------------------------------          F(2, 61)        =     12.82
       Model |  40.2217245         2  20.1108623          Prob > F        =    0.0000
    Residual |  95.6645164        61  1.56827076          R-squared       =    0.2960
-------------+----------------------------------          Adj R-squared   =    0.2729
       Total |  135.886241        63  2.15692446          Root MSE        =    1.2523

------------------------------------------------------------------------------
      avexpr |      Coef.   Std. Err.      t    P>|t|     [95% Conf. Interval]
-------------+----------------------------------------------------------------
      logem4 |  -.5102681   .1410186    -3.62   0.001    -.7922521   -.228284
    lat_abst |   2.001775   1.337176     1.50   0.140    -.6720747    4.675624
       _cons |   8.529432   .8123128    10.50   0.000     6.905113    10.15375
------------------------------------------------------------------------------
```

图 3.1　第一阶段 OLS 回归的 Stata 汇报结果

从汇报结果中可以观察到 F 值＝12.82,大于 10,表明工具变量与内生变量之间存在强相关。另外,工具变量死亡率对制度变量产生了显著的负向影响,这符合工具变量背后的逻辑。

当然我们也可以用 **ivreg** 命令一步到位,具体的命令如下(见图 3.2)。

ivreg *logpgp95 lat_abst*(*avexpr＝logem***4**）**，first**

加入选项 **first**,既报告第一阶段的回归结果,同时也进行第二阶段回归。一定要注意加选项 **first**,否则系统不报告第一阶段结果,那么我们也就无法判断是否存在强相关性。同时命令括号中放内生解释变量和工具变量,请注意写法。

```
. ivreg logpgp95 lat_abst (avexpr=logem4), first

First-stage regressions
```

Source	SS	df	MS			
				Number of obs	=	64
				F(2, 61)	=	12.82
Model	40.2217245	2	20.1108623	Prob > F	=	0.0000
Residual	95.6645164	61	1.56827076	R-squared	=	0.2960
				Adj R-squared	=	0.2729
Total	135.886241	63	2.15692446	Root MSE	=	1.2523

avexpr	Coef.	Std. Err.	t	P>|t|	[95% Conf. Interval]	
lat_abst	2.001775	1.337176	1.50	0.140	-.6720747	4.675624
logem4	-.5102681	.1410186	-3.62	0.001	-.7922521	-.228284
_cons	8.529432	.8123128	10.50	0.000	6.905113	10.15375

图 3.2　ivreg 命令汇报的第一阶段回归结果

如果方程中有多个内生变量,如何做相关性检验? Stock/Yogo 给出了检验规则:如果弱识别检验的最小特征值统计量大于 Stock/Yogo 的 15％ maximal IV size 所对应的临界值,就可认为工具变量不存在弱相关问题。这一检验可以通过 **ivreg2** 或 **xtivreg2** 命令实现。对于这个例子,命令如下:

ivreg2 *logpgp95 lat_abst*(*avexpr＝logem***4**）

从汇报结果(见图 3.3)中可以看到,最小特征值统计量(13.093)大于 Stock/Yogo 所对应的临界值(8.96),因此我们认为工具变量不存在弱相关。如果检验结果是弱工具变量,如何解决呢? 有三种解决方法:第一,选择更好的工具变量,不再使用这个弱相关性的工具变量。第二,做冗余检验,将弱相关的工具变量剔除。冗余检验的原假设是“指定的工具变量是多余的”,**ivreg2/xtivreg2** 提供了做该检验的选项 **redundant(varlist)**。第三,有限信息最大似然法(limited information maximum likelihood method,LIML)。在大样本下,LIML 与2SLS 是渐近等价的,但存在弱工具变量的情况下,LIML 的小样本性质可能优于 2SLS,具体的实现命令是:(**ivreg**…,**liml**)(**ivreg2**…,**liml**)。

```
Weak identification test (Cragg-Donald Wald F statistic):              13.093
Stock-Yogo weak ID test critical values: 10% maximal IV size           16.38
                                         15% maximal IV size            8.96
                                         20% maximal IV size            6.66
                                         25% maximal IV size            5.53
Source: Stock-Yogo (2005).  Reproduced by permission.
```

图 3.3　Stock/Yogo 弱识别检验结果

3.1.3　工具变量法的三大检验 2

本节我们介绍三大检验中的内生性检验。我们使用 Husman 检验来识别是否存在内生性问题。基本原理是：首先假定存在内生性问题，进行 2SLS 回归，然后假定不存在内生性问题，进行普通回归，最后使用 Husman 检验。检验结果若 p 值小于 0.1，表明两个回归的系数存在显著系统性差异，也即表明存在内生性问题；若 p 值大于 0.1，表明两个回归的系数不存在系统性差异，也即表明不存在内生性问题。该方法类似于 FE 模型与 RE 模型的选择。关于内生性检验，有一个简便的命令，即 **ivreg2/xtivreg2，endog()**，直接把内生变量放入 **endog()** 中即可。

下面我们继续以 Acemglou 等（2001）为例，先输入以下命令进行 2SLS 回归并保存结果：

ivreg *logpgp95 lat_abst*（*avexpr＝logem4*）

est store *iv*

然后输入以下命令进行普通 OLS 回归，最后进行 Husman 检验。

reg *logpgp95 lat_abst avexpr*

hausman *iv*

我们从 Stata 汇报的结果（见图 3.4）中可以看到，p 值为 0.0453，表明两个回归系数在 5% 的水平存在显著差异，即表明变量 *avexpr* 存在显著内生性问题。

```
                ── Coefficients ──
              (b)          (B)           (b-B)      sqrt(diag(V_b-V_B))
              iv            .          Difference          S.E.

    avexpr   .995704     .4678871       .527817          .2121926
  lat_abst  -.6472071    1.576884      -2.224091         1.130514

                b = consistent under Ho and Ha; obtained from ivreg
      B = inconsistent under Ha, efficient under Ho; obtained from regress

  Test:  Ho:  difference in coefficients not systematic

            chi2(2) = (b-B)'[(V_b-V_B)^(-1)](b-B)
                    =        6.19
            Prob>chi2 =      0.0453
```

图 3.4　Husman 检验结果

我们也可以直接输入命令：

ivreg2 *logpgp95* *lat_abst*(*avexpr*＝*logem4*)，**endog**(*avexpr*)

从汇报结果（见图 3.5）中可以看到，p 值为 0.0001，表明存在显著内生性问题。

```
Sargan statistic (overidentification test of all instruments):        0.000
                                              (equation exactly identified)
-endog- option:
Endogeneity test of endogenous regressors:                            15.239
                                              Chi-sq(1)  P-val =       0.0001
Regressors tested:     avexpr
```

图 3.5　ivreg2 命令的 Stata 汇报结果

最后，我们介绍三大检验中的外生性检验。这一检验取决于工具变量和内生变量的个数，当工具变量个数等于内生变量个数，即恰好识别时，普遍认为无法检验其外生性，只能定性讨论或者依赖专家意见。如果是过度识别的情况，也就是工具变量个数大于内生变量个数，可以使用 **ivreg2/xtivreg2** 命令进行检验，原假设是工具变量，与误差项不相关。当 p 值小于 0.1 时，拒绝原假设，说明 IV 不具有外生性，与误差项相关；当 p 值大于 0.1 时，接受原假设，说明 IV 具有外生性，与误差项不相关。**ivreg2/xtivreg2** 的安装命令分别是 **ssc install ivreg2** 和 **ssc install xtivreg2**。

下面，我们对三大检验进行简要总结：

对于工具变量的相关性检验，使用的检验方法是第一阶段回归，若是弱工具变量，将会使内生性的 Hausman 检验和 Hansen's J（外生性检验）结果不可靠。

对于内生性检验，常用的检验方法是 Hausman 检验，只有存在内生性问题，才能使用工具变量法。

对于外生性检验，使用的 Stata 命令是 **ivreg2** 或 **xtivreg2**，当检验结果判断工具变量为外生时，才可以使用工具变量法。但是，如果使用的工具变量数等于内生变量数，则无法检验工具变量的外生性。值得一提的是，命令 **ivreg2** 和 **xtivreg2** 都可以同时做上述三大检验。

截至目前，我们没有考虑误差项存在异方差或者自相关问题。如果模型的误差项存在异方差或者自相关，那么 2SLS 的估计虽然是一致估计量但不是有效估计量，应该使用更加有效的广义矩估计（generalized method of moments，GMM），该方法的前提条件是过度识别（工具变量数＞内生变量数）。具体命令如下：

xtivreg2 *y* [*varlist1*] [*varlist2*＝*varlist_iv*]，**fe gmm**

此外，需要说明的是，当模型存在自相关或者异方差问题时，某种意义上讲，GMM 之于 2SLS，正如 GLS 之于 OLS，RE 之于 FE，前者都可以获得有效估计量，后者只能获得一致估计量（陈强，2014）。

3.2 内生性与工具变量法操作部分

3.2.1 工具变量法的基本程序 1

本节中,我们将以 Cornwell 和 Trumbull(1994)的文章为例,讲解工具变量法的基本程序。

第一步,模型设定与数据。式 3.2 是构造的单向固定效应模型。打开 Stata 软件,导入 crime.dta 数据集。

$$R_{it} = X'_{it}\beta + P'_{it}\gamma + \alpha_i + \varepsilon_{it} \tag{式 3.2}$$

我们使用 **des** 命令查看数据集中的数据,可以看到有 630 个观测值,变量为县、年、人均犯罪率、被捕可能性,等等。我们再运行 **xtset county year** 和 **xtdes** 命令(见图 3.6 和图 3.7),可以发现,这是一个 90 个县 1981—1987 年的短面板也即平衡面板数据集。

```
. use crime.dta

. des

Contains data from crime.dta
 obs:           630
 vars:           59                          5 Jun 2007 14:32
 size:       128,520

              storage   display    value
variable name   type    format     label      variable label

county          int     %9.0g                 county identifier
year            byte    %9.0g                 81 to 87
crmrte          float   %9.0g                 crimes committed per person
prbarr          float   %9.0g                 'probability' of arrest
prbconv         float   %9.0g                 'probability' of conviction
prbpris         float   %9.0g                 'probability' of prison sentenc
avgsen          float   %9.0g                 avg. sentence, days
polpc           float   %9.0g                 police per capita
density         float   %9.0g                 people per sq. mile
taxpc           float   %9.0g                 tax revenue per capita
west            byte    %9.0g                 =1 if in western N.C.
central         byte    %9.0g                 =1 if in central N.C.
urban           byte    %9.0g                 =1 if in SMSA
pctmin80        float   %9.0g                 perc. minority, 1980
wcon            float   %9.0g                 weekly wage, construction
wtuc            float   %9.0g                 wkly wge, trns, util, commun
wtrd            float   %9.0g                 wkly wge, whlesle, retail trade
wfir            float   %9.0g                 wkly wge, fin, ins, real est
wser            float   %9.0g                 wkly wge, service industry
wmfg            float   %9.0g                 wkly wge, manufacturing
wfed            float   %9.0g                 wkly wge, fed employees
wsta            float   %9.0g                 wkly wge, state employees
```

图 3.6 des 命令的 Stata 汇报结果

在这个模型中,被解释变量是犯罪率。解释变量有:被逮捕的可能性、被定罪的可能性、被关押的可能性、平均关押时间等;控制变量有:人均警察数、人口密度、制造业工资、联邦政府工资、年龄结构、种族结构等;另外还包括不可观测的个体异质性。这个犯罪经济模型存

```
.  xtset county year
        panel variable:  county (strongly balanced)
         time variable:  year, 81 to 87
                  delta:  1 unit

.  xtdes

 county:  1, 3, ..., 197                                  n =        90
   year:  81, 82, ..., 87                                 T =         7
           Delta(year) = 1 unit
           Span(year)  = 7 periods
           (county*year uniquely identifies each observation)

Distribution of T_i:    min      5%     25%     50%     75%     95%     max
                          7       7       7       7       7       7       7

        Freq.  Percent   Cum.  |  Pattern

          90   100.00  100.00  |  1111111

          90   100.00          |  XXXXXXX
```

图 3.7 xtset 和 xtdes 命令的 Stata 汇报结果

在两种内生性问题来源:第一个是不可观测的异质性,这一问题可以通过组内变换去除;第二个是解释变量与被解释变量之间存在双向因果关系,例如犯罪率的增加会导致人均警察数增加,进而会导致逮捕率的提高(见表 3.2)。

表 3.2 例子中的变量介绍

被解释变量			
R_{it}	the crime rate	犯罪率	FBI index crimes/county population
解释变量 P'_{it}(犯罪的抑制性变量)			
P_A	the probability of arrest	被逮捕的可能性	arrests/offenses
P_C	the probability of conviction	被定罪的可能性	convictions/arrests
P_P	the probability of prison	被关押的可能性	prison/convictions
S	the average prison sentence length	平均关押时间	the average prison sentence length in days
解释变量 X'_{it}(控制变量及合法活动的相对收益)			
Police	the number of police per capita	人均警察数	
Density	population density	人口密度	county population/county land area
WCON	construction wage	建筑业工资	the average weekly wage in the county by industry
WTUC	transportation, utilities and communications	交通、公用事业和通信业工资	
WTRD	wholesale and retail trade	批发零售业工资	
WEIR	finance, insurance and real estate	金融、保险、房地产业工资	

WSER	services	服务业工资	
WMFG	manufacturing	制造业工资	
WFED	federal government	联邦政府工资	
WSTA	state government	州政府工资	
WLOC	local government	地方政府工资	
Percent young male	the proportion of county population that is young male	年龄结构	male and between the ages of 15 and 24/county population
Percent minority	the proportion that is minority or nonwhite	种族结构	minority or nonwhite/ county population
West	western counties	西部地区	dummies for western counties
Central	central counties	中部地区	dummies for central counties
Urban			a dummy variable（URBAN） for counties that are included in SMSAs and have populations over 50,000
误差项			
α_i	unobserved heterogeneity	不可观测的个体异质性	
ε_{it}		随机误差项	

第二步，描述性统计。与之前章节讲解的内容一样，首先运行 **sum** 命令加关键变量来做这些变量的描述性统计，具体命令和结果如图 3.8 所示。

接下来，我们进一步画出犯罪率与被逮捕可能性之间的散点图和回归线。运行命令 **twoway**（*scatter lcrmrte lprbarr*）（**lfit** *lcrmrte lprbarr*），从图 3.9 中可以看到两者呈负相关关系，这一结果符合我们的预期。继续运行 **xtline** *lcrmrte* 命令，可以得到 90 个州 1981—1987 年的犯罪率时间趋势图，如图 3.10 所示，各州的情况不尽相同。

第三步，模型选择。在存在内生变量的情况下，也同样面临着模型选择的问题，我们在固定效应模型、随机效应模型和混合回归模型中应当如何选择？部分研究者认为，可以采用第一章短面板数据分析中的模型选择方法。但是 Baltagi（2006）的文章提醒我们（见图 3.11），直接利用 Hausman 检验，选择 FE 和 RE 模型存在误导，他认为，只有在处理了内生性问题的情况下，才能用 Hausman 检验来选择 FE 和 RE，以确定是用 FE 还是 RE。其正确做法为，先进行固定效应两阶段最小二乘（FE-2SLS）估计，再进行随机效应两阶段最小二乘（RE-2SLS）估计，最后再进行 Hausman 检验选择模型。

在这个犯罪经济模型中，存在两个内生变量，分别是被逮捕的可能性和人均警察数量。

```
. sum lcrmrte lprbarr lprbconv lprbpris lavgsen lpolpc ldensity  lwcon lwtuc lw
> trd lwfir lwser lwmfg lwfed lwsta lwloc  lpctymle lpctmin west central urban

    Variable |     Obs       Mean     Std. Dev.       Min        Max

     lcrmrte |     630  -3.609225     .5728077   -6.31355  -1.808895
      lprbarr |     630  -1.274264     .415897   -2.833214   1.011601
     lprbconv |     630  -.6929193    .6095949   -2.682732   3.610918
     lprbpris |     630  -.8786315    .2305144   -1.904239  -.3877662
      lavgsen |     630   2.153344     .2737295   1.439835   3.251537

       lpolpc |     630  -6.490637     .5266539   -7.687507  -3.336024
     ldensity |     630  -.0159241    .7747352    -1.62091   2.177889
        lwcon |     630   5.462869     .2481783   4.183905   7.751303
        lwtuc |     630   5.915883     .3702186   3.362377   8.020257
        lwtrd |     630   5.232423     .2143915    2.82576   7.715457

        lwfir |     630   5.579433     .2772037   1.257233   6.233362
        lwser |     630   5.364625     .3600984   .6118253   7.685734
        lwmfg |     630   5.615181     .2727473   4.623305   6.472115
        lwfed |     630   5.988757     .1587609   5.542831   6.393507
        lwsta |     630   5.677787     .1761313   5.153407   6.306275

        lwloc |     630   5.540139     .1596908   5.097363   5.961237
     lpctymle |     630  -2.443015     .1967842   -2.77808   -1.29332
      lpctmin |     630   2.913361     .9546147   .2497076   4.164309
         west |     630   .2333333     .4232887          0          1
      central |     630   .3777778     .4852169          0          1

        urban |     630   .0888889     .2848094          0          1
```

图 3.8 描述性统计的 Stata 汇报结果

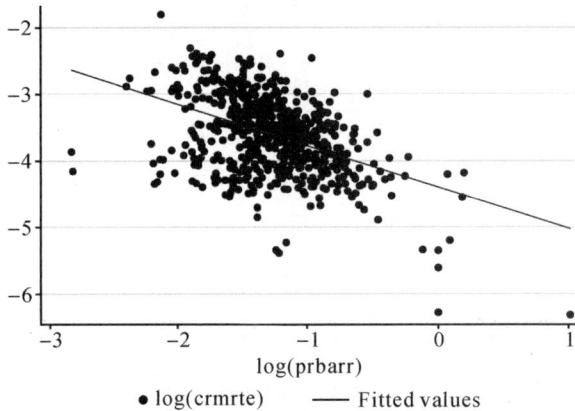

● log(crmrte)　—— Fitted values

图 3.9 犯罪率与被逮捕可能性之间的散点图和回归线

对于被逮捕的可能性这一内生变量,Cornwell 和 Trumbull(1994)为其选择的工具变量是面对面接触的犯罪(如抢劫、袭击和强奸)与非面对面接触的犯罪的比例,如果这个比例越高,那么,被逮捕的可能性也就越大。对于人均警察数量,他们为其选择的工具变量是人均税收,如果一个县的人均税收越高,那么其人均警察数量就越大。

接下来我们运行处理内生性问题后的 Hausman 检验程序。

第一步,进行双向固定效应两阶段最小二乘估计,具体命令是:

xtivreg *lcrmrte lprbconv lprbpris lavgsen ldensity lwcon lwtuc lwtrd lwfir lwser lwmfg*

lwfed lwsta lwloc lpctymle lpctmin west central urban d82 d83 d84 d85 d86 d87(lprbarr

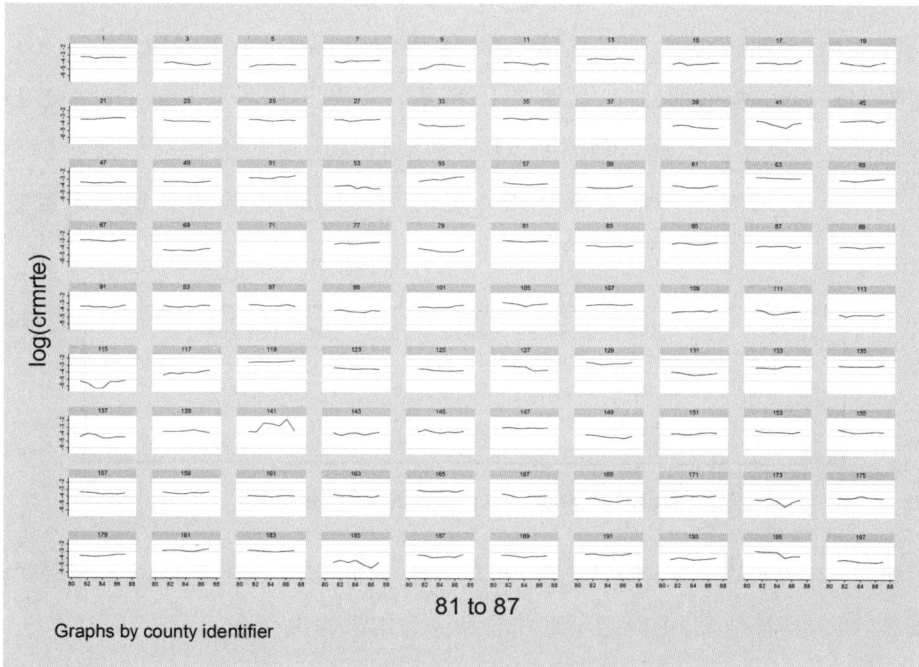

图 3.10　90 个州 1981—1987 年的犯罪率时间趋势

ESTIMATING AN ECONOMIC MODEL OF CRIME USING PANEL DATA FROM NORTH CAROLINA

BADI H. BALTAGI*

Department of Economics and Center for Policy Research, 426 Eggers Hall, Syracuse University, Syracuse, New York, 13244-1020

SUMMARY

This paper replicates the Cornwell and Trumbull (1994) estimation of a crime model using panel data on 90 counties in North Carolina over the period 1981–1987. While the Between and Within estimates are replicated, the fixed effects 2SLS as well as the 2SLS estimates are not. In fact, the fixed effects 2SLS estimates turn out to be insignificant for all important deterrent variables as well as legal opportunity variables. We argue that the usual Hausman test, based on the difference between fixed effects and random effects, may lead to misleading inference when endogenous variables of the conventional simultaneous equation type are among the regressors. We estimate the model using random effects 2SLS and perform a Hausman test based on the difference between fixed effects 2SLS and random effects 2SLS. We cannot reject the consistency of the random effects 2SLS estimator and this estimator yields plausible and significant estimates of the crime model. This result should be tempered by the legitimacy of the chosen instruments. Copyright © 2006 John Wiley & Sons, Ltd.

图 3.11　Baltagi(2006)的文章摘要

$lpolpc = ltaxpc\ lmix)$，**fe**

运行之后将结果保存：**est store FE2SLS**。

第二步，进行随机效应两阶段最小二乘估计，具体命令是：

xtivreg *lcrmrte lprbconv lprbpris lavgsen ldensity lwcon lwtuc lwtrd lwfir lwser lwmfg lwfed lwsta lwloc lpctymle lpctmin west central urban d82 d83 d84 d85 d86 d87（lprbarr lpolpc = ltaxpc lmix）*，**ec2sls**

这里要注意的是，最后的选项 **ec2sls** 表示误差纠正的两阶段最小二乘。运行之后输入

命令 **est store EC2SLS**,把结果保存好。

第三步,使用 Hausman 检验来选择模型,输入命令 **hausman FE2SLS EC2SLS**,运行之后可以看到 Hausman 检验的结果,如图 3.12 所示。其中,p 值为 0.6140,显然接受原假设,即应选择随机效应模型。因此,Baltagi(2006)的文章认为应该选择随机效应模型。这与 Cornwell 和 Trumbull(1994)的文章使用传统的 Hausman 检验所得到的固定效应模型不同。

```
Test:   Ho:  difference in coefficients not systematic

        chi2(22) = (b-B)'[(V_b-V_B)^(-1)](b-B)
                 =         19.50
        Prob>chi2 =       0.6140
```

图 3.12 Hausman 检验的 Stata 汇报结果

为了和 Baltagi(2006)文章中的主要结果进行对比,我们也做了 FE 估计,并将结果存储下来。

第四步,报告计量结果,下面是结果比较命令和结果输出命令。

结果比较:

esttab FE FE2SLS EC2SLS,b(%9.3f) se mtitle(FE FE2SLS EC2SLS) obslast star(* 0.1 ** 0.05 ***0.01) compress nogap a

结果输出:

esttab FE FE2SLS EC2SLS using tab1.rtf,b(%9.3f) se mtitle(FE FE2SLS EC2SLS) obslast star(* 0.1 ** 0.05 ***0.01) compress nogap a

图 3.13 是报告的结果对比。图中,第一列是固定效应估计的结果,第二列是固定效应两阶段最小二乘估计的结果,第三列是随机效应两阶段最小二乘估计的结果。Baltagi(2006)的文章倾向于第三列随机效应两阶段最小二乘估计的结果,可以看到第三列的结果中关键变量都通过了显著性检验。

图 3.14 是 Baltagi(2006)文章中汇报的表,我们运行命令后的结果(见图 3.13)与他的相同。值得一提的是,Baltgagi(2006)是一篇很经典的文献,值得大家进一步深入学习。

3.2.2 工具变量法的基本程序 2

在上一节的例子中,通过实操,我们发现处理内生性问题的 Hausman 检验选择了随机效应模型,最终报告了处理内生性问题的误差纠正的两阶段最小二乘结果。如果你认为检验到此结束,不用再继续讨论了,那就过于草率了,实际上,我们还没有做三大检验。如果不存在内生性问题,那么毫无疑问,我们就没有必要使用工具变量法。

	(1) FE	(2) FE2SLS	(3) EC2SLS
lprbarr	-0.355***	-0.576	-0.413***
	(0.032)	(0.802)	(0.097)
lprbconv	-0.282***	-0.423	-0.323***
	(0.021)	(0.502)	(0.054)
lprbpris	-0.173***	-0.250	-0.186***
	(0.032)	(0.279)	(0.042)
lavgsen	-0.002	0.009	-0.010
	(0.026)	(0.049)	(0.027)
lpolpc	0.413***	0.658	0.435***
	(0.027)	(0.847)	(0.090)
ldensity	0.414	0.139	0.429***
	(0.283)	(1.021)	(0.055)
lwcon	-0.038	-0.029	-0.007
	(0.039)	(0.054)	(0.040)
lwtuc	0.046**	0.039	0.045**
	(0.019)	(0.031)	(0.020)
lwtrd	-0.021	-0.018	-0.008
	(0.040)	(0.045)	(0.041)
lwfir	-0.004	-0.009	-0.004
	(0.028)	(0.037)	(0.029)
lwser	0.009	0.019	0.006
	(0.019)	(0.039)	(0.020)
lwmfg	-0.360***	-0.243	-0.204**
	(0.112)	(0.420)	(0.080)
lwfed	-0.309*	-0.451	-0.164
	(0.176)	(0.527)	(0.159)
lwsta	0.053	-0.019	-0.054
	(0.114)	(0.281)	(0.106)
lwloc	0.182	0.263	0.163
	(0.118)	(0.312)	(0.120)
lpctymle	0.627*	0.351	-0.108
	(0.364)	(1.011)	(0.140)
lpctmin	0.000	0.000	0.189***
	(.)	(.)	(0.041)
west	0.000	0.000	-0.227**
	(.)	(.)	(0.100)
central	0.000	0.000	-0.194***
	(.)	(.)	(0.060)
urban	0.000	0.000	-0.225*
	(.)	(.)	(0.116)
d82	0.023	0.038	0.011
	(0.026)	(0.062)	(0.026)
d83	-0.041	-0.044	-0.084***
	(0.036)	(0.042)	(0.031)
d84	-0.043	-0.045	-0.103***
	(0.046)	(0.055)	(0.037)
d85	-0.017	-0.021	-0.096*
	(0.063)	(0.074)	(0.049)
d86	0.035	0.006	-0.069
	(0.078)	(0.128)	(0.060)
d87	0.100	0.044	-0.031
	(0.093)	(0.216)	(0.071)
_cons	2.393	2.943	-0.954
	(1.678)	(2.694)	(1.284)
N	630	630	630

Standard errors in parentheses
* p<0.1, ** p<0.05, *** p<0.01

图 3.13 Stata 汇报的结果对比

Table I. Economics of Crime Estimates for North Carolina, 1981–1987 (standard errors in parentheses)

	Between	Fixed effects	FE2SLS	BE2SLS	EC2SLS
P_A	-0.648	-0.355	-0.576	-0.503	-0.413
	(0.088)	(0.032)	(0.802)	(0.241)	(0.097)
P_C	-0.528	-0.282	-0.423	-0.525	-0.323
	(0.067)	(0.021)	(0.502)	(0.100)	(0.054)
P_P	0.297	-0.173	-0.250	0.187	-0.186
	(0.231)	(0.032)	(0.279)	(0.318)	(0.042)
S	-0.236	-0.002	0.009	-0.227	-0.010
	(0.174)	(0.026)	(0.049)	(0.179)	(0.027)
Police	0.364	0.413	0.658	0.408	0.435
	(0.060)	(0.027)	(0.847)	(0.193)	(0.090)
Density	0.168	0.414	0.139	0.226	0.429
	(0.077)	(0.283)	(1.021)	(0.102)	(0.055)
wcon	0.195	-0.038	-0.029	0.314	-0.007
	(0.210)	(0.039)	(0.054)	(0.259)	(0.040)
wtuc	-0.196	0.046	0.039	-0.199	0.045
	(0.170)	(0.019)	(0.031)	(0.197)	(0.020)
wtrd	0.129	-0.021	-0.018	0.054	-0.008
	(0.278)	(0.040)	(0.045)	(0.296)	(0.041)
wfir	0.113	-0.004	-0.009	0.042	-0.004
	(0.220)	(0.028)	(0.037)	(0.306)	(0.029)
wser	-0.106	0.009	0.019	-0.135	0.006
	(0.163)	(0.019)	(0.039)	(0.174)	(0.020)
wmfg	-0.025	-0.360	-0.243	-0.042	-0.204
	(0.134)	(0.112)	(0.420)	(0.156)	(0.080)
wfed	0.156	-0.309	-0.451	0.148	-0.164
	(0.287)	(0.176)	(0.527)	(0.326)	(0.159)
wsta	-0.284	0.053	-0.019	-0.203	-0.054
	(0.256)	(0.114)	(0.281)	(0.298)	(0.106)
wloc	0.010	0.182	0.263	0.044	0.163
	(0.463)	(0.118)	(0.312)	(0.494)	(0.120)
Percent young male	-0.095	0.627	0.351	-0.095	-0.108
	(0.158)	(0.364)	(1.011)	(0.192)	(0.140)
Percent minority	0.148	—	—	0.169	0.189
	(0.049)			(0.053)	(0.041)
west	-0.230	—	—	-0.205	-0.227
	(0.108)			(0.114)	(0.100)
central	-0.164	—	—	-0.173	-0.194
	(0.064)			(0.067)	(0.060)
urban	-0.035	—	—	-0.080	-0.225
	(0.132)			(0.144)	(0.116)
_cons	-2.097	—	—	-1.977	-0.954

图 3.14 Baltagi(2006)文章中汇报的表

　　首先,我们进行内生性检验。第一步先做误差纠正的两阶段最小二乘估计,并保存结果,以下是程序:

xtivreg *lcrmrte lprbconv lprbpris lavgsen ldensity lwcon lwtuc lwtrd lwfir lwser lwmfg* *lwfed lwsta lwloc lpctymle lpctmin west central urban d82 d83 d84 d85 d86 d87*（*lprbarr lpolpc = ltaxpc lmix*），**ec2sls**

est store *ec2sls*

第二步,再做随机效应估计并保存结果:

xtreg *lcrmrte lprbconv lprbpris lavgsen ldensity lwcon lwtuc lwtrd lwfir lwser lwmfg lwfed lwsta lwloc lpctymle lpctmin west central urban d82 d83 d84 d85 d86 d87 lprbarr lpolpc*，**re**

最后进行 Hausman 检验:

hausman *ec2sls*，sigmamore

图 3.15 是 Hausman 检验的结果,可以看到 p 值为 1,接受原假设,表明不存在内生性问题。接下来,谨慎起见,我们用 **re** 替换上述 Hausman 检验中的误差纠正的两阶段最小二乘选项,看看结果是否稳健,命令如下:

xtivreg *lcrmrte lprbconv lprbpris lavgsen ldensity lwcon lwtuc lwtrd lwfir lwser lwmfg lwfed lwsta lwloc lpctymle lpctmin west central urban d82 d83 d84 d85 d86 d87*（*lprbarr lpolpc = ltaxpc lmix*），**re**

est store *re*

xtreg *lcrmrte lprbconv lprbpris lavgsen ldensity lwcon lwtuc lwtrd lwfir lwser lwmfg lwfed lwsta lwloc lpctymle lpctmin west central urban d82 d83 d84 d85 d86 d87 lprbarr lpolpc*，**re**

hausman *re*，sigmamore

```
Test:   Ho:  difference in coefficients not systematic

            chi2(26) = (b-B)'[(V_b-V_B)^(-1)](b-B)
                     =        0.34
            Prob>chi2 =      1.0000
            (V_b-V_B is not positive definite)
```

图 3.15　Hausman 检验的结果

可以看到,在这个 Hausman 检验的结果中(见图 3.16),p 值依然等于 1,表明不存在内生性问题,所以没有必要使用工具变量法对内生性问题进行解决。因此,Baltagi(2006)文章最终报告误差纠正的两阶段最小二乘估计的结果是有问题的。实际上,如果没有内生性问题,应该报告随机效应的结果。但有意思的是,如果没有内生性问题,就没有必要使用处理内生性问题的 Hausman 检验程序,只需要传统的 Hausman 检验程序;如果使用传统的 Hausman 检验程序,那么很容易得到模型选择的结果是 FE,而不是 RE。我们认为,出现目前的结果,很可能是因为文章中的工具变量并不是好的工具变量所致。一个重要的证据是,在处理内生性问题后,**es2SLS** 的估计结果显示,人均警察数量对犯罪率的影响依然高度显著为正,这不符合我们的理论预期,要想很好地解决这一问题,就应该寻找更好的工具变量。

```
Test:  Ho:  difference in coefficients not systematic

            chi2(26) = (b-B)'[(V_b-V_B)^(-1)](b-B)
                     =         3.18
            Prob>chi2 =        1.0000
            (V_b-V_B is not positive definite)
```

图 3.16 Hausman 检验的结果

接下来,我们把重心放在常见的固定效应模型上来讨论问题。假设最终选择的是固定效应模型,那么可以用 **xtivreg** 命令来检验相关性。

xtivreg *lcrmrte lprbconv lprbpris lavgsen ldensity lwcon lwtuc lwtrd lwfir lwser lwmfg lwfed lwsta lwloc lpctymle lpctmin west central urban d82 d83 d84 d85 d86 d87*(*lprbarr lpolpc = ltaxpc lmix*)*,* **fe first**

我们发现,以被逮捕的可能性作为被解释变量的第一阶段估计,所对应的 F 值为 15.60(见图 3.17),这是大于 10 的,表明为其选择的工具变量具有强相关性;但是以人均警察数量作为被解释变量的第一阶段估计所对应的 F 值为 9.27(见图 3.18),这是小于 10 的,表明为人均警察数量选择的工具变量是弱工具变量。这一结果进一步佐证了上面我们提到的,应该选择更好的工具变量的判断。

```
. xtivreg  lcrmrte  lprbconv lprbpris lavgsen ldensity lwcon lwtuc lwtrd lwfir  lwser lwmfg lwfed
> lwsta lwloc lpctymle lpctmin west central urban d82 d83 d84 d85 d86 d87 (lprbarr  lpolpc= ltax
> pc lmix), fe first

First-stage within regression

Fixed-effects (within) regression              Number of obs      =        630
Group variable: county                         Number of groups   =         90

R-sq:  within  = 0.3985                         Obs per group: min =          7
       between = 0.1550                                        avg =        7.0
       overall = 0.1769                                        max =          7

                                                F(22,518)          =      15.60
corr(u_i, Xb)  = -0.6380                         Prob > F           =     0.0000

    lprbarr |      Coef.   Std. Err.      t    P>|t|     [95% Conf. Interval]
------------+----------------------------------------------------------------
   lprbconv |   -.310641   .0210597   -14.75   0.000    -.352014   -.269268
   lprbpris |  -.2576809   .0428203    -6.02   0.000    -.3418037  -.1735581
    lavgsen |  -.0013884   .0361209    -0.04   0.969    -.0723498    .069573
   ldensity |  -.5812429   .3920425    -1.48   0.139    -1.351432   .1889458
      lwcon |    .008877   .0541214     0.16   0.870    -.0974475   .1152015
      lwtuc |   .0026199   .0264951     0.10   0.921    -.0494311   .0546709
      lwtrd |   .0207457   .0560716     0.37   0.712      -.08941   .1309014
      lwfir |  -.0131649   .0391106    -0.34   0.737    -.0899998     .06367
      lwser |  -.0274291   .0264876    -1.04   0.301    -.0794654   .0246073
      lwmfg |  -.0234208   .1539798    -0.15   0.879    -.3259225   .2790808
      lwfed |   .1134831   .2430454     0.47   0.641    -.3639927   .5909589
      lwsta |  -.1966359   .1577368    -1.25   0.213    -.5065184   .1132466
      lwloc |   .0161128   .1626683     0.10   0.921    -.3034579   .3356836
   lpctymle |   .8897405   .4987944     1.78   0.075    -.0901682   1.869649
    lpctmin |          0  (omitted)
       west |          0  (omitted)
    central |          0  (omitted)
      urban |          0  (omitted)
```

图 3.17 以被逮捕的可能性作为被解释变量的第一阶段估计结果

值得注意的是,上述命令在报告第一阶段结果的同时,也报告了处理内生性后的固定效

```
First-stage within regression

Fixed-effects (within) regression          Number of obs      =        630
Group variable: county                     Number of groups   =         90

R-sq:  within  = 0.2825                     Obs per group: min =          7
       between = 0.0210                                    avg =        7.0
       overall = 0.0333                                    max =          7

                                            F(22,518)          =       9.27
corr(u_i, Xb)  = -0.7080                    Prob > F           =     0.0000


     lpolpc |      Coef.   Std. Err.       t    P>|t|     [95% Conf. Interval]

    lprbconv |   .2983343   .0258959     11.52   0.000     .2474604    .3492082
    lprbpris |   .0854319   .0526536      1.62   0.105    -.0180089    .1888727
    lavgsen  |  -.047584    .0444157     -1.07   0.285    -.134841     .039673
    ldensity |   .5574359   .4820713      1.16   0.248    -.3896193    1.504491
    lwcon    |  -.029452    .0665499     -0.44   0.658    -.1601928    .1012889
    lwtuc    |   .0295332   .0325794      0.91   0.365    -.0344708    .0935372
    lwtrd    |   .0069825   .0689479      0.10   0.919    -.1284694    .1424344
    lwfir    |   .0106762   .048092       0.22   0.824    -.0838031    .1051555
    lwser    |  -.0652602   .0325703     -2.00   0.046    -.1292462   -.0012742
    lwmfg    |  -.4928531   .1893398     -2.60   0.010    -.8648214   -.1208848
    lwfed    |   .6859533   .2988584      2.30   0.022     .0988288    1.273077
    lwsta    |   .1014979   .1939596      0.52   0.601    -.2795462    .482542
    lwloc    |  -.3163188   .2000236     -1.58   0.114    -.7092759    .0766384
    lpctymle |   1.911922   .6133378      3.12   0.002     .7069865    3.116857
    lpctmin  |          0   (omitted)
    west     |          0   (omitted)
    central  |          0   (omitted)
    urban    |          0   (omitted)
```

图 3.18　以人均警察数量作为被解释变量的第一阶段估计结果

应估计的 F 检验结果(见图 3.19),可以看到,p 值为 0,拒绝不存在个体效应的原假设,这表明应当选择固定效应模型。

```
        d82  |   .037856    .0617039      0.61   0.540    -.0830815    .1587935
        d83  |  -.0443806   .0423893     -1.05   0.295    -.127462     .0387009
        d84  |  -.0451873   .0549023     -0.82   0.410    -.1527939    .0624192
        d85  |  -.020942    .073851      -0.28   0.777    -.1656873    .1238033
        d86  |   .0063223   .1280585      0.05   0.961    -.2446679    .2573124
        d87  |   .0435043   .2158311      0.20   0.840    -.3795169    .4665255
       _cons |   2.94288    2.694039      1.09   0.275    -2.337339    8.223099

    sigma_u  |  .41829289
    sigma_e  |  .14923885
       rho   |  .88708121   (fraction of variance due to u_i)

F  test that all u_i=0:      F(89,518) =      13.93            Prob > F    =  0.0000

Instrumented:   lprbarr lpolpc
Instruments:    lprbconv lprbpris lavgsen ldensity lwcon lwtuc lwtrd lwfir
                lwser lwmfg lwfed lwsta lwloc lpctymle lpctmin west central
                urban d82 d83 d84 d85 d86 d87 ltaxpc lmix
```

图 3.19　处理内生性问题后的固定效应估计的 F 检验结果

对于固定效应模型,可以选择命令 **xtivreg2**, **fe endog**()对其进行估计,同时进行三大检验。考虑到这篇文章中选择的工具变量具有弱工具变量的性质,所以我们也可以在这个命令中使用有限信息最大似然法进行处理。具体命令是:

xtivreg2 *lcrmrte lprbconv lprbpris lavgsen ldensity lwcon lwtuc lwtrd lwfir lwser* *lwmfg lwfed lwsta lwloc lpctymle lpctmin west central urban*（*lprbarr lpolpc* = *ltaxpc lmix*），**fe endog**（*lprbarr lpolpc*）**liml**

值得一提的是，运行这个命令前，需要安装 **xtivreg2**、**ivreg2**、**ranktest** 命令：

ssc install xtivreg2

ssc install ivreg2

ssc install ranktest

图 3.20 是运行上述命令后的结果，我们可以看到所有的关键解释变量都没有通过显著性检验。值得一提的是，**xtivreg2** 这个命令的强大功能就是可以报告三大检验的结果，如图 3.21所示。第一个检验是弱识别检验，也就是相关性检验，它检验工具变量是否为弱工具变量，可以看到，最小特征值统计变量为 0.409，小于 Stock/Yogo 15％的临界值 4.58，接受原假设，说明工具变量是弱工具变量。第二个检验是外生性检验，如果选择的工具变量数等于内生变量数，是不可以进行该检验的；如果选择的工具变量数大于内生变量数，是可以进行该检验的。第三个检验是内生性检验，图 3.20 中汇报的结果显示接受原假设，表明不存在内生性问题。通过这些检验，我们可以判断这篇文章选择的工具变量并不是很好的工具变量，这会导致内生性检验结果不可靠，意味着要选择更好的工具变量。

```
Estimates efficient for homoskedasticity only
Statistics consistent for homoskedasticity only

                                          Number of obs =        630
                                          F( 16,   524) =       4.02
                                          Prob > F      =     0.0000
Total (centered) SS     =  17.99073972    Centered R2   =     0.1954
Total (uncentered) SS   =  17.99073972    Uncentered R2 =     0.1954
Residual SS             =  14.47449205    Root MSE      =      .1637
```

lcrmrte	Coef.	Std. Err.	z	P>|z|	[95% Conf. Interval]	
lprbarr	-.7145471	.7060662	-1.01	0.312	-2.098412	.6693173
lpolpc	.7749075	.7020433	1.10	0.270	-.601072	2.150887
lprbconv	-.5054144	.423479	-1.19	0.233	-1.335418	.3245892
lprbpris	-.2980698	.2282782	-1.31	0.192	-.7454868	.1493472
lavgsen	.0199765	.0330379	0.60	0.545	-.0447765	.0847295
ldensity	-.0082001	.9091303	-0.01	0.993	-1.790063	1.773663
lwcon	-.0227211	.0521528	-0.44	0.663	-.1249387	.0794965
lwtuc	.0182442	.0306921	0.59	0.552	-.0419113	.0783997
lwtrd	-.0347705	.0489109	-0.71	0.477	-.1306341	.0610931
lwfir	-.0215556	.0377528	-0.57	0.568	-.0955497	.0524386
lwser	.013094	.0288836	0.45	0.650	-.0435169	.0697048
lwmfg	-.2862695	.2349727	-1.22	0.223	-.7468076	.1742686
lwfed	-.6974683	.3376346	-2.07	0.039	-1.35922	-.0357166
lwsta	.0797113	.3005004	0.27	0.791	-.5092587	.6686813
lwloc	.3983131	.1701509	2.34	0.019	.0648235	.7318027
lpctymle	.2586064	.4488933	0.58	0.565	-.6212083	1.138421
lpctmin	0	(omitted)				
west	0	(omitted)				
central	0	(omitted)				
urban	0	(omitted)				

图 3.20 使用 xtivreg2 命令估计固定效应模型的结果

```
Underidentification test (Anderson canon. corr. LM statistic):      0.841
                                                  Chi-sq(1) P-val =   0.3591

Weak identification test (Cragg-Donald Wald F statistic):           0.409
Stock-Yogo weak ID test critical values: 10% maximal LIML size      7.03
                                          15% maximal LIML size      4.58
                                          20% maximal LIML size      3.95
                                          25% maximal LIML size      3.63
Source: Stock-Yogo (2005).  Reproduced by permission.

Sargan statistic (overidentification test of all instruments):     0.000
                                               (equation exactly identified)
-endog- option:
Endogeneity test of endogenous regressors:                         0.380
                                                  Chi-sq(2) P-val =   0.8270

Regressors tested:     lprbarr lpolpc

Anderson-Rubin statistic (overidentification test of all instruments):  0.000
                                               (equation exactly identified)

Instrumented:          lprbarr lpolpc
Included instruments:  lprbconv lprbpris lavgsen ldensity lwcon lwtuc lwtrd
                       lwfir lwser lwmfg lwfed lwsta lwloc lpctymle
Excluded instruments:  ltaxpc lmix
Dropped collinear:     lpctmin west central urban
```

图 3.21　三大检验的结果

参考文献

Acemoglu D，Johnson S，Robinson J A. The colonial origins of comparative development：An empirical investigation[J]. American Economic Review,2001,91(5):1369-1401.

Acemoglu D，Johnson S，Robinson J A. Reversal of fortune：Geography and institutions in the making of the modern world income distribution[J]. The Quarterly Journal of Economics,2002,117(4):1231-1294.

Baltagi B H. Estimating an economic model of crime using panel data from North Carolina [J]. Journal of Applied Econometrics,2006,21(4):543-547.

Cornwell C，Trumbull W N. Estimating the economic model of crime with panel data[J]. The Review of Economics and Statistics,1994,76(2):360-366.

Liu Q，Lu Y. Firm investment and exporting：Evidence from China's value-added tax reform[J]. Journal of International Economics,2015,97(2):392-403.

Waldman M，Nicholson S，Adilov N. Does television cause autism? [J]. National Bureau of Economic Research,2006. doi:10.3386/w12632.

Waldman M，Nicholson S，Adilov N. Autism prevalence and precipitation rates in California，Oregon， and Washington counties ［J］. Archives of Pediatrics & Adolescent Medicine，2008，162(11)：1026-1034.

陈强. 高级计量经济学及 Stata 应用［M］. 2 版. 北京：高等教育出版社，2014：146.

方颖，赵扬. 寻找制度的工具变量：估计产权保护对中国经济增长的贡献［J］. 经济研究，2011(5)：138-148.

习　题

3.1　解读以下文章所使用的方法。

Liu Q，Lu Y. Firm investment and exporting：Evidence from China's value-added tax reform［J］. Journal of International Economics，2015，97(2)：392-403.

附　录

方红生，鲁玮骏，苏云晴. 中国省以下政府间财政收入分配：理论与证据［J］. 经济研究，2020(4)：118-133.

第四章 动态面板数据模型

一篇高质量的经验研究论文需要高度重视内生性问题的处理,但是往往富有创意的工具变量并不容易寻找。本章将介绍的动态面板数据模型为解决内生性问题提供了一种非常难得的选择。本章将从理论和操作两个部分对动态面板数据模型进行重点介绍,其中理论部分包括引言与动态面板数据模型的估计、DIF-GMM 与 SYS-GMM;操作部分包括常规方法的估计与分析、DIF-GMM 估计、SYS-GMM 估计、xtbcfe 命令介绍、xtbcfe 命令的估计和分析。

4.1 动态面板数据模型理论部分

4.1.1 引言与动态面板数据模型的估计

动态面板数据模型,反映的是被解释变量和上一期变量之间的关系。也就是说,$y_{i,t}$ 和 $y_{i,t-1}$ 之间是有关系的,上一期的值决定着下一期的值,这个就是动态面板数据模型。现实中的很多问题都体现了这种动态性,比如企业招聘雇员,要决定今年招聘的人数,就需要考虑上一年招聘了多少人;还有特别重要的投资问题,比如企业今年的投资决策,也是要参考上一年的投资额指标的;再比如需求、工资等问题。

那么动态面板数据模型如何设定? 其实就是在原有的静态面板数据模型的基础之上引进被解释变量的滞后期,其他都相同,如式 4.1 中,u_{it} 是一个复合的误差项,就是随机扰动项 v_{it} 加上一个不可观测的个体效应 μ_i,模型中引入了一个被解释变量滞后一期,这就构成了一个动态面板数据模型。

$$y_{it} = \delta y_{i,t-1} + x'_{it}\beta + \mu_{it}, i = 1,2,\dots,N \qquad (\text{式 } 4.1)$$

其中,$\mu_{it} = \mu_i + v_{it}$。

那么引入了被解释变量滞后一期之后,会带来怎样的挑战呢? 它会使得内生解释变量发生变化。假设控制变量都是外生的,那么引入的被解释变量滞后一期是不是内生变量主要取决于这个变量和复合误差项之间是不是存在相关性。我们可以这样推导,被解释变量 y_{it} 与不可观测的个体效应 μ_i 是相关的,那么滞后一期 $y_{i,t-1}$ 也是与 μ_i 相关,于是滞后一期 $y_{i,t-1}$ 与复合误差项 u_{it} 也是相关的,所以 $y_{i,t-1}$ 就是一个内生变量。此时,因为存在内生性问题,用普通最小二乘法来对这个模型进行估计,估计结果是会有偏且不一致的。

那么使用固定效应模型的估计方法是否可行?我们之前在学习固定效应模型的时候,介绍过它就是一个组内离差变换,组内离差变换就是将不可观察的固定效应去掉。那么我们此时需要关注的就是通过组内离差变换之后,被解释变量滞后一期 $y_{i,t-1}$ 的组内离差是否与随机扰动项 v_{it} 的组内离差相关。如果还是相关的,那么固定效应模型估计也是有偏的,但是在 T 趋向于无穷大时,却是一致的。

那么,被解释变量滞后一期 $y_{i,t-1}$ 的组内离差是否与随机扰动项 v_{it} 的组内离差相关?这里提供了一个解释。我们知道,被解释变量滞后一期的组内离差可以表示为 $y_{i,t-1}^* = y_{i,t-1} - \frac{1}{T-1}(y_{i2} + \cdots + y_{iT})$,而误差项的组内离差为 $v_{i,t}^* = v_{i,t} - \frac{1}{T-1}(v_{i2} + \cdots + v_{iT})$。这里我们可以看到两点,一是 $y_{i,t-1}$ 与 $-\frac{1}{T-1}v_{i,t-1}$ 呈负相关关系,这是源于 $y_{i,t-1}$ 与 $v_{i,t-1}$ 的正相关性;二是 $-\frac{1}{T-1}y_{i,t}$ 与 $v_{i,t}$ 也呈负相关关系,这是源于 $y_{i,t}$ 与 $v_{i,t}$ 的正相关性。因此,固定效应估计的结果是有偏的。然而,当 T 非常大时,由于相关性所造成的估计偏误可以忽略不计,所以估计结果又是一致的。

接下来需要回答的一个问题是,随机效应模型估计方法是否可以用来估计动态面板数据模型?我们知道,随机效应模型假设不可观察的个体效应和解释变量之间是不相关的。随机效应模型采用的是广义离差变换处理办法,这种方法与固定效应模型的区别在于均值前乘上了一个 θ,当其取 1 时,就成了固定效应模型,所以固定效应模型就是随机效应模型的一个特例,后者更具有一般性。这意味着,同样不可以用随机效应模型的估计方法去估计动态面板数据模型。

由此可见,引入被解释变量滞后一期所带来的挑战是非常大的,虽然看似不起眼,但是一旦引进,普通最小二乘估计、固定效应估计、随机效应估计都统统失效,这就要求我们寻找新的方法来解决动态面板数据模型的估计问题。

这个新的估计方法的探索就从这里开始。如式 4.2 所示,我们通过一阶差分将原始动态面板数据模型中不可观测的个体效应去掉,在此情况下,由于被解释变量滞后一期 $y_{i,t-1}$ 与误差项 $\varepsilon_{i,t-1}$ 之间是相关的,所以这个一阶差分后的式子仍存在内生性问题。

$$\Delta y_{it-1} + \Delta x_{it}'\beta + \Delta\varepsilon_{it}, t = 2, 3, \cdots, T \tag{式 4.2}$$

既然一阶差分模型存在内生性问题,那么接下来的常规做法就是为它寻找合适的工具变量来处理这个问题。Anderson 和 Hsiao(1982)提出了一种为差分变量（$y_{i,t-1} - y_{i,t-2}$）寻找工具变量的方法，这个工具变量就是 $y_{i,t-2}$。由于差分变量本身包含着 $y_{i,t-2}$，因此工具变量与内生变量存在高度相关性，而在误差项 $\varepsilon_{i,t}$ 不存在自相关的前提下，工具变量 $y_{i,t-2}$ 与误差项差分（$\varepsilon_{i,t} - \varepsilon_{i,t-1}$）不相关，因此 $y_{i,t-2}$ 满足工具变量的条件。

但是要注意，$y_{i,t-2}$ 并不是唯一可使用的工具变量，滞后三期 $y_{i,t-3}$、滞后四期 $y_{i,t-4}$ 都满足工具变量的条件，都可作为工具变量使用，这在 Arellano 和 Bond(1991)中有提到。

然而，Arellano 和 Bond(1991)认为这种相当于两阶段最小二乘估计的结果虽然是一致的，但并不是有效的，因为它并没有充分运用样本里的所有信息。于是，他们提出了使用更多工具变量的广义矩估计方法 GMM 来进行动态面板数据模型的估计，工具变量就来自于更多的滞后期。

4.1.2 DIF-GMM 与 SYS-GMM

动态面板数据模型的 GMM 估计方法有两种，分别是差分 GMM（difference GMM，DIF-GMM）和系统 GMM（system GMM，SYS-GMM）估计方法。早前，差分 GMM 估计方法用得较多，其被广泛用来处理动态面板数据模型中严重的内生性问题。差分 GMM 估计的基本思路就是对动态面板数据模型的水平方程进行一阶差分以去除固定效应的影响，然后用一组滞后的解释变量作为差分方程中相应变量的工具变量。

然而，Blundell 和 Bond(1998)认为，差分 GMM 估计量较易受弱工具变量的影响而产生向下的大的有限样本偏差。为克服该问题，他们提出了系统 GMM 估计方法，系统 GMM 基于差分 GMM 之上形成，此时的估计量结合了差分方程和水平方程，还增加了一组滞后的差分变量作为水平方程相应的工具变量，更具有系统性。相对来说，系统 GMM 估计量具有更好的有限样本性质，但是，有一个前提假定，即工具变量的一阶差分与固定效应项不相关，然而目前为止并没有方法能对这个假定进行检验，这可能是一个隐患。

使用系统 GMM 估计方法需满足一些条件：一是大 n 小 t，比如工业企业数据库就比较符合这个条件；二是线性函数关系，构造的计量模型是要线性的；三是方程左边的变量作为动态变量；四是方程右边的变量并不是严格外生的，就是说，不是所有的解释变量都是严格外生的；五是控制了个体固定效应；六是默认不存在截面相关问题，且建议采用双向固定效应模型。

有趣的是，GMM 估计方法最先并不是由 Arellano 和 Bond(1991)提出的，而是由 Holtz-Eakin 等(1988)提出的，他们在文章中提出了 GMM 估计方法。而 Arellano 和 Bond(1991)的贡献，其实是提出了误差项是否存在自相关的检验方法。

使用 GMM 估计方法要注意哪些问题？方红生和张军（2009）使用了动态面板数据模型，认为在理论层面，GMM 估计量的一致性关键取决于各项假设条件是否达到满足，这需要进行两个假设检验：一是通过 Hansen 过度识别约束检验对所使用的工具变量的有效性进行检验，此检验的原假设是所使用的工具变量与误差项是不相关的。注意，工具变量需要满足两个条件，这里只做了与误差项不相关的检验，并没有对工具变量是否与内生变量高度相关做出检验；二是通过 Arellano-Bond 的自相关检验方法对差分方程的随机误差项的二阶序列相关进行检验，原假设是一阶差分方程的随机误差项中不存在二阶序列相关，如果不拒绝原假设则意味着工具变量有效和模型设定正确。

值得注意的是，在自相关的检验中，误差项的一阶差分存在一阶自相关而不存在二阶自相关，所以 AR(1)的 p 值应该小于 0.1，AR(2)的 p 值应该大于 0.1，两者要同时成立。此外，过多的工具变量会使得估计结果失去效率，**xtabond2** 这个命令可以通过限定滞后期数来控制工具变量的个数，这个命令在操作部分会详细讲解。

在操作层面，如何证明 GMM 估计结果是有效可行的？Bond(2002)给出了一种简单的检验方法，即如果 GMM 估计值介于固定效应估计值和 OLS 估计值之间，则 GMM 估计方法是可靠有效的。这是因为，被解释变量滞后一期 $y_{i,t-1}$ 与复合误差项存在正相关关系，使用 OLS 估计通常会导致滞后项系数向上偏误；而动态面板数据模型采用固定效应估计时，进行的是组内离差变换，由于被解释变量 $y_{i,t}$ 与误差项 $v_{i,t}$ 之间存在正相关关系，所以进行离差变换后，被解释变量滞后一期 $y_{i,t-1}$ 的组内离差与误差项的组内离差之间存在着负相关，于是会产生一个严重向下的滞后项系数。

此外，在操作层面还应尽可能满足一个拇指规则，即工具变量数不超过截面数。Roodman(2009)指出，太多的工具变量数可能过度拟合内生变量而不能去掉内生部分。同时过多的工具变量还可能弱化 Hansen 过度识别约束检验。那么什么情况下容易满足拇指规则？当你使用微观企业数据或者微观家庭数据，此时截面数非常大，就较容易满足拇指规则。

4.2 动态面板数据模型操作部分

4.2.1 常规方法的估计与分析

前面简要介绍了差分 GMM 和系统 GMM 两种估计方法，本节我们将通过一个具体的例子,使用之前学过的常规方法对动态面板数据模型进行估计,观察和分析估计结果,看看存在哪些问题,同时也能对前面学过的知识起到温故知新的作用。

　　这个例子来自于 Arellano 和 Bond(1991)的文章,文中使用英国 140 家企业 1976—1984年的数据来研究就业问题,是一个非平衡面板数据,被解释变量为 n,是就业的对数,存在着两期滞后,重要的解释变量有当期和滞后一期的工资水平 w,当期、滞后一期和滞后二期的资本存量 k,以及当期、滞后一期和滞后二期的公司产出 ys,所有的变量都取对数形式。所有的时间虚拟变量都加以控制来捕捉经济周期的影响。

　　将命名为 abdata 的数据集在 Stata 中打开,使用 des 命令可以看到数据集里的描述(见图 4.1)。其中,ind 是企业,$year$ 是时间,emp 是就业,$wage$ 是工资,cap 是资本,$indoutput$是产出,n 是就业的对数,w 是工资的对数,k 是资本的对数,ys 是企业产出的对数,$yr1980$—$yr1984$ 是时间的虚拟变量。注意,这里的时间虚拟变量只有 5 个,因为数据集是一个非平衡面板。

```
  obs:          1,031                        Layard & Nickell, Unemployment in Britain,
                                             Economica 53, 1986 from Ox dist
  vars:            16                        21 May 2013 21:52
  size:        61,860

              storage    display    value
variable name   type     format     label   variable label

ind             int      %8.0g              industry
year            int      %8.0g
emp             float    %9.0g              employment
wage            float    %9.0g              real wage
cap             float    %9.0g              gross capital stock
indoutpt        float    %9.0g              industry output
n               float    %9.0g              log(employment)
w               float    %9.0g              log(real wage)
k               float    %9.0g              log(gross capital stock)
ys              float    %9.0g              log(industry output)
yr1980          float    %9.0g
yr1981          float    %9.0g
yr1982          float    %9.0g
yr1983          float    %9.0g
yr1984          float    %9.0g
id              float    %9.0g              firm ID

Sorted by: id  year
     Note: Dataset has changed since last saved.
```

图 4.1　des 命令的 Stata 输出页面

　　接下来我们关心的是估计方法与结果。首先我们对动态面板数据模型进行 OLS 估计。Roodman(2009)提供了这样的估计命令:

reg n nL1 nL2 w wL1 k kL1 kL2 ys ysL1 ysL2 yr *

　　我们可以看到,在这个命令中,n 是被解释变量,$nL1$ 是被解释变量滞后一期,$nL2$ 是滞后二期,w 是工资当期水平,$wL1$ 是工资滞后一期,k 是资本当期水平,$kL1$ 是资本滞后一期,$kL2$ 是滞后二期,ys 是产出,$ysL1$ 是产出滞后一期,$ysL2$ 是滞后二期,$yr *$ 是时间效应。

Roodman(2009)是先将滞后期生成后再进行回归,其实无须先生成滞后期,我们可以在命令中直接使用变量的滞后期。OLS 估计的命令为:

reg n $L.n$ $L2.n$ w $L.w$ k $L.k$ $L2.k$ ys $L.ys$ $L2.ys$ $yr*$

$L.n$ 代表的是就业的滞后一期,$L2.n$ 则是滞后二期,其中 $yr*$ 便是控制了所有的时间效应。结果如图 4.2 所示,由于篇幅原因,这里未呈现年份虚拟变量估计结果。

```
reg n L.n L2.n w L.w k L.k L2.k ys L.ys L2.ys yr*

    Source         SS          df        MS         Number of obs   =      751
                                                     F(15, 735)      =   8676.37
    Model      1343.3054        15    89.5536936     Prob > F        =   0.0000
   Residual    7.58634832      735    .010321562     R-squared       =   0.9944
                                                     Adj R-squared   =   0.9943
    Total      1350.89175      750     1.801189      Root MSE        =    .1016


        n         Coef.    Std. Err.       t      P>|t|     [95% Conf. Interval]

        n
       L1.     1.043415    .0336513     31.01     0.000     .977351    1.109479
       L2.    -.0755317    .0328358     -2.30     0.022   -.1399948   -.0110686

        w
       --.    -.5221378    .0487673    -10.71     0.000   -.6178776   -.4263981
       L1.     .4741978    .0486475      9.75     0.000    .3786932    .5697024

        k
       --.     .3419303    .0254877     13.42     0.000    .2918928    .3919677
       L1.    -.1977462    .0398971     -4.96     0.000   -.2760721   -.1194203
       L2.      -.11819     .028403     -4.16     0.000   -.1739508   -.0624292

       ys
       --.     .4287008    .1226405      3.50     0.001    .1879334    .6694681
       L1.    -.7678272    .1658411     -4.63     0.000   -1.093406   -.4422485
       L2.     .3175284    .1113793      2.85     0.004     .098869    .5361879
```

图 4.2 OLS 估计回归结果

不过,需要提醒的是,通过 $yr*$ 来控制时间效应的做法,需要在数据集中事先生成年份变量。而 **xi:reg…i.year** 命令可以直接控制时间虚拟变量,非常方便。请大家关注被解释变量滞后一期前的系数,为 1.045,上一节我们介绍过,普通最小二乘估计的结果会偏大,所以真实的估计系数应该小于 1.045。要注意,我们只关心被解释变量滞后一期的系数大小,而不关心显著性,因此此处是否加 **cluster** 选项关系不大,因为该选项只影响系数显著性,不影响大小。

接下来我们再做一个固定效应估计,准确来说是双向固定效应估计。Roodman(2009)给出了如下的命令:

xtreg n $nL1$ $nL2$ w $wL1$ k $kL1$ $kL2$ ys $ysL1$ $ysL2$ $yr*$, fe

其实,这个双向固定效应的实现很简单,即

xtreg n $L.n$ $L2.n$ w $L.w$ k $L.k$ $L2.k$ ys $L.ys$ $L2.ys$ $yr*$, fe

观察图 4.3 可知,被解释变量滞后一期的系数为 0.732。

另外,我们再使用 LSDV 法进行估计,运行如下命令:

xi:reg n $L.n$ $L2.n$ w $L.w$ k $L.k$ $L2.k$ ys $L.ys$ $L2.ys$ $yr*$ $i.id$

```
. xtreg n L.n L2.n w L.w k L.k L2.k ys L.ys L2.ys yr*, fe

Fixed-effects (within) regression              Number of obs     =        751
Group variable: id                             Number of groups  =        140

R-sq:                                          Obs per group:
     within  = 0.7973                                        min =          5
     between = 0.9808                                        avg =        5.4
     overall = 0.9758                                        max =          7

                                               F(15,596)         =     156.25
corr(u_i, Xb)  = 0.5474                         Prob > F          =     0.0000
```

n	Coef.	Std. Err.	t	P>|t|	[95% Conf. Interval]	
n						
L1.	.7320833	.0391918	18.68	0.000	.6551124	.8090542
L2.	-.1395048	.0399962	-3.49	0.001	-.2180555	-.0609542
w						
--.	-.5594578	.0569844	-9.82	0.000	-.6713724	-.4475432
L1.	.3142943	.0608948	5.16	0.000	.1946998	.4338888
k						
--.	.3878208	.030881	12.56	0.000	.327172	.4484697
L1.	-.0791842	.038234	-2.07	0.039	-.154274	-.0040944
L2.	-.028242	.0327755	-0.86	0.389	-.0926115	.0361274

图 4.3　双向固定效应估计的 Stata 输出结果

观察图 4.4 可知,被解释变量滞后一期的系数同样为 0.732。

```
. xi:reg n L.n L2.n w L.w k L.k L2.k ys L.ys L2.ys yr* i.id
i.id           _Iid_1-140          (naturally coded; _Iid_1 omitted)
```

Source	SS	df	MS			
				Number of obs	=	751
				F(154, 596)	=	991.25
Model	1345.63796	154	8.73790886	Prob > F	=	0.0000
Residual	5.25378743	596	.00881508	R-squared	=	0.9961
				Adj R-squared	=	0.9951
Total	1350.89175	750	1.801189	Root MSE	=	.09389

n	Coef.	Std. Err.	t	P>|t|	[95% Conf. Interval]	
n						
L1.	.7320833	.0391918	18.68	0.000	.6551124	.8090542
L2.	-.1395048	.0399962	-3.49	0.001	-.2180555	-.0609542
w						
--.	-.5594578	.0569844	-9.82	0.000	-.6713724	-.4475432
L1.	.3142943	.0608948	5.16	0.000	.1946998	.4338888
k						
--.	.3878208	.030881	12.56	0.000	.327172	.4484697
L1.	-.0791842	.038234	-2.07	0.039	-.154274	-.0040944
L2.	-.028242	.0327755	-0.86	0.389	-.0926115	.0361274
ys						
--.	.4664709	.1228656	3.80	0.000	.2251687	.7077731
L1.	-.6296077	.1578122	-3.99	0.000	-.9395434	-.3196721
L2.	.0612623	.1340851	0.46	0.648	-.2020745	.324599

图 4.4　LSDV 法的 Stata 输出结果

前文我们分析过,由于被解释变量滞后一期 $y_{i,t-1}$ 的组内离差与误差项的组内离差存在负向关系,固定效应的估计结果会产生一个严重向下偏误的系数,低估了被解释变量滞后一期的真实系数的大小,真实值应该大于 0.733。结合普通最小二乘估计的结果,可知真实系数应介于 0.733 与 1.045 之间。

Roodman(2009)提供了实现 Anderson-Hsiao 工具变量法的命令:

ivreg D. n（D. nL1＝nL2）D.（nL2 w wL1 k kL1 kL2 ys ysL1 ysL2 yr1979 yr1980 yr1981 yr1982 yr1983）

他对动态面板数据模型使用一阶差分,再用被解释变量滞后二期作为工具变量进行估计,运行的命令为 **ivreg**;对被解释变量 $D. n$ 进行一阶差分,为 $D. nL1$ 寻找的工具变量是 $nL2$;其他的解释变量都进行一阶差分。

那么,如何来实现呢? 我们只需将滞后期的表示方式略做改变即可,即以 $L.$ 表示滞后一期,$L2.$ 表示滞后二期,其中 $D. L. n＝L2. n$ 为用被解释变量滞后二期作为被解释变量滞后一期差分项的工具变量,命令如下:

ivreg D. n（D. L. n＝L2. n）D.（L2. n w L. w k L. k L2. k ys L. ys L2. ys yr1980 yr1981 yr1982 yr1983 yr1984）

估计结果如图 4.5 所示,可以看到结果为 2.308,这明显超出了之前的范围,所以这个方法难以解决动态面板数据模型的估计问题。 当然,也可以先用命令 **tab year**,**gen（year）**生成时间的虚拟变量(见图 4.6)。

```
Instrumental variables (2SLS) regression

    Source |       SS       df       MS              Number of obs =     611
-----------+------------------------------           F(15, 595)    =    5.84
     Model | -24.6768882      15 -1.64512588         Prob > F      =  0.0000
  Residual |  37.2768667     595  .062650196         R-squared     =      .
-----------+------------------------------           Adj R-squared =      .
     Total |  12.5999785     610  .020655702         Root MSE      =   .2503

-------------+----------------------------------------------------------------
         D.n |      Coef.   Std. Err.      t    P>|t|     [95% Conf. Interval]
-------------+----------------------------------------------------------------
           n |
         LD. |   2.307626   1.999547     1.15   0.249    -1.619403    6.234655
        L2D. |  -.2240271   .1814343    -1.23   0.217    -.5803566    .1323025
             |
           w |
         D1. |  -.8103626   .2653017    -3.05   0.002    -1.331404   -.2893209
         LD. |   1.422246   1.195245     1.19   0.235    -.9251669    3.769658
             |
           k |
         D1. |   .2530975   .1466736     1.73   0.085    -.0349633    .5411584
         LD. |  -.5524613   .6237135    -0.89   0.376    -1.777409    .6724864
        L2D. |  -.2126364   .2429936    -0.88   0.382    -.6898658     .264593
             |
          ys |
         D1. |   .9905803   .4691945     2.11   0.035     .0691015    1.912059
         LD. |  -1.937912   1.457434    -1.33   0.184    -4.800252    .9244283
        L2D. |   .4870838   .5167524     0.94   0.346    -.5277967    1.501964
```

图 4.5　Anderson-Hsiao 估计的 Stata 输出结果

然后,再将生成的每个时间虚拟变量列入命令中即可。

ivreg D. n（D. L. n＝L2. n）D.（L2. n w L. w k L. k L2. k ys L. ys L2. ys year1 year2 year3 year4 year5 year6 year7 year8 year9）

从图 4.7 中可以看到,估计结果是相同的。 这种为差分方程选取工具变量的做法,估计结

```
. tab year,gen(year)

       year |      Freq.     Percent        Cum.

       1976 |         80        7.76        7.76
       1977 |        138       13.39       21.14
       1978 |        140       13.58       34.72
       1979 |        140       13.58       48.30
       1980 |        140       13.58       61.88
       1981 |        140       13.58       75.46
       1982 |        140       13.58       89.04
       1983 |         78        7.57       96.61
       1984 |         35        3.39      100.00

      Total |      1,031      100.00
```

图 4.6　生成时间虚拟变量的 Stata 输出页面

```
Instrumental variables (2SLS) regression

     Source |       SS       df       MS              Number of obs =     611
                                                      F(15, 595)    =    5.84
      Model | -24.6768882    15  -1.64512588          Prob > F      =  0.0000
   Residual |  37.2768667   595   .062650196          R-squared     =       .
                                                      Adj R-squared =       .
      Total |  12.5999785   610   .020655702          Root MSE      =   .2503

        D.n |      Coef.   Std. Err.      t    P>|t|     [95% Conf. Interval]

          n
        LD. |   2.307626   1.999547     1.15   0.249    -1.619403    6.234655
       L2D. |  -.2240271   .1814343    -1.23   0.217    -.5803566    .1323025

          w
        D1. |  -.8103626   .2653017    -3.05   0.002    -1.331404   -.2893209
        LD. |   1.422246   1.195245     1.19   0.235    -.9251669    3.769658

          k
        D1. |   .2530975   .1466736     1.73   0.085    -.0349633    .5411584
        LD. |  -.5524613   .6237135    -0.89   0.376    -1.777409    .6724864
       L2D. |  -.2126364   .2429936    -0.88   0.382    -.6898658     .264593

         ys
        D1. |   .9905803   .4691945     2.11   0.035     .0691015    1.912059
        LD. |  -1.937912   1.457434    -1.33   0.184    -4.800252    .9244283
       L2D. |   .4870838   .5167524     0.94   0.346    -.5277967    1.501964
```

图 4.7　加入时间虚拟变量回归的 Stata 输出页面

果虽然是一致的,但并不是有效的,因为无法充分运用样本里的所有信息。所以之后发展出了使用更多工具变量的差分 GMM 估计方法和系统 GMM 估计方法,后文将继续详细介绍。

4.2.2　DIF-GMM 估计

（1）xtabond2 命令介绍

本小节我们将介绍差分 GMM 估计方法的具体操作。首先介绍一下 **xtabond2** 命令的使用。**xtabond2** 不是 Stata 自带的命令,需要使用 **ssc install xtabond2** 命令安装后才能使用。从图 4.8 中可以看到,**xtabond2** 命令与之前所讲的其他命令有所不同,它在命令式子里所带的括号较多。*depvar* 是被解释变量,*varlist* 是解释变量,**two** 是两步 GMM 估计,不加 **two** 的话就是一步 GMM 估计,一步 GMM 估计就相当于是一个两阶段最小二乘估计,**robust** 就是提供稳健的标准误,**noc** 就是不要常数项,**small** 是样本量特别小的时候使用,用以纠正小样本估计量。那么如何体现是差分 GMM 估计方法还是系统 GMM 估计方法? 回答是看 **nolevel** 这个选项,如果加上 **nol** 选项,则输出的是差分 GMM 的结果,不然就是系统 GMM 的结果。**orthogonal** 这个命令是采用正交变换。

The syntax for xtabond2 is:

xtabond2 *depvar varlist* [if *exp*] [in *range*] [*weight*], level(#) twostep robust noconstant small
　noleveleq orthogonal artests(#) arlevels h(#) nodiffsargan nomata ivopt [ivopt ...] gmmopt [gmmopt ...]]]

where gmmopt is

gmmstyle(*varlist* [, laglimits(# #) collapse equation({diff | level | both}) passthru split])

and ivopt is

ivstyle(*varlist* [, equation({diff | level | both}) passthru mz])

图 4.8　xtabond2 命令介绍

接下来要关注的是 **gmm()** 与 **iv()** 这两项。**gmm()** 内放前定变量与内生变量,以“变量+逗号+lag 选项”的方式限定滞后期,**lag** 选项中的两个“♯”分别表示想要限定期数的范围,如“25”表示限定该变量的滞后 2～5 期作为它的工具变量,必要时还可以加上 **collapse** 选项,这个选项能够大大压缩工具变量数,非常强大。**iv()** 内比较简单,放置外生的解释变量就可以了。一些主要选项都已经介绍了,剩下的一些选项在实际操作中很少用到,如有需要,可以在 Stata 中输入 **help xtabond2** 命令查询使用方法。

那么什么是前定变量? 若 $x_{i,t}$ 是前定变量,那么它要与当期误差项 $\varepsilon_{i,t}$ 不相关,但要与上一期误差项 $\varepsilon_{i,t-1}$ 相关。这样一来,为前定变量 $x_{i,t}$ 的一阶差分寻求的工具变量,就可以是其滞后期 $x_{i,t-1}$、$x_{i,t-2}$,等等。例如,模型中被解释变量滞后一期 $y_{i,t-1}$ 就是前定变量,所以为其一阶差分寻找的工具变量就可以是 $y_{i,t-2}$,$y_{i,t-3}$ 等。

什么是内生变量? 假设 $x_{i,t}$ 是内生变量,它与当期误差项 $\varepsilon_{i,t}$ 是相关的,那么,为它的一阶差分所寻求的工具变量,就可以是它的滞后二期 $x_{i,t-2}$,滞后三期 $x_{i,t-3}$ 等。因为 $x_{i,t-2}$ 与 $\varepsilon_{i,t-2}$ 相关,而与误差项的一阶差分 $\varepsilon_{i,t}-\varepsilon_{i,t-1}$ 是不相关的,除非误差项存在一阶自相关,不然这个工具变量就是可行的。

什么是外生变量? 外生变量就是与上述两种变量不同的变量,与当期误差项无关,也与上期误差项无关。

接下来我们判断一个问题,若 $y_{i,t-1}$ 是前定变量,那么 $y_{i,t-2}$ 是哪一种性质的变量呢?答案当然是外生变量,因为 $y_{i,t-2}$ 既不与当期误差项相关,也不与上一期误差项相关,所以前定变量的滞后一期即为外生变量,当然,滞后二期、三期也同样如此。若一个变量 $x_{i,t}$ 是内生变量,那么,滞后一期 $x_{i,t-1}$ 就是前定变量,滞后二期开始为外生变量。可见,搞清楚模型中各个变量的种类与性质是非常重要的,这有助于我们在 **gmm( )** 和 **iv( )** 这两个选项中做出正确的设定。

(2)DIF-GMM 估计运用

为估计动态面板数据模型,Roodman(2009)先用差分 GMM 估计方法进行估计,具体实现命令如下:

xtabond2 n L. n L2. n w L1. w L(0.2)(k, ys) yr $*$, gmm(L. n) iv(L2. n w L. w L(0.2) (k, ys) yr $*$) nolevel robust

我们看到,**xtabond2** 命令后列出所有的被解释变量,解释变量后添加逗号,在其后的 **gmm( )** 内放入前定变量和内生变量。此处被解释变量滞后一期 L. n 是前定变量,**iv( )** 内放外生变量,L2. n 是外生变量,因为我们之前推理过前定变量的滞后一期为外生变量,此外,这里认为除了被解释变量滞后一期外,其他所有的解释变量都是外生的。注意,这里命令用了简写 L(0.2),直接包括了当期、滞后一期、滞后二期。**nolevel** 命令说明使用差分 GMM 估计方法,**robust** 命令说明使用稳健标准误,处理自相关和异方差问题,它的估计结果是 0.686。

下面,我们自己来编写命令实现同样的估计结果。

xi:xtabond2 n L. n L2. n w L. w k L. k L2. k ys L. ys L2. ys i. $year$, gmm(L. n) iv(L2. n w L. w k L. k L2. k ys L. ys L2. ys i. $year$) nolevel robust small nomata

xi:xtbond2 可以让我们直接使用虚拟变量,**i. $year$** 为控制年份虚拟变量,其余与前文的写法相同。为了准确,我们可以不必采用简写的方式,而是老老实实地将资本和产出的当期、滞后一期与滞后二期依次写入命令,**small** 选项加入后用以纠正小样本估计量。至于 **nomata** 选项,它的作用是不采用 **mata** 进行运算,**mata** 的运算速度较快,但对 Stata 的版本有一定的要求,有些命令不加上这个选项可能就运行不出来,这里的 **nomata** 命令可加可不加,对结果影响并不大。

图 4.9 是上述命令运行后的结果,我们可以看到工具变量数为 41 个,而截面数为 140 个,被解释变量滞后一期的系数同样为 0.686。

另外,我们注意到,这个估计结果的 AR(1) 的 p 值为 0.000,AR(2) 的 p 值为 0.606,这表明存在一阶自相关而不存在二阶自相关,通过了 Arellano-Bond 自相关检验。我们再来看 Sargan 检验和 Hansen 检验,两者的区别是 Sargan 检验不稳健,但不受弱工具变量的影响,而 Hansen 检验是稳健的,但会受到弱工具变量的影响。什么情况下会出现弱工具变量?当工具变量数非常多,接近甚至超过截面数时,就会出现弱工具变量问题。此处由于工具变量数不多,所以倾向于选择 Hansen 检验的结果,Hansen 检验所对应的 p 值大于 0.1,所以工具变量的有效性也通过了检验。一般来说,我们都是倾向于相信 Hansen 检验的结果,因为绝大多数估计中都不会出现弱工具变量的问题。

```
Dynamic panel-data estimation, one-step difference GMM

Group variable: id                        Number of obs      =        611
Time variable : year                      Number of groups   =        140
Number of instruments = 41                Obs per group: min =          4
F(14, 139)      =      109.30                             avg =       4.36
Prob > F        =       0.000                             max =          6

                          Robust
         n      Coef.    Std. Err.      t     P>|t|     [95% Conf. Interval]

         n
       L1.    .6862262   .1469282     4.67    0.000     .395723    .9767293
       L2.   -.0853582   .0569197    -1.50    0.136    -.1978986   .0271821

         w
       --.   -.6078208   .1810819    -3.36    0.001    -.965852   -.2497897
       L1.    .3926237   .1707048     2.30    0.023     .05511     .7301373

         k
       --.    .3568456   .059973      5.95    0.000     .2382684   .4754228
       L1.   -.0580012   .0743609    -0.78    0.437    -.2050259   .0890236
       L2.   -.0199475   .0332407    -0.60    0.549    -.0856702   .0457752

        ys
       --.    .6085073   .1753161     3.47    0.001     .2618761   .9551385
       L1.   -.7111651   .2354565    -3.02    0.003    -1.176704  -.2456258
       L2.    .1057969   .1434813     0.74    0.462    -.1778911   .3894849

 _Iyear_1979   .0095545   .0104557     0.91    0.362    -.0111182   .0302272
 _Iyear_1980   .0220152   .0179963     1.22    0.223    -.0135667   .0575971
 _Iyear_1981  -.0117743   .0299842    -0.39    0.695    -.0710583   .0475097
 _Iyear_1982  -.0270588   .0297476    -0.91    0.365    -.0858751   .0317575
 _Iyear_1983  -.0213204   .0309515    -0.69    0.492    -.0825171   .0398762
 _Iyear_1984  -.0077033   .0319176    -0.24    0.810    -.0708102   .0554035

Instruments for first differences equation
  Standard
    D.(L2.n w L.w k L.k L2.k ys L.ys L2.ys _Iyear_1977 _Iyear_1978 _Iyear_1979
    _Iyear_1980 _Iyear_1981 _Iyear_1982 _Iyear_1983 _Iyear_1984)
  GMM-type (missing=0, separate instruments for each period unless collapsed)
    L(1/.).L.n

Arellano-Bond test for AR(1) in first differences: z =  -3.60  Pr > z =  0.000
Arellano-Bond test for AR(2) in first differences: z =  -0.52  Pr > z =  0.606

Sargan test of overid. restrictions: chi2(25)   =   67.59  Prob > chi2 =  0.000
  (Not robust, but not weakened by many instruments.)
Hansen test of overid. restrictions: chi2(25)   =   31.38  Prob > chi2 =  0.177
  (Robust, but weakened by many instruments.)
```

图 4.9 一步差分命令后的 Stata 页面

接下来,我们关注被解释变量滞后一期的估计系数,是 0.686。前面我们介绍过,一个合理的估计值应该介于 0.733 和 1.045 之间,这一估计结果也未处于这个区间范围之内,那么问题出在哪里?

我们先尝试改变一下作为工具变量的滞后期的期数,观察估计结果会发生怎样的变化。可以看到,表 4.1 中变量列后的第一大列即为我们最初得到的估计结果,允许使用前定变量 $L.n$ 的所有滞后期作为工具变量进行估计。而第二大列则是控制了滞后期期数,为滞后 2～5期,第三大列则是控制在了 2～4 期。可以看到,第二大列的估计结果已经处于限定范围 0.733 到 1.045 之内了。那么,该如何实现控制滞后期期数的估计呢? 这就需要用到介绍 **xtabond2** 命令时提到过的 **lag** 选项。在原先回归命令的基础上,我们只需要在 **gmm**()内的变量后加上 **lag**(),且()内填入所需要控制的滞后期数范围即可。

表 4.1 改变工具变量滞后期数的结果

变量	All lags		lags 2～5		lags 2～4	
$L.n$	0.686***	(4.67)	1.017***	(3.58)	1.322***	(5.16)
$L2.n$	−0.085	(−1.50)	−0.114**	(−2.23)	−0.136**	(−2.40)
w	0.608***	(−3.36)	−0.659***	(−3.22)	−0.701***	(−3.24)
k	0.357***	(5.95)	0.335***	(5.12)	0.317***	(4.59)
ys	0.609***	(3.47)	0.680***	(3.43)	0.741***	(3.77)

注:***、**、*分别代表 1％、5％和 10％的显著性水平,括号中为 t 统计量,下同。

我们以第二大列滞后期数 2～5 期的估计为例,编写如下命令并进行估计:

xi:xtabond2 n **L.** n **L2.** n w **L.** w k **L.** k **L2.** k ys **L.** ys **L2.** ys **i.** $year$,**gmm**($L.n$,lag(2 5))**iv**($L2.n$ w **L.** w k **L.** k **L2.** k ys **L.** ys **L2.** ys **i.** $year$)**nolevel robust small nomata**

可以看到,在该命令中,除了 **gmm**()内增加了 **lag** 选项,其余部分都保持不变。此时,我们需要将滞后期期数控制在 2～5 期,所以 **lag**()内分别填入 2 和 5。这里要额外提到一点的是,**lag**()内第二个数字处填入英文状态下的“.”时,相当于无穷期。比如,**lag**(1.)意味着全部滞后期,**lag**(2.)意味着从滞后二期开始的所有滞后期。图 4.10 即为在 Stata 中运行上述命令后的估计结果,为 1.017。

另外,我们还可以看到,AR(1)对应的 p 值为 0.006,AR(2)对应的为 p 值为 0.504,表明顺利通过了自相关性检验。Hansen 检验对应的 p 值为 0.193,表明通过了工具变量的外生性检验。由此看来,控制滞后期数可能是解决系数估计值未处于给定范围之内的方法之一。

除了控制滞后期数外,Arellano 和 Bover(1995)提出了一种采用正交变换的方法,他们

```
Dynamic panel-data estimation, one-step difference GMM

Group variable: id                      Number of obs      =       611
Time variable : year                    Number of groups   =       140
Number of instruments = 33              Obs per group: min =         4
F(14, 139)      =     117.25                           avg =      4.36
Prob > F        =      0.000                           max =         6
```

n	Coef.	Robust Std. Err.	t	P>|t|	[95% Conf. Interval]	
n						
L1.	1.016817	.284034	3.58	0.000	.4552317	1.578403
L2.	−.1141663	.051157	−2.23	0.027	−.2153127	−.0130199
w						
--.	−.6592355	.2044926	−3.22	0.002	−1.063554	−.2549172
L1.	.633762	.3248846	1.95	0.053	−.0085926	1.276117
k						
--.	.3346901	.0653461	5.12	0.000	.2054893	.4638909
L1.	−.1584816	.1174605	−1.35	0.179	−.3907219	.0737586
L2.	−.06484	.0507929	−1.28	0.204	−.1652667	.0355866
ys						
--.	.6803745	.1981177	3.43	0.001	.2886607	1.072088
L1.	−.9928738	.4005687	−2.48	0.014	−1.784869	−.2008782
L2.	.234506	.2062108	1.14	0.257	−.1732094	.6422213
_Iyear_1979	.0194245	.013808	1.41	0.162	−.0078764	.0467254
_Iyear_1980	.0377731	.0232572	1.62	0.107	−.0082105	.0837568
_Iyear_1981	.0010365	.0326814	0.03	0.975	−.0635804	.0656534
_Iyear_1982	−.0101079	.0312222	−0.32	0.747	−.0718398	.0516239
_Iyear_1983	−.0022885	.0308865	−0.07	0.941	−.0633566	.0587796
_Iyear_1984	.0097363	.0286027	0.34	0.734	−.0468163	.066289

```
Instruments for first differences equation
  Standard
    D.(L2.n w L.w k L.k L2.k ys L.ys L2.ys _Iyear_1977 _Iyear_1978 _Iyear_1979
    _Iyear_1980 _Iyear_1981 _Iyear_1982 _Iyear_1983 _Iyear_1984)
  GMM-type (missing=0, separate instruments for each period unless collapsed)
    L(2/5).L.n

Arellano-Bond test for AR(1) in first differences: z =  -2.74  Pr > z =  0.006
Arellano-Bond test for AR(2) in first differences: z =  -0.67  Pr > z =  0.504

Sargan test of overid. restrictions: chi2(17)   = 27.69  Prob > chi2 = 0.049
  (Not robust, but not weakened by many instruments.)
Hansen test of overid. restrictions: chi2(17)   = 21.79  Prob > chi2 = 0.193
  (Robust, but weakened by many instruments.)
```

图 4.10　运行命令后的 Stata 页面

认为当数据集是非平衡面板数据集时，做一阶差分会损失一些数据，如果 $y_{i,t}$ 是缺失值，那么 $\Delta y_{i,t}$ 与 $\Delta y_{i,t-1}$ 在转换后的数据集中都会缺失。

如果使用向前正交变换，用当期值减去前面期数所有观测值的平均值，就能够减少数据量的损失。实现这种操作，只需要在 **xtabond2** 命令的最后加上 **or** 选项即可。

xi：xtabond2 $n\,L.\,n\,L2.\,n\,w\,L.\,w\,k\,L.\,k\,L2.\,k\,ys\,L.\,ys\,L2.\,ys$ **i.** $year$，**gmm**($L.\,n$) **iv**(L2. $n\,w\,L.\,w\,k\,L.\,k\,L2.\,k\,ys\,L.\,ys\,L2.\,ys$ **i.** $year$) **nolevel robus small or**

可以看到(见表 4.2),使用了正交变换后的估计结果为 0.653,反而使得系数值变小了。正交变换的想法是非常好的,能够减少样本量的损失,但是并没能得到我们想要的结果。

表 4.2　使用了正交变换后的回归结果

变量	First diff		FOD	
$L.n$	0.686***	(4.67)	0.653***	(7.87)
$L2.n$	−0.085	(−1.50)	−0.100	(−1.38)
w	0.608***	(−3.36)	−0.558***	(−3.56)
k	0.357***	(5.95)	0.398***	(6.78)
ys	0.609***	(3.47)	0.455***	(2.66)

此外,在 Arellano 和 Bond(1991)在一开始的估计中,是假定工资与资本等变量都是外生的,然而,Blundell 和 Bond(1998)认为这些变量可能并不是严格外生的,所以应该要对估计命令进行一些改变,将工资 w 与资本 k 一起放入到 gmm()中。将 w 和 k 作为内生变量,实际上是在原有估计的基础上为 w 和 k 寻求工具变量进行估计,其他变量仍作为外生变量。估计的结果为 0.818,在限定区间之内,给我们的启示是要充分考虑变量的内生性。Roodman(2009)提供的实现命令是:

xtabond2 n $L.n$ $L2.n$ w $L1.w$ $L(0.2)$(k,ys) $yr *$, gmm($L.(n\ w\ k)$) iv($L(0.2).ys\ yr$ *) nolevel robust small

观察这个命令,我们发现,Roodman 是将内生变量 w、k 分别转化为前定变量 $L.w$、$L.k$,再放入 gmm()中的。另外,这个命令中看似遗漏了 $L2.n$ 和 $L2.k$,但是实际上这两项分别作为了 $L.w$ 与 $L.k$ 的工具变量,这是一种简略的写法。

关于这种简略的命令写法,如果无法接受,那我们就原原本本地将所有变量写出来:

xi:xtabond2 n $L.n$ $L2.n$ w $L.w$ k $L.k$ $L2.k$ ys $L.ys$ $L2.ys$ i.$year$, gmm($L.n$,$lag(1\ .)$) gmm(w,$lag(2\ .)$) gmm($L.w$) gmm($L.k$) gmm(k,$lag(2\ .)$) iv($L2.n$ $L2.k$ ys $L.ys$ $L2.ys$ i.$year$) nolevel robust small

其中,**gmm($L.n$,$lag(1\ .)$)**中的 $lag(1\ .)$ 的意思是,由 $L.n$ 的滞后一期开始作为工具变量,实际上可以省略掉,**gmm(w,$lag(2\ .)$)**是因为 w 为内生变量,其滞后二期开始作为工具变量,**gmm($L.w$)**是因为 $L.w$ 是前定变量,对于所有变量进行了针对性处理。

在 Stata 中运行这个命令,由于回归结果非常长,这里仅呈现主要估计结果。如图 4.11 所示,大家可以看到,结果完全一致,也为 0.818。

以下再介绍一步法估计和两步法估计,一步法估计与两步法估计在结果上会有一些差

```
Dynamic panel-data estimation, one-step difference GMM

Group variable: id                          Number of obs      =      611
Time variable : year                        Number of groups   =      140
Number of instruments = 90                  Obs per group: min =        4
F(18, 140)     =      75.56                                 avg =     4.36
Prob > F       =      0.000                                 max =        6

                     Robust
      n       Coef.    Std. Err.      t     P>|t|     [95% Conf. Interval]

      n
    L1.      .8179867  .0861227     9.50    0.000    .6477174    .9882559
    L2.     -.1122756  .0503222    -2.23    0.027   -.2117654   -.0127858

      w
    --.     -.6816685  .1428245    -4.77    0.000   -.9640402   -.3992968
    L1.      .6557083  .2027132     3.23    0.002    .2549334   1.056483

      k
    --.      .3525689  .1220075     2.89    0.004    .1113536    .5937842
    L1.     -.1536626  .08644      -1.78    0.078   -.324559     .0172338
    L2.     -.0304529  .0321903    -0.95    0.346   -.094095     .0331891

     ys
    --.      .6509498  .1899053     3.43    0.001    .2754967   1.026403
    L1.     -.9162028  .2643776    -3.47    0.001   -1.438891   -.3935142
    L2.      .2786584  .185845      1.50    0.136   -.0887671    .646084
```

图 4.11　运行命令后的 Stata 页面

异,两步法估计才是标准的 GMM 估计方法,一步法估计实际上是两阶段最小二乘估计。

在命令上有什么区别呢?其实两步法只要在一步法的命令中加上 **twostep** 选项即可。

一步法:**xi**:**xtabond2** n **L.** n **L2.** n **w** **L.** w **k** **L.** k **L2.** k **ys** **L.** ys **L2.** ys **i.** $year$,**gmm**($L. n$ $L. w L. k$) **iv**(ys **L.** ys **L2.** ys **i.** $year$) **nolevel robust small nomata**

两步法:**xi**:**xtabond2** n **L.** n **L2.** n **w** **L.** w **k** **L.** k **L2.** k **ys** **L.** ys **L2.** ys **i.** $year$,**gmm**($L. n$ $L. w L. k$) **iv**(ys **L.** ys **L2.** ys **i.** $year$) **two nolevel robust small nomata**

上述两个命令在 Stata 中的呈现结果见图 4.12 和图 4.13。一步法估计时,被解释变量滞后一期的系数为 0.818,而两步法估计时,被解释变量滞后一期的系数为 0.824。

4.2.3　SYS-GMM 估计

本小结介绍系统 GMM 估计方法的实现。上一节中已介绍,将工资 w 和资本 k 视为内生变量进行处理后,得到的估计结果处于限定范围之内,是我们想要的结果。但是 Blundell 和 Bond(1998)进一步研究认为,差分 GMM 估计量较易受弱工具变量的影响而产生向下的大的有限样本偏差。为了克服该问题,他们提出了系统 GMM 估计方法,此时估计量结合了差分方程和水平方程,还增加了一组滞后的差分变量作为水平方程相应的工具变量。相对来说,系统 GMM 估计量具有更好的有限样本性质。

为了实现系统 GMM 方法的估计,我们遵循 Blundell 和 Bond(1998)的研究思路,去掉

```
Dynamic panel-data estimation, one-step difference GMM

Group variable: id                      Number of obs      =      611
Time variable : year                    Number of groups   =      140
Number of instruments = 90              Obs per group: min =        4
F(14, 139)      =      90.85                           avg =     4.36
Prob > F        =      0.000                           max =        6
```

n	Coef.	Robust Std. Err.	t	P>|t|	[95% Conf. Interval]	
n						
L1.	.8179867	.0859761	9.51	0.000	.6479967	.9879767
L2.	-.1122756	.0502366	-2.23	0.027	-.2116022	-.012949
w						
--.	-.6816685	.1425813	-4.78	0.000	-.9635771	-.39976
L1.	.6557083	.202368	3.24	0.001	.2555907	1.055826
k						
--.	.3525689	.1217997	2.89	0.004	.1117492	.5933886
L1.	-.1536626	.0862928	-1.78	0.077	-.3242787	.0169535
L2.	-.0304529	.0321355	-0.95	0.345	-.0939906	.0330847
ys						
--.	.6509498	.189582	3.43	0.001	.2761125	1.025787
L1.	-.9162028	.2639274	-3.47	0.001	-1.438034	-.3943714
L2.	.2786584	.1855286	1.50	0.135	-.0881645	.6454814

图 4.12   一步法估计的 Stata 输出页面

```
Dynamic panel-data estimation, two-step difference GMM

Group variable: id                      Number of obs      =      611
Time variable : year                    Number of groups   =      140
Number of instruments = 90              Obs per group: min =        4
F(14, 139)      =      78.27                           avg =     4.36
Prob > F        =      0.000                           max =        6
```

n	Coef.	Corrected Std. Err.	t	P>|t|	[95% Conf. Interval]	
n						
L1.	.8242882	.0968759	8.51	0.000	.6327472	1.015829
L2.	-.1013473	.0532606	-1.90	0.059	-.206653	.0039584
w						
--.	-.7113729	.1523684	-4.67	0.000	-1.012632	-.4101135
L1.	.6313503	.1783072	3.54	0.001	.2788053	.9838954
k						
--.	.3765693	.1347523	2.79	0.006	.1101402	.6429985
L1.	-.1686157	.1128519	-1.49	0.137	-.391744	.0545126
L2.	-.0581173	.0441818	-1.32	0.191	-.1454726	.029238
ys						
--.	.6622805	.1703627	3.89	0.000	.3254433	.9991178
L1.	-.9428695	.2585585	-3.65	0.000	-1.454085	-.4316534
L2.	.3606436	.1960977	1.84	0.068	-.0270763	.7483635

图 4.13   两步法估计的 Stata 输出页面

了产出变量 ys，仅考虑被解释变量滞后期及工资、资本这两个内生变量。表 4.3 是他们的估计结果。但是，这个结果如何实现呢？我们可以参考 Roodman（2009）的编写命令。Roodman（2009）的命令没有考虑 $L2.n$，而这是我们需要考虑的。

表 4.3　Blundell 和 Bond(1998)的汇报结果

变量	系数	标准误
$L1\ employment$	1.030^{**}	(0.057)
$L2\ employment$	-0.089^{*}	(0.434)
$Wage$	-0.641^{**}	(0.123)
$L\ wage$	0.534^{**}	(0.148)
$Capital$	0.428^{**}	(0.062)
$L\ capital$	-0.374^{**}	(0.066)
$year\ dummies\ are\ not\ reported$		
$Intercept$	0.552^{**}	(0.197)

xtabond2 $n\,L.\,n\,L$（0.1）（$w\ k$）$yr\ast$，gmmstyle($L.$（$n\ w\ k$））ivstyle（$yr\ast$，equation **（level））robust small**

下面，我们来编写命令，复制他们的估计结果。

xi：xtabond2 $n\,L.\,n\,L2.\,n\,w\,L.\,w\,k\,L.\,k$ i. $year$，gmm($L.\,n\,L.\,w\,L.\,k$）iv(i. $year$，equation **（level））robust small nomata**

xi：xtabond2 $n\,L.\,n\,L2.\,n\,w\,L.\,w\,k\,L.\,k$ i. $year$，gmm($L.\,n\,L.\,w\,L.\,k$）iv(i. $year$）robust **small nomata**

这里也是采用了简写的方法，省略了 $L2.\,n$，要写出来的话就是放在 iv()中，因为是外生变量。同时，为内生变量 w 寻求的工具变量为 $L.\,w$，而 $L.\,w$ 本身又为前定变量，对于 w 与 $L.\,w$ 的处理都是 **gmm($L.\,w$）**，避免重复，就只需要写一个，因此出现了这样的简写。此处 **nomata** 和 **equation**()选项加上与否对结果的影响不大。

我们来看一下第一个命令的估计结果。这个命令的 **iv**()里，放了 **equation（level）**。图 4.14 只报告了主要回归结果，可以看到 $L.\,n$ 前面的系数为 1.030，与 Blundell 和 Bond (1998)估计的结果是一样的。而且可以看到工具变量数为 109 个，确实比差分 GMM 估计方法估计时要多。再来看这个命令的两大检验，AR(1)对应的 p 值为 0.000，AR(2)对应的 p 值为 0.953，这表明通过了 Arellano-Bond 检验。Hansen 检验对应 p 值为 0.305，这表明也通过了外生性检验。

如果 **iv**()里不放 **equation（level）**，结果如何？图 4.15 是回归得到的结果，$L.\,n$ 前面的系数为 1.012，略小于第一个命令的估计结果，工具变量数也为 109 个，总体上来说差别不大，而且也很好地通过了两大检验。

两位作者还对不加入被解释变量滞后二期 $L2.\,n$ 的情况做了回归，回归结果中 $L.\,n$ 的系数

```
Dynamic panel-data estimation, one-step system GMM

Group variable: id                      Number of obs      =        751
Time variable : year                    Number of groups   =        140
Number of instruments = 109             Obs per group: min =          5
F(11, 139)      =     1546.00                          avg =       5.36
Prob > F        =        0.000                          max =          7

                          Robust
        n         Coef.   Std. Err.       t     P>|t|     [95% Conf. Interval]

        n
       L1.       1.02972    .0579198    17.78    0.000     .9152024    1.144238
       L2.     -.0887461    .0433701    -2.05    0.043    -.1744964   -.0029957

        w
       --.     -.6407849    .1255046    -5.11    0.000    -.8889298    -.39264
       L1.      .5339368    .1480267     3.61    0.000     .2412616    .8266119

        k
       --.      .4281023    .0624243     6.86    0.000     .3046783    .5515263
       L1.     -.3739839    .0666616    -5.61    0.000    -.5057857   -.2421821

Arellano-Bond test for AR(1) in first differences: z =  -6.03  Pr > z =  0.000
Arellano-Bond test for AR(2) in first differences: z =  -0.06  Pr > z =  0.953

Sargan test of overid. restrictions: chi2(96)    = 167.85  Prob > chi2 =  0.000
  (Not robust, but not weakened by many instruments.)
Hansen test of overid. restrictions: chi2(96)    = 102.54  Prob > chi2 =  0.305
  (Robust, but weakened by many instruments.)
```

图 4.14　第一个命令的 Stata 汇报页面

```
Dynamic panel-data estimation, one-step system GMM

Group variable: id                      Number of obs      =        751
Time variable : year                    Number of groups   =        140
Number of instruments = 109             Obs per group: min =          5
F(11, 139)      =     1428.79                          avg =       5.36
Prob > F        =        0.000                          max =          7

                          Robust
        n         Coef.   Std. Err.       t     P>|t|     [95% Conf. Interval]

        n
       L1.      1.017861    .0578932    17.58    0.000     .9033964    1.132326
       L2.     -.0829594    .0431486    -1.92    0.057    -.1682719    .0023531

        w
       --.     -.6484028    .1240162    -5.23    0.000    -.8936048   -.4032007
       L1.      .5215705    .1499455     3.48    0.001     .2251016    .8180395

        k
       --.       .435145    .0617731     7.04    0.000     .3130086    .5572814
       L1.     -.3776193    .0656853    -5.75    0.000    -.5074908   -.2477479

Arellano-Bond test for AR(1) in first differences: z =  -6.01  Pr > z =  0.000
Arellano-Bond test for AR(2) in first differences: z =  -0.09  Pr > z =  0.932

Sargan test of overid. restrictions: chi2(96)    = 166.23  Prob > chi2 =  0.000
  (Not robust, but not weakened by many instruments.)
Hansen test of overid. restrictions: chi2(96)    = 102.63  Prob > chi2 =  0.303
  (Robust, but weakened by many instruments.)
```

图 4.15　第二个命令的 Stata 汇报页面

为 0.936,我们也来复制一下他们的结果,这里只需要将命令里的 $L2.n$ 这一项删去即可。

xi:**xtabond2** n $L.n$ w $L.w$ k $L.k$ **i.** $year$,**gmm**($L.n$ $L.w$ $L.k$)**iv**(**i.** $year$,**equation**(**level**))**robust small nomata**

简洁起见,图 4.16 只呈现了主要的估计结果。可以看到,得到的估计结果中 $L.n$ 的系数为 0.936,与 Blundell 和 Bond(1998)相同,也与 Roodman(2009)相同。

```
Dynamic panel-data estimation, one-step system GMM

Group variable: id                        Number of obs      =       891
Time variable : year                      Number of groups   =       140
Number of instruments = 113               Obs per group: min =         6
F(11, 139)      =    1154.36                              avg =      6.36
Prob > F        =       0.000                             max =         8

                          Robust
          n        Coef.   Std. Err.       t    P>|t|     [95% Conf. Interval]

          n
         L1.    .9356053    .026569    35.21   0.000     .8830737    .9881369

          w
         --.   -.6309761   .1192834    -5.29   0.000    -.8668206   -.3951315
         L1.    .4826203   .1383132     3.49   0.001     .2091504    .7560901

          k
         --.    .4839299   .0544281     8.89   0.000     .3763159     .591544
         L1.   -.4243928    .059088    -7.18   0.000    -.5412204   -.3075653
```

图 4.16 不加入被解释变量滞后二期的 Stata 汇报页面

到目前为止,使用的系统 GMM 估计方法都是一步法,我们也可以实现两步法的操作。与差分 GMM 估计方法中两步法估计相同,只需要在 **iv**() 后加上 **two** 选项即可。不过,需要注意的是,如果想对两种 GMM 估计方法的估计结果进行比较,两者命令中的变量要保持一致才行,如果用系统 GMM 估计方法时简化了,那么用差分 GMM 估计方法时也应采用简化模型。如果保持和差分 GMM 估计方法同样的变量,那么,系统 GMM 估计方法的命令应该是这样的:

xi:**xtabond2** n $L.n$ $L2.n$ w $L.w$ k $L.k$ $L2.k$ ys $L.ys$ $L2.ys$ **i.** $year$,**gmm**($L.n$ $L.w$ $L.k$)**iv**(ys $L.ys$ $L2.ys$ **i.** $year$)**robust small nomata**

xi:**xtabond2** n $L.n$ $L2.n$ w $L.w$ k $L.k$ $L2.k$ ys $L.ys$ $L2.ys$ **i.** $year$,**gmm**($L.n$ $L.w$ $L.k$)**iv**(ys $L.ys$ $L2.ys$ **i.** $year$)**two robust small nomata**

xi:**xtabond2** n $L.n$ $L2.n$ w $L.w$ k $L.k$ $L2.k$ ys $L.ys$ $L2.ys$ **i.** $year$,**gmm**($L.n$ $L.w$ $L.k$ $L.ys$)**iv**(**i.** $year$)**two robust small or**

第一个命令是采用了一步法系统 GMM 估计,第二个命令是采用了两步法,第三个命令是在两步法的基础上采用了向前正交变换。

运行第一个命令(见图 4.17),可以看到 $L.n$ 的估计结果为 1.061,在限定区间之外,为

```
Dynamic panel-data estimation, one-step system GMM

Group variable: id                       Number of obs      =        751
Time variable : year                     Number of groups   =        140
Number of instruments = 112              Obs per group: min =          5
F(15, 139)      =    1160.94                            avg =       5.36
Prob > F        =      0.000                            max =          7

                        Robust
         n      Coef.   Std. Err.      t     P>|t|     [95% Conf. Interval]

         n
        L1.    1.061498  .0550387    19.29   0.000    .9526763    1.170319
        L2.   -.0842182  .0477789    -1.76   0.080   -.1786856    .0102493

         w
        --.   -.7960602  .1226955    -6.49   0.000   -1.038651   -.5534695
        L1.    .6809352  .1401874     4.86   0.000    .4037597    .9581106

         k
        --.    .3693199  .0638432     5.78   0.000    .2430905    .4955492
        L1.   -.2420504  .0784081    -3.09   0.002   -.3970771   -.0870237
        L2.   -.1057031  .0350503    -3.02   0.003   -.1750037   -.0364025

        ys
        --.    .5827004  .1955897     2.98   0.003    .1959847     .969416
        L1.   -1.072677   .250151    -4.29   0.000    -1.56727   -.5780845
        L2.    .4877382  .1225997     3.98   0.000    .2453368    .7301395


Arellano-Bond test for AR(1) in first differences: z =  -5.90  Pr > z =  0.000
Arellano-Bond test for AR(2) in first differences: z =  -1.35  Pr > z =  0.177

Sargan test of overid. restrictions: chi2(95)   = 172.38  Prob > chi2 =  0.000
  (Not robust, but not weakened by many instruments.)
Hansen test of overid. restrictions: chi2(95)   =  89.59  Prob > chi2 =  0.637
  (Robust, but weakened by many instruments.)
```

图 4.17　回归结果及两大检验的 Stata 汇报页面

什么系统 GMM 估计方法这种更好的方法却得到不理想的结果？这里要注意到工具变量数为 112 个，非常之多，接近截面数 140 个。然后，我们看两大检验，自相关检验通过了，Hansen 检验对应的 p 值为 0.637，看似好像是通过了检验。但是请注意，此时由于工具变量数过多，Hansen 检验已经不可靠了，所以，这个估计结果应该是存在问题的。

那么如何处理过多的工具变量？只需要在 **gmm**()里加上 **collapse** 选项即可，命令如下：

xi：xtabond2 $n\,L.n\,L2.n\,w\,L.w\,k\,L.k\,L2.k\,ys\,L.ys\,L2.ys$ **i.** *year*，**gmm**($L.n\,L.w\,L.k$，**collapse**) **iv**($ys\,L.ys\,L2.ys$ **i.** *year*) **robust small nomata**

如图 4.18 所示，加上了 **collapse** 选项后的估计结果为 0.948，处于限定区间之内，此时工具变量数为 34 个，相较于之前的 112 个大大减少。同时，该估计也较好地通过了自相关检验和过度识别约束检验这两大检验。一般来说，在构建计量模型时，不需要加太多的滞后期，Blundell 和 Bond 这两位作者在介绍系统 GMM 估计方法时便对原模型采用了简化处

```
Dynamic panel-data estimation, one-step system GMM

Group variable: id                      Number of obs      =       751
Time variable : year                    Number of groups   =       140
Number of instruments = 34              Obs per group: min =         5
F(15, 139)      =     206.21                            avg =      5.36
Prob > F        =      0.000                            max =         7

                        Robust
        n       Coef.   Std. Err.      t     P>|t|     [95% Conf. Interval]

        n
       L1.    .9479901   .0867413   10.93    0.000     .7764872    1.119493
       L2.   -.1301476   .0574762   -2.26    0.025    -.2437883   -.0165069

        w
       --.   -.9079117   .3041178   -2.99    0.003    -1.509207   -.3066168
       L1.    .9684177   .2801105    3.46    0.001     .4145895    1.522246

        k
       --.    .5685315   .2507492    2.27    0.025     .0727557    1.064307
       L1.   -.4317985   .2951188   -1.46    0.146    -1.015301    .1517039
       L2.   -.0074362    .061389   -0.12    0.904    -.1288131    .1139407

       ys
       --.    .585695    .2577546    2.27    0.025     .0760685    1.095322
       L1.   -1.294437   .3768762   -3.43    0.001    -2.039588   -.5492858
       L2.    .713837    .2865299    2.49    0.014     .1473164    1.280357


Arellano-Bond test for AR(1) in first differences: z =  -4.33  Pr > z =  0.000
Arellano-Bond test for AR(2) in first differences: z =  -0.94  Pr > z =  0.349

Sargan test of overid. restrictions: chi2(17)  =  45.39  Prob > chi2 =  0.000
  (Not robust, but not weakened by many instruments.)
Hansen test of overid. restrictions: chi2(17)  =  22.01  Prob > chi2 =  0.184
  (Robust, but weakened by many instruments.)
```

图 4.18　加了 collapse 选项后的估计结果

理,这样可能使估计结果更容易满足区间范围之内的要求。

另外,再请大家注意几点:

第一,若变量 w3 是内生变量,我们为其寻找的工具变量是它的滞后二期 L2. w3。当模型中仅出现 w3 时,命令中既可以用 **gmm**(**L. w3**)处理,也可以用 **gmm**(**w3**, **lag**(**2 .**))处理,两者是等价的。当 w3 和 L. w3 同时出现在模型中,为了避免重复,只需要写 **gmm**(**L. w3**)即可。

第二,时间虚拟变量的引入可以使得误差项的截面相关变得不相关,所以在模型设定中尽可能地引入时间虚拟变量,以减少截面相关的可能性。截面相关问题前面已经讲过,在动态面板数据模型中也很可能存在。现在最新的文章已经有了处理动态面板数据模型中截面相关问题的命令,即 **xtbcfe**。我们将在下一节详细讲解。

第三,太多的工具变量会使得 Hansen 检验的 p 值等于 1.00,所以在 Hansen 检验接近 1.00时,要采用 **lag**()选项与 **collapse** 选项将工具变量压缩,使得 p 值小于 1.00,而不是很接近于 1.00。

最后，特别提一下 LSDVC 这个方法，即偏差纠正的 LSDV 法，它是用于估计动态长面板数据模型的方法。无论在偏差大小还是均方误差（RMSE）方面，LSDVC 法都明显优于差分 GMM 估计方法或系统 GMM 估计方法。LSDVC 法的 Stata 实现命令是 **xtlsdvc**，感兴趣的同学可以参考陈强（2014）的教材自行学习。

4.2.4　xtbcfe 命令介绍

前面我们学习了处理动态面板数据模型的差分 GMM 估计方法和系统 GMM 估计方法，但是这两个方法也存在一些不足。最新的研究已经能够处理动态面板的截面相关问题，本节就详细介绍该命令 **xtbcfe**。

在介绍这个命令之前，我们首先将估计动态面板数据模型最为流行的 GMM 方法和最新出现的偏差纠正固定效应方法，即 BCFE(bias corrected fixed effects)方法，来做一个简单的比较。

最新出现的 BCFE 方法的优点在于，第一，它适用于小样本高阶滞后项动态面板数据模型，且无论是平衡面板数据还是非平衡面板数据，都能够解决一般化异方差和当期截面自相关问题。第二，使用蒙特卡罗(Monte Carlo)模拟可以发现，当数据样本为具有很小或者相对较小的 t 时，BCFE 方法可以修正标准 FE 的小样本估计偏误，回归结果要优于 DIF-GMM 和 SYS-GMM。第三，在面对小样本数据结构时，BCFE 方法也不会受到条件异方差的影响。这意味着，BCFE 方法不适用于较大样本或 t 没有过度小于 n 的数据样本的动态面板数据模型的估计。BCFE 不适用的领域，SYS-GMM 会做得相对较好。

接下来，具体介绍下 BCFE 方法的实现命令 **xtbcfe**。首先看一下 **xtbcfe** 的基本语法结构。

xtbcfe *depvar* [*indepvars*] [**if**] [，**options**]

其中，*depvar* 是被解释变量，*indepvars* 是解释变量，if 是条件，options 是选项。需要注意的是，estout、moremata、distinct 三个程序包必须提前安装好，才能顺利运行 **xtbcfe** 命令。

再来具体看一下 **xtbcfe** 命令的基本选项：

lags（#）：设定被解释变量滞后时期数，默认是一期。

resampling（scheme）：设定生成自助样本的误差抽样方式。抽样要求越随机越好，尤其是在保持截面相关和异方差等数据结构的情况下，默认是蒙特卡罗同方差抽样（**mcho**）。当考虑截面相关问题时，选项为 **csd**，还有很多其他抽样方式选项。感兴趣的同学可通过 **help** 命令学习。

initialization（initial）：设定生成初始条件的方法，也就是滞后的被解释变量的第一次观测值，默认是确定性初始条件（**det**）。

bciters（#）：设定自助样本数目，以便评估固定效应估计量的偏差。由于我们使用数字进行评估，故自助样本的数目越高，精度就会越高，然而考虑到算法的估计方法，自助样本数目也不宜过大,默认是 250 个。

criterion(♯):设定收敛判定准则,也即算法运行结束的一个标准值,默认是 0.005,该值通常会与被解释变量的滞后阶数相乘,因为随着模型的复杂,该值会更加难以满足。

inference(**option**):设定选择标准误和置信区间的推断方法,**xtbcfe** 的小样本分布能通过重新抽样初始数据进行模拟,并将自助纠正的偏差应用于每个结构化样本的固定效应估计中去,从模拟的分布中,我们可以推断得到标准误和置信区间,默认不进行推断。

infiters(♯):设定用以推断的自助样本的数目。

distribution(**histogram**):设定将模拟自助分布保存在 e(dist_bcfe)中,这使得我们可以进一步检查自助模拟的分布和计算其他统计量,如果不设定该选项,那么自助矩阵将会被删除。

level(♯):设定置信水平,默认是 95%。

param:要求使用参数估计进行自助推断,使用参数估计的好处是使得"重新抽样以纠偏固定效应统计量"与"重新抽样以获得纠偏后的小样本分布"是完全一致的,非参数估计的好处在于保持了动态面板数据的结构。

te:添加时间虚拟变量,如果想控制时间虚拟变量,直接添加 **te** 即可。

4.2.5　xtbcfe 命令的估计和分析

我们采用 Arellano 和 Bond(1991)的文章中所使用的数据集 abdata.dta,介绍 **xtbcfe** 命令的实际使用。这一数据集已经成为研究动态面板数据模型的最主要的数据集。然而,这一数据集本身也存在一定的问题:相对于截面数量(140 家公司),时间维度较短(最大时间跨度只有 9 年),此时,标准的固定效应在一定程度上会低估回归结果,所以,Arellano 和 Bond 采用 GMM 方法进行估计。进一步的,又有了 **xtbcfe** 命令来处理可能存在的动态面板截面相关问题。值得注意的是,这一数据集有轻微的非平衡性。

接下来,我们介绍如何通过相关命令来获得 **xtbcfe** 的回归结果。Stata 版本需采用 13 及以上。首先,使用 **webuse abdata** 直接从网上加载该数据集,或使用 **use abdata. dta** 从 State 中加载数据集。这个数据集已经被设置成了面板数据格式,所以我们不需要再使用 **xtset** 命令重复设置。在使用之前,还需要安装相关辅助命令以确保 **xtbcfe** 命令可以顺利运行。我们分别使用 **ssc install** 命令对 **ssc install moremata**、**ssc install estout** 和 **ssc install distinct** 这三个辅助命令加以安装。

要注意,**xtbcfe** 命令不能直接采用 *L*. 形式的滞后项进行回归,所以我们需要先生成所需要的变量滞后项。使用 **gen** 命令,将劳动 *n*、工资 *w*、资本 *k* 和产出 *ys* 这四个变量生成对应的滞后一期和滞后二期。

接下来,我们要编写相应命令在 Stata 中实现对 **xtbcfe** 命令的估计。在 **xtbcfe** 后依次将解释变量、被解释变量列出,这里要注意,被解释变量的滞后期不出现在解释变量中,而是放在 **lags** 选项中,由于使用被解释变量滞后一期和滞后二期,所以 **lags** 选项中写 2。具体的自助样本数目为 250 个,意为自助抽取 250 个随机样本进行估计。由于不同企业的样本处于不同行业,存在巨大的行业差异,而采用 wild bootstrap 方式抽取能够解决异方差问题,所以这里采用这种方式进行估计,在 **resampling** 选项中缩写为 *wboot*。初始数据生成采用 **bi** 选项,以 t 分布获得置信区间。此外,我们使用 **est store BCFE** 命令将回归结果储存在 **BCFE** 中,在回归之后,还可以采用 **matrix** 命令以显示各变量之间的协方差矩阵。在实际操作过程中,xtbcfe 命令实现结果所需要的时间较长。

xtbcfe *n w wL*1 *k kL*1 *kL*2 *ys ysL*1 *ysL*2,**bciters(250) resampling(wboot) initialization(bi) inference(inf_se) infiters(50) lags(2) te**

est store BCFE

matrix list e(V)

从估计的结果中(见图 4.19)可以看到,被解释变量滞后一期前的估计系数为 1.009,回归系数的确也略高于前面所得到的 FE 的估计结果 0.733。被解释变量滞后二期的估计系数则为 -0.167。

```
Bootstrap corrected dynamic FE regression        Number of obs      =      751
Group variable : id                              Number of groups   =      140

Resample       : Wild bootstrap                  Obs per group: min =        5
Initialization : Burn-in                                        avg =      5.4
Convergence    : Yes                                            max =        7


Dependent variable : n

              Results
              Coefs.      Std. Err.          t       P>|t|   [95% Conf.  Interval]

L.n          1.0092655    0.0657671       15.35      0.000    0.8801017   1.1384293
L2.n        -0.1669514    0.0740854       -2.25      0.025   -0.3124521  -0.0214507
w           -0.5691033    0.1680443       -3.39      0.001   -0.8991354  -0.2390713
wL1          0.4811752    0.1745920        2.76      0.006    0.1382837   0.8240668
k            0.3825876    0.0527002        7.26      0.000    0.2790865   0.4860887
kL1         -0.1937600    0.0603765       -3.21      0.001   -0.3123370  -0.0751830
kL2         -0.0534669    0.0350739       -1.52      0.128   -0.1223506   0.0154168
ys           0.4525014    0.1560202        2.90      0.004    0.1460841   0.7589187
ysL1        -0.7470404    0.2097975       -3.56      0.000   -1.1590741  -0.3350068
ysL2         0.1415821    0.1438897        0.98      0.326   -0.1410114   0.4241756
year4        0.0164704    0.0106653        1.54      0.123   -0.0044758   0.0374167
year5        0.0281713    0.0127617        2.21      0.028    0.0031079   0.0532347
year6       -0.0073477    0.0222215       -0.33      0.741   -0.0509898   0.0362944
year7       -0.0051803    0.0159385       -0.33      0.745   -0.0364828   0.0261222
```

图 4.19　xtbcfe 命令的 Stata 汇报页面

图 4.20 展示的是该回归中各变量之间的协方差矩阵,可以看到各变量之间的关系。

```
. matrix list e(V)

symmetric e(V)[16,16]
               L.          L2.
               n           n            w           wL1          k           kL1          kL2          ys          ysL1         ysL2
 L.n     .00432531
L2.n    -.00368336   .00548865
   w     .00616812   -.00635684   .02823888
 wL1    -.00616239   .00569996    -.02732632   .03048237
   k     -.0010886    .00008937   .00220108    -.00168722   .00277732
 kL1    -.00022753   .00045275    -.00365342   .00297947    -.00223445   .00364532
 kL2     .00055664   -.00053743   .00133819    -.00118729   .00025068    -.00141841   .00123018
  ys    -.00004971   -.0006105    -.01088082   .0135359     -.00308499   .00190629    -.00028717   .0243423
 ysL1    .00152282   -.00108348   .02118013    -.02497938   .00311216    -.00251538   .00081193    -.02468395   .04401499
 ysL2   -.00035495   .00024179    -.0043401    .00601348    .00005988    -.00058087   .00009485    .00090819    -.01789019   .02070425
year4    .00005266   -.00004182   -.00072059   .00075317    -.00014055   .00011179    -8.260e-06   .00077257    -.0010581    .00010281
year5   -.00003416   .0000621     -.00073717   .00083698    -.00007412   .00003065    -.00004296   .0012951     -.00125477   -.00016916
year6   -.00023624   .00001767    -.00152044   .00194951    -.0000388    .0000152     -.00002211   .00228913    -.00138591   -.00126492
year7   -.00012849   .00001224    -.000335     .00035393    .00011666    .00001875    -.00011687   .00085714    .00017122    -.00101736
year8    .00012336   -.00011878   -.0001902    -.00018982   -.0000296    .00002086    .00003213    .00036469    .00020243    -.00031121
year9   -.00033175   .00025827    -.00146823   .00100218    -.00006959   .00031165    -.00016898   .00091309    -.00085825   .00006878
```

图 4.20　各变量之间的协方差矩阵

为了进一步对比 PR、FE、差分 GMM、系统 GMM 和 BCFE 方法之间的差异,我们可以通过一系列命令分别对这五种方法进行估计,储存回归结果,并输出到一张表格中显示。首先,进行相应估计并进行储存。使用 **reg** 命令进行估计,并用 **est store** 将 PR 估计结果储存到 *ols* 中。

qui xi;reg *n nL*1 *nL*2 *w wL*1 *k kL*1 *kL*2 *ys ysL*1 *ysL*2 i. *year*

est store *ols*

使用 **xtreg** 命令估计,并将固定效应的估计结果,储存在 *fe* 中。

qui xi;xtreg *n nL*1 *nL*2 *w wL*1 *k kL*1 *kL*2 *ys ysL*1 *ysL*2 i. *year*,**fe**

est store *fe*

将系统 GMM 估计的结果,储存在 *sGMM* 中。

qui xi:xtabond2 *n nL*1 *nL*2 *w wL*1 *k kL*1 *kL*2 *ys ysL*1 *ysL*2 i. *year*,**gmm**(*nL*1) **iv**(i. *year*) **robust small nomata**

est store *sGMM*

再将差分 GMM 估计的结果储存在 *dGMM* 中。

qui xi:xtabond2 *n nL*1 *nL*2 *w wL*1 *k kL*1 *kL*2 *ys ysL*1 *ysL*2 i. *year*, **gmm**(*nL*1) **iv**(*nL*2 *w wL*1 *k kL*1 *kL*2 *ys ysL*1 *ysL*2 i.** *year*) **nolevel robust small nomata**

est store *dGMM*

接下来使用 **outreg2** 命令将五个回归的估计结果一起输出到 Word 中,在一张表中显示。

outreg2 [*ols fe dGMM sGMM BCFE*] **using tab. doc**,**bdec**(3) **bfmt**(f) **sdec**(3) **replace**

表 4.4 展示了输出后的结果,通过比较 *nL*1 和 *nL*2 的系数大小,可以发现,采用 PR 估

计的 $nL1$ 回归系数要远大于采用 FE 估计的结果；$nL2$ 的回归系数均为负向显著，且 FE 估计系数更大一些。从理论上看，PR 没有考虑个体效应，应该会高估回归结果，而 FE 会低估回归结果。因此，无偏的估计结果 $nL1$ 回归系数应该介于 PR 的 1.045 和 FE 的 0.733 之间，并且应该更加接近于 PR 的估计结果；无偏的估计结果 $nL2$ 回归系数应该小于 PR 的 -0.077，更加接近 FE 的 -0.139。

表 4.4　五种回归方法的结果对比

	(1)	(2)	(3)	(4)	(5)
	PR	FE	dGMM	sGMM	BCFE
$nL1$	1.045 ***	0.733 ***	0.686 ***	0.918 ***	1.009 ***
	(0.034)	(0.039)	(0.147)	(0.176)	(0.066)
$nL2$	−0.077 **	−0.139 ***	−0.085	−0.050	−0.167 **
	(0.033)	(0.040)	(0.057)	(0.097)	(0.074)
w	−0.524 ***	−0.560 ***	−0.608 ***	−0.676 ***	−0.569 ***
	(0.049)	(0.057)	(0.181)	(0.224)	(0.168)
$wL1$	0.477 ***	0.315 ***	0.393 **	0.746 **	0.481 ***
	(0.049)	(0.061)	(0.171)	(0.356)	(0.175)
k	0.343 ***	0.388 ***	0.357 ***	0.434 **	0.383 ***
	(0.026)	(0.031)	(0.060)	(0.219)	(0.053)
$kL1$	−0.202 ***	−0.081 ***	−0.058	−0.347 **	−0.194 ***
	(0.040)	(0.038)	(0.074)	(0.165)	(0.060)
$kL2$	−0.116 ***	−0.028	−0.020	−0.056	−0.053
	(0.028)	(0.033)	(0.033)	(0.120)	(0.035)
ys	0.433 ***	0.469 ***	0.609 ***	0.309	0.453 ***
	(0.123)	(0.123)	(0.175)	(0.649)	(0.156)
$ysL1$	−0.768 ***	−0.629 ***	−0.711 ***	0.338	−0.747 ***
	(0.166)	(0.158)	(0.235)	(0.739)	(0.210)
$ysL2$	0.312 ***	0.058	0.106	−0.570	0.142
	(0.111)	(0.135)	(0.143)	(0.778)	(0.144)
Obs	751	751	611	611	751
R^2	0.994	0.797			
Num		140	140	140	140

再看第三列，差分 GMM 的估计结果相对来说比较差，系数 0.686 低于 FE 的估计结果，-0.085 更接近 PR 的估计水平，这都说明了差分 GMM 估计方法会严重低估回归结果。第四列是系统 GMM 的估计结果，尽管 $nL1$ 的估计系数为 0.918，处于 PR 和 FE 的区间之间，

但是 $nL2$ 的估计系数不显著,且更加接近 PR 的回归系数,因此估计结果仍有一定的偏误。

最后看第五列 BCFE 的估计结果。可以发现,$nL1$ 的估计系数 1.009 处于 PR 和 FE 区间之内且更加接近于 PR 的估计结果,而 $nL2$ 的估计系数 -0.167 更加接近于 FE 的结果。且 BCFE 回归的标准差均低于系统 GMM 的结果,也更加接近于 FE 的标准差。

这里可能有一个问题,那就是 $nL2$ 的 BCFE 结果处于 PR 和 FE 结果之外,主要原因在于抽样误差,其会导致在某个特定样本中的无偏估计量跳出 PR-FE 范围之外,同时在高阶动态面板中更加容易存在这种问题,这是由被解释变量的不同滞后项之间存在高度相关导致的。当我们将被解释变量的两个滞后项的系数相加时,发现 BCFE 的估计系数之和仍然处于 PR-FE 范围之内。

为了解决可能存在的截面相关问题,接下来我们采用 csd 的抽样方法进行回归。csd 方法可以以重组误差项的方式解决同一时间点(当期)可能存在的截面相关问题,csd 方法同时也能解决一系列异方差问题。然而,这种抽取方法只适用于平衡面板数据,因此我们有必要先将数据集变成平衡面板。采用 **xtbalance** 命令将原数据集缩减为 1976—1982 年 80 个企业的平衡面板数据。采用 csd 抽样方法选择 250 个随机样本,所以在 **resampling** 选项中填入 csd,其他部分与上个命令相同。

ssc install xtbalance

xtbalance,range(1976 1982)

xtbcfe n w $wL1$ k $kL1$ $kL2$ ys $ysL1$ $ysL2$,bciters(250) resampling(csd) initialization(bi) inference(inf_se) infiters(50) lags(2) te

est store *BCFE*

从回归结果可以看到,$nL1$ 的估计系数为 1.178,$nL2$ 的估计系数为 -0.312。

同样,为了对比 BCFE、PR 以及 FE 的估计结果,分别以 PR 和 FE 的方法进行估计并储存估计结果,然后使用 **outreg2** 命令输出结果(见图 4.21)。

qui xi:reg n $nL1$ $nL2$ w $wL1$ k $kL1$ $kL2$ ys $ysL1$ $ysL2$ i. *year*

est store *ols*

qui xi:xtreg n $nL1$ $nL2$ w $wL1$ k $kL1$ $kL2$ ys $ysL1$ $ysL2$ i. *year*,fe

est store *fe*

outreg2 [*ols fe BCFE*] using tab. doc,bdec(3) bfmt(f) sdec(3) replace

如表 4.5 所示,BCFE 估计结果 $nL1$ 的回归系数为 1.178,略高于 PR 的估计系数 1.104,$nL2$ 的回归系数为 -0.313,略低于 FE 的估计系数 -0.229。此时,BCFE 的估计结果也是跳出了 PR-FE 范围,这个原因也是跟上面一样的,当我们将被解释变量的两个滞后项的系数相加时,发现 BCFE 的估计系数之和仍然处于 PR-FE 范围之内。

```
Bootstrap corrected dynamic FE regression      Number of obs      =      400
Group variable : id                            Number of groups   =       80

Resample       : Cross-section dependence      Obs per group: min =        5
Initialization : Burn-in                                      avg =      5.0
Convergence    : Yes                                          max =        5


Dependent variable : n

              Results
              Coefs.    Std. Err.         t      P>|t|   [95% Conf.  Interval]

L.n          1.1777648  0.0602861     19.54      0.000   1.0591370  1.2963926
L2.n        -0.3125581  0.0605492     -5.16      0.000  -0.4317036 -0.1934126
w           -0.1108969  0.1048361     -1.06      0.291  -0.3171879  0.0953940
wL1          0.0460666  0.1567955      0.29      0.769  -0.2624672  0.3546004
k            0.3815693  0.0522122      7.31      0.000   0.2788288  0.4843097
kL1         -0.2639858  0.0739587     -3.57      0.000  -0.4095177 -0.1184538
kL2         -0.0157069  0.0441805     -0.36      0.722  -0.1026431  0.0712292
ys           0.0451274  0.1894762      0.24      0.812  -0.3277138  0.4179687
ysL1        -0.3821448  0.2200399     -1.74      0.083  -0.8151275  0.0508380
ysL2         0.4326916  0.2014192      2.15      0.032   0.0363496  0.8290337
year4        0.0132853  0.0110571      1.20      0.230  -0.0084723  0.0350430
year5       -0.0311056  0.0246703     -1.26      0.208  -0.0796505  0.0174393
year6       -0.0978759  0.0346885     -2.82      0.005  -0.1661340 -0.0296178
year7       -0.0171114  0.0142858     -1.20      0.232  -0.0452223  0.0109995
```

图 4.21　csd 方法的 Stata 汇报页面

表 4.5　三种方法结果对比

	(1)	(2)	(3)
	PR	FE	BCFE
$nL1$	1.104***	0.764***	1.178***
	(0.043)	(0.050)	(0.060)
$nL2$	−0.130***	−0.229***	−0.313***
	(0.043)	(0.050)	(0.061)
w	−0.087	−0.108	−0.111
	(0.066)	(0.079)	(0.105)
$wl1$	0.049	−0.021	0.046
	(0.066)	(0.073)	(0.157)
k	0.326***	0.376***	0.382***
	(0.028)	(0.034)	(0.052)
$kL1$	−0.221***	−0.090**	−0.264***
	(0.045)	(0.042)	(0.074)
$kL2$	−0.083***	0.001	−0.016
	(0.032)	(0.036)	(0.044)
ys	0.095	0.034	0.045
	(0.158)	(0.160)	(0.189)
$ysL1$	−0.385***	−0.326*	−0.382*
	(0.194)	(0.179)	(0.220)

续　表

	(1)	(2)	(3)
	PR	FE	BCFE
$ysL2$	0.257** (0.129)	0.305* (0.171)	0.433** (0.201)
Obs	400	400	400
R^2	0.996	0.843	
Num		80	80

因此,在动态面板模型的估计中,当样本数据较小时,尤其是 t 相对较小的数据样本, BCFE 比系统 GMM 估计方法更为有效,估计偏误也更小。自助重复抽样的方式能够在小样本数据中获得相互独立的随机样本,这是系统 GMM 估计方法所不具备的优势。但是,使用 BCFE 方法所受局限较多,而系统 GMM 估计方法的适用性就更为广泛。在 BCFE 方法不适用的领域,系统 GMM 估计方法依然具有优势。不过,有时我们很难判断所使用的数据更适合 BCFE 方法还是系统 GMM 估计方法,特别是系统 GMM 估计方法,那么可以用两种方法都做一下,如果结果保持一致,那就再好不过了,表明结果稳健;如果不一致,那么再进行斟酌、判断,比较哪个方法更适用于这个数据集。

参考文献

Anderson T W, Cheng H. Formulation and estimation of dynamic models using panel data [J]. Journal of Econometrics,1982,18(1):47-82.

Arellano M, Bond S. Some Tests of specification for panel data: Monte carlo evidence and an application to employment equations[J]. Review of Economic Studies,1991,58(2): 277-297.

Arellano M, Bover O. Another look at the instrumental variable estimation of error-components models[J]. Journal of Econometrics,1995,68(1):29-51.

Blundell R, Bond S. Initial conditions and moment restrictions in dynamic panel data models[J]. Journal of Econometrics,1998,87(1):115-143.

Bond S R. Dynamic panel data models: a guide to micro data methods and practice[J]. Portuguese Economic Journal,2002,1(2):141-162.

Holtz-Eakin, Newey, Rosen. Estimating vector autoregressions with panel data[J].

Econometrica,1998,56(6):1371-1395.

Roodman D. How to do xtabond2:An introduction to difference and system GMM in Stata
[J]. The Stata Journal,2009,9(1):86-136.

方红生,张军.中国地方政府竞争、预算软约束与扩张偏向的财政行为[J].经济研究,2009
(12):4-16.

习　题

4.1　用 LSDVC 估计第二章的香烟需求函数。

4.2　请下载并学习近十年内,《中国社会科学》《经济研究》《管理世界》使用动态面板数据模型的文章。

附　录

方红生,张军.财政集权的激励效应再评估:攫取之手还是援助之手?[J].管理世界,2014
(2):21-31.

第五章 面板门限模型

一篇高质量的经验研究论文除了要高度重视内生性问题的处理以及机制识别外,还需要高度重视异质性分析。相较于常见的分组回归和交互项等异质性分析方法,面板门限模型有其独特的优势。本章将从理论和操作两个部分对其进行重点介绍,其中理论部分包括引言、面板单门限模型的设定与估计,面板单门限模型的两大检验与面板双门限模型的估计、检验;操作部分包括 **xthreg** 命令介绍、面板单门限模型的实现与检验、面板多门限模型的实现与检验。

5.1 面板门限模型理论部分

5.1.1 引言、面板单门限模型的设定与估计

通常情况下,我们做异质性分析的时候,是加入解释变量的二次项,看解释变量和被解释变量之间是否存在 U 形或倒 U 形关系。交互项与分组回归也是讨论异质性效果时非常普遍的方法。但是这些做法会存在什么问题? 交互项的加入可能会导致高度共线性的问题,使得变量不显著;分组回归方法也存在分组上的困难,一般来说分组标准都带有一定的主观性,容易被人诟病。相较于其他异质性分析方法,面板门限模型有着它自身的优势,可以通过自身技术内在识别出门限值在什么范围之内。于是面板门限模型就成了一种较好的异质性分析方法。

这种方法的两篇代表性文献是 Hansen(1999、2000)。李梅和柳士昌(2012)的文章研究的是对外直接投资逆向技术溢出的地区差异和门槛效应,这篇文章可以作为范文来参考。吕延芳等(2015)的文章研究的是进出口贸易对生产率、收入、环境的门槛效应,也是研究国际贸易问题的。李泽广等(2010)的文章是应用面板门限模型的代表性成果,该文作者之一南开大学的王群勇教授,也是面板门限模型命令的编写者。苏明政和张庆启(2014)的文章研究的也是国际贸易问题。上述经典论文的摘要如图 5.1 所示。

《管理世界》(月刊)
2012 年第 1 期

第 14 卷第 2 期　　　经济学 (季刊)　　　Vol. 14, No. 2
2015 年 1 月　　　China Economic Quarterly　　　January, 2015

对外直接投资逆向技术溢出的
地区差异和门槛效应*
——基于中国省际面板数据的门槛回归分析

□ 李　梅　柳士昌

摘要：本文利用 2003~2009 年中国省际面板数据，采用广义矩估计方法实证检验了对外直接投资的逆向技术溢出效应。研究结果表明，对外直接投资的逆向技术溢出存在明显的地区差异，积极的逆向溢出效应发生在发达的东部地区。在此基础上，本文利用门槛回归模型进一步检验了影响对外投资对全要素生产率和纯粹技术进步逆向溢出的各吸收能力因素的门槛特征，并从 R&D 强度、人力资本、经济发展、技术差距、金融发展和对外开放程度 6 个方面测算了引发积极逆向技术溢出效应的门槛水平。

关键词：对外直接投资　逆向技术溢出　吸收能力　门槛回归

进出口贸易对生产率、收入、
环境的门限效应
——基于 1992—2010 年我国省际人均 GDP
的非线性面板模型

吕延方　王　冬　陈树文*

摘　要　本文基于 1992—2010 年我国省际面板数据，构建单一或双重门限模型，对进出口贸易影响生产率、收入和环境的基于人均 GDP 门限特征进行检验。模型结果显示主要贸易变量对主要宏观变量的影响效应存在基于人均 GDP 的门限特征。研究建议，① 东部地区应拓展贸易空间以提升产业核心竞争力，西部地区应引进关键设备和先进技术以促进当地产出效率；② 应实现居民收入增长和贸易发展同步；③ 应在不违反环境规制的条件下推动进出口贸易。

关键词　进出口贸易，面板门限模型，人均 GDP

2010 年第 5 期　　　　　　　　　　No. 5, 2010
(总第 359 期)　　　　　　　　　　General No. 359

金融研究

经贸论坛　　　　　　《国际贸易问题》2014 年第 8 期

分省投资与信贷关系中的"门槛效应"：
审视投资增长的新视角

李泽广　王群勇　巴劲松　李津

(南开大学经济学院，天津　300071；中国银监会政策法规部，北京　100140；
天津财经大学金融系，天津　300222)

摘　要　中国经济增长模式的高投资特征与高储蓄、高密度的信贷支持密切相关，对分省信贷资源分布及互动态配置状态如何影响各省投资的内在机理进行研究十分必要。本文从理论层面揭示了信贷和投资存在均衡形式转换的特征事实，然后通过应用分省数据的面板门槛计量模型发现，中国的省份的信贷和投资的关系呈现出不同的模式；信贷与投资的关联机制将政府对信贷资源配置状态的干预影响显著。在地方政府用来支持经济发展的手段中，财政投入和信贷手性的配置显示出相互替代的特征。这间接说明当前信贷资源配置的失衡问题，应当加快信贷配置和投资领域市场化改革。

资金吸引力、对外依存度
与巴拉萨—萨缪尔森效应
——基于门限面板回归模型的检验

苏明政　张庆君

摘要：本文在测度我国各省份的人民币实际汇率水平的基础上，通过对其分解研究，分析各省份实际汇率巴萨效应的存在性及重要性，对考察其收敛性并计算半表期，然后利用门限面板回归模型考察资金吸引力与对外依存度对巴拉萨—萨缪尔森效应在我国各省际地区作用情况的影响进行实证研究。结果表明，我国省际间的人民币实际汇率序列具有收敛性，其整体半衰期为 1.268 年，我国各省份的确存在巴拉萨—萨缪尔森效应，这种效应的强弱会受资金吸引力与对外依存度的影响。其中，资金吸引力对巴萨效应的影响是线性的，而对外依存度对巴萨效应的影响是非线性的。

关键词：资金吸引力；对外依存度；巴拉萨—萨缪尔森效应；实际汇率

图 5.1　经典论文举例

接下来介绍面板门限模型的设定。在了解面板门限模型之前，首先我们进行如式 5.1 所示的门限设定，这里是一个单门限模型。

$$y_{it} = \mu_i + \beta'_1 x_{it} I(q_{it} \leqslant \gamma) + \beta'_2 x_{it} I(q_{it} > \gamma) + e_{it} \qquad (\text{式 5.1})$$

其中，$I(.)$ 是虚拟变量，因此有：

$$y_{it} \begin{cases} \mu_i + \beta'_1 x_{it} + e_{it} \\ \mu_i + \beta'_2 x_{it} + e_{it} \end{cases}$$

另外，$x_{it} = \begin{bmatrix} x_{it} I(q_{it} \leqslant \gamma) \\ x_{it} I(q_{it} > \gamma) \end{bmatrix}$ 且 $\beta = (\beta'_1 \beta'_2)'$

所以式 5.1 可以表示为 $y_{it} = \mu_i + \beta' x_{it}(\gamma) + e_{it}$ （式 5.2）

上述公式中，x_{it} 是我们关注的核心解释变量，我们要探讨它的异质性，即在不同情况下它对被解释变量有什么影响。q_{it} 就是异质性因素，括号内即为条件，我们要关注的是当 $q_{it} \leqslant \gamma$ 和 $q_{it} > \gamma$ 时会有什么不同。括号内的内容是用虚拟变量来控制的，例如当 $q_{it} \leqslant \gamma$ 时取 1，$q_{it} > \gamma$ 时取 0。另外一种做法就是仅保留 $q_{it} > \gamma$，而将 $q_{it} \leqslant \gamma$ 去掉，这样高组别解释变量对被解释变量的影响就不再是 β_2 了，而是 $\beta_1 + \beta_2$，此时 β_2 是高组别解释变量和低组别的差。目前这种做法较为普遍，而式 5.1 的做法较少出现。但是式 5.1 这种做法能够确切地知道解释变量在不同组对被解释变量的影响是否显著，而省略其中一项的方法则无法得知相加后的影响效应是否显著。异质性因素 q_{it} 就是门限变量，而 γ 是门限值，在 Stata 中使用面板门限模型的命令时会自动报告这个值，因此非常方便。模型也可以写成分段函数的形式，就是用 $x_{it}(\gamma)$ 来表示分段函数，那么式 5.1 就能简化成式 5.2。

在李梅和柳士昌（2011）的文章中是这样叙述的：如图 5.2 中的式（10）所示，这是 Hansen（1999）文章里面板门限模型的基本方程，q_{it} 是门槛变量，也可以翻译成门限变量，γ 是未知门槛，就是门限值，$I(\cdot)$ 是指标函数，就是一个虚拟变量，该模型是一个分段函数模型。借鉴 Hansen 的门槛模型，这篇文章的回归模型设定为图 5.2 中的式（11）。

（一）模型说明

1.模型的设定

本文的模型构建于 Hansen（1999）的面板数据门槛模型基础之上。其给出的基本方程为：

$$y_{it} = u_i + \beta_1' x_{it} I(q_{it} \leq \gamma) + \beta_2' x_{it} I(q_{it} > \gamma) + e_{it} \quad (10)$$

其中，i 表示地区，t 表示年份，q_{it} 为门槛变量，γ 为未知门槛，$e_{it} \sim iid\,(0, \delta^2)$ 为随机扰动项，$I(\cdot)$ 为指标函数。（10）式等价于：

$$y_{it} = \begin{cases} u_i + \beta_1' x_{it} + e_{it}, & q_{it} \leq \gamma \\ u_i + \beta_2' x_{it} + e_{it}, & q_{it} > \gamma \end{cases}$$

该模型实际上相当于一个分段函数模型，当 $q_{it} \leq \gamma$ 时，x_{it} 的系数为 β_1'，而当 $q_{it} > \gamma$ 时，x_{it} 的系数为 β_2'。

借鉴 Hansen 的门槛模型，本研究的门槛回归模型设定为：

$$\ln TFP_{it} = C + \alpha \ln S_{it}^d + \beta_1 \ln S_{it}^{fo} I(q_{it} \leq \gamma) \\ + \beta_2 \ln S_{it}^{fo} I(q_{it} > \gamma) + \eta \ln H_{it} + \varepsilon_{it} \quad (11)$$

图 5.2　李梅和柳士昌（2012）中的模型设定

面板门限模型的估计，实际上是使用 OLS 估计，式 5.3 的 $\bar{x}_i(\gamma)$ 就是对解释变量取均值，$x_{it}^*(\gamma)$ 就是组内离差，误差项 e_{it}^* 也是组内离差，式 5.4 就是组内离差变换后的方程，就是在分组的情况下进行组内离差变换，继而使用 OLS 估计，与固定效应有些相似，但不完全相同，固定效应是没有分组的。

$$\bar{y}_i = \mu_i + \beta' \bar{x}_i(\gamma) + \bar{e}_i \qquad (式 5.3)$$

$$\bar{x}_i(\gamma) = \frac{1}{T} \sum_{t=1}^{T} x_{it}(\gamma)$$

根据式 5.2 和式 5.3 求差得：

$$y_{it}^* = \beta' x_{it}^*(\gamma) + e_{it}^*$$

其中，$y_{it}^* = y_{it} - \bar{y}_i$

$$x_{it}^*(\gamma) = x_{it}(\gamma) - \bar{x}_i(\gamma)$$

$$e_{it}^* = e_{it} - \bar{e}_i \qquad\qquad (式5.4)$$

那么如何估计 γ 值？对任何给定的 γ 值，都可以通过式 5.5 估计出 $\beta(\gamma)$ 值，相应的残差也能够计算。注意式 5.6，残差平方和 $S_1(\gamma)$ 是 γ 的函数，只需要找到一个 γ 值，使得残差平方和最小，那么这个 γ 值就是我们所需要的，一旦得到了 γ 值，$\beta(\gamma)$ 和残差平方和就都能够计算出来了。

$$\hat{\beta}(\gamma) = (X^*(\gamma)'X^*(\gamma))^{-1}X^*(\gamma)'Y^* \qquad\qquad (式5.5)$$

$$\hat{e}^*(\gamma) = Y^* - X^*(\gamma)\hat{\beta}(\gamma)$$

$$S_1(\gamma) = \hat{e}^*(\gamma)'\hat{e}^*(\gamma) = Y^{*\prime}(I - X^*(\gamma))'(X^*(\gamma)'X^*(\gamma))^{-1}X^*(\gamma)'Y^* \qquad (式5.6)$$

$$\hat{\gamma} = argmin S_1(\gamma)$$

一旦得到 $\hat{\gamma}$，那么回归系数：

$$\hat{\beta} = \hat{\beta}(\gamma) \qquad\qquad (式5.7)$$

$$\hat{\sigma}^2 = \frac{1}{n(T-1)}\hat{e}^*(\gamma)'\hat{e}^*(\gamma) = \frac{1}{n(T-1)}S_1(\hat{\gamma}) \qquad\qquad (式5.8)$$

找到这个 γ 值是有一套技术的。首先，将门限变量 q_{it} 升序排列，将上下 $\eta\%$ 进行缩尾，在剩下的 n 个值中寻找这个 γ 值，看哪一个 γ 值能够使得这个残差平方和达到最小。其次，缩尾后 98% 的样本也拥有很大的量，无法做到将门限变量的每个值都一一代入计算，那会非常费时间，这个时候，Stata 实际上是将 $1.00\%,1.25\%,1.50\%,\cdots,99.00\%$ 这种分位数代入计算，寻求最小残差平方和的分位数所对应的临界值。

李梅和柳士昌（2012）在文章中是这样介绍门槛值的确定的，如图 5.3 所示。

在实际研究中，首先将样本按照门槛变量 q_{it} 的大小进行升序排列，为了使得到的门槛值有意义，排列时忽略 q_{it} 最大的 1% 个样本和最小的 1% 个样本，仅以中间 98% 个样本作为门槛值的候选范围。为了提高门槛值估计的精确度，采用 Hansen（1999）在门槛回归中使用的"格栅搜索法"来连续给出门槛回归中的候选门槛值 γ。首先，以 0.0025 作为格栅化水平将候选门槛值范围进行格栅化处理；其次，用格栅化得到的全部格栅点作为候选门槛值 γ，并分别进行回归计算，计算出相对应模型的残差平方和 $S_1(\gamma)$，选择模型残差平方和最小的候选门槛值作为回归估计的真实门槛值。可以看到，如果不用这种格栅搜索法，就需要将 98% 个样本量进行不断地尝试，才能找出门槛值 γ，工作量会非常之大，而这种方法使得工作量大大减少。

2.门槛值的确定

根据 Hansen(1999)的面板数据门槛回归理论，若给定门槛回归模型中的门槛值γ,则可以对模型的参数进行估计得到模型中的系数估计值,从而得到模型的残差平方和$S_1(\gamma)$。而且回归中给定的γ越接近真实的门槛水平,那么回归模型的残差平方和$S_1(\gamma)$应该越小。因此,可以通过连续给出模型的候选门槛值γ,观察模型残差的变化,在模型残差最小处对应的候选门槛值γ即为我们待求的真实门槛值,即$\hat{\gamma} = \arg\min_{\gamma} S_1(\gamma)$。

在实际研究中,我们首先将样本按照门槛变量q_{it}的大小进行升序排列,为了使得到的门槛值有意义,排列时忽略q_{it}最大的1%个样本和最小的1%个样本,仅以中间98%的样本作为门槛值的候选范围。为了提高门槛值估计的精确度,我们采用Hansen在门槛回归中使用的"格栅搜索法"(Grid Search)来连续给出门槛回归中的候选门槛值γ。首先,以0.0025作为格栅化水平将候选门槛值范围进行格栅化处理;然后,用格栅化后得到的全部格栅点作为候选门槛值γ,并分别进行回归计算出相对应的模型的残差平方和$S_1(\gamma)$,选择模型残差平方和最小的候选门槛值作为回归估计的真实门槛值。

图 5.3 李梅和柳士昌(2012)对门槛值确定的介绍

5.1.2 面板单门限模型的两大检验与面板双门限模型的估计、检验

本节介绍面板单门限模型的两大检验与门限个数的选择。上一节中我们讲了如何寻找门槛值γ,找出了门槛值γ之后,还需要进行两大检验,来看这个门限效应是否真实存在。一是门限效应的显著性检验,也就是说是否有必要做这样的非线性研究,有可能解释变量对被解释变量的影响是线性的,而不存在非线性影响;二是门限估计值的真实性检验。对于门限效应的显著性检验,模型检验的原假设为$H_0:\beta_1 = \beta_2$,对应备择假设为$H_1:\beta_1 \neq \beta_2$,如果面板单门限模型估计的两个分组系数是相同的,那就没有必要分组进行面板门限估计了。

进行门限效应的显著性检验,首先要假设认为存在门限效应,进行估计之后得到残差平方和$S_1(\hat{\gamma})$,接着假设不存在门限效应,则退化为原来的线性模型,那么用固定效应进行估计,我们就能够得到残差平方和S_0,利用两个残差平方和构造似然比统计量F_1。通过自助法获得F_1对应的 p 值,如果 p 值小于 0.1,则拒绝不存在门限效应的原假设。

$$F_1 = (S_0 - S_1(\hat{\gamma}))/\hat{\sigma}^2 \qquad\qquad (式5.9)$$

接下来我们来看另外一个检验,门限估计值的真实性(一致性)检验,实际上就是确定门限值的置信区间,在区间范围内就是一致的。以吕延芳等(2015)的文章为例,来看看他们是如何

介绍这个检验的(见图 5.4)。对门限估计值的真实性进行检验,即 $H_0:\gamma=\gamma_0$。Hansen(1996) 使用极大似然法检验门限值,对应似然比检验统计量为:$\mathrm{LR}(\gamma)=\dfrac{S_1(\gamma)-S_1(\hat{\gamma})}{\hat{\sigma}^2}$,其中, $S_1(\hat{\gamma}),\hat{\sigma}^2(\hat{\gamma})$ 分别为原假设下进行参数估计后得到的残差平方和与残差方差,$S_1(\gamma)$ 是进行面板门限估计所得到的残差平方和。似然比统计量是 γ 的函数,Hansen(2000)计算了这个置信区间,其显著性水平为 α,当 $\mathrm{LR}(\gamma)\leqslant-2\ln(1-\sqrt{1-\alpha})$ 时,不能拒绝原假设。这里可以画出一个函数图像,画出 $\mathrm{LR}(\gamma)$ 关于 γ 的图像和一条临界值线,可以更加形象地看到 γ 值在什么范围之内。

在原假设成立的条件下,此时,$\beta_1=\beta_2$,表明模型不存在门限效应,模型退化为线性模型。如果拒绝 $H_0:\beta_1=\beta_2$,则认为存在门限效应,然后可对门限估计值的真实性进行检验,即检验 $H_0:\gamma=\gamma_0$。Hansen(1996) 使用极大似然法检验门限值,对应似然比检验统计量为:

$$\mathrm{LR}(\gamma)=\frac{S_1(\gamma)-S_1(\hat{\gamma})}{\hat{\sigma}^2}, \tag{6}$$

其中,$S_1(\hat{\gamma})$,$\delta^2(\hat{\gamma})$ 分别为原假设下进行参数估计后得到的残差平方和与残差方差。由于干扰参数的存在,$\mathrm{LR}(\gamma)$ 的渐近分布仍是非标准的,但其累计分布函数为 $(1-e^{-\frac{x}{2}})^2$。Hansen(2000) 计算了其置信区间,即在显著性水平为 α 时,当 $\mathrm{LR}(\gamma)\leqslant-2\ln(1-\sqrt{1-\alpha})$,不能拒绝原假设。

图 5.4 吕延芳等(2015)对门限估计值的真实性(一致性)检验的介绍

这条临界值线的表达式为 $c(\alpha)=-2\log(1-\sqrt{1-\alpha})$,$c(\alpha)$ 的值是容易计算的。当 α 为 10％时,它的临界值为 6.53,5％时为 7.35,1％时为 10.59。如果 $c(\alpha)$ 的值超过了水平线,那就拒绝原假设,就通不过门限估计值的真实性检验,所以一定要落在区间之内。这个置信区间是面板门限模型的副产品,只要使用相应的命令,我们就能够得到各个门限对应的 LR 图像,具体的命令我们在操作部分会讲到。

讲了两大检验后,实际上我们就介绍完了面板单门限模型的设定、估计与检验。然而,无论在理论上还是在实践中,都存在面板双门限模型的可能性。式 5.10 就是面板双门限模型的设定,这个模型通过两个门限值 γ_1 与 γ_2,将全样本分为三部分,来观测不同范围内核心解释变量的影响。

$$y_{it}=\mu_i+\beta_1' x_{it}I(q_{it}\leqslant\gamma_1)+\beta_2' x_{it}I(\gamma_1<q_{it}\leqslant\gamma_2)+\beta_3' x_{it}I(\gamma_2<q_{it})+e_{it} \quad (式 5.10)$$

对于面板双门限模型,我们需要讨论三个相关的问题,第一个是面板双门限模型如何估计,第二个是双门限的存在性检验,第三个就是两个门限值的置信区间在什么范围内。

图 5.5 是 Wang(2015)的文章中对面板双门限模型的构建。

Consider the following single-threshold model:

$$y_{it} = \mu + \mathbf{X}_{it}(q_{it} < \gamma)\boldsymbol{\beta}_1 + \mathbf{X}_{it}(q_{it} \geq \gamma)\boldsymbol{\beta}_2 + u_i + e_{it} \tag{1}$$

The variable q_{it} is the threshold variable, and γ is the threshold parameter that divides the equation into two regimes with coefficients $\boldsymbol{\beta}_1$ and $\boldsymbol{\beta}_2$. The parameter u_i is the individual effect, while e_{it} is the disturbance. We can also write (1) as

$$y_{it} = \mu + \mathbf{X}_{it}(q_{it}, \gamma)\boldsymbol{\beta} + u_i + e_{it}$$

where

$$\mathbf{X}_{it}(q_{it}, \gamma) = \left\{ \begin{array}{l} \mathbf{X}_{it}I(q_{it} < \gamma) \\ \mathbf{X}_{it}I(q_{it} \geq \gamma) \end{array} \right.$$

Given γ, the ordinary least-squares estimator of $\boldsymbol{\beta}$ is

$$\widehat{\boldsymbol{\beta}} = \{\boldsymbol{X}^*(\gamma)'\boldsymbol{X}^*(\gamma)\}^{-1}\{\boldsymbol{X}^*(\gamma)'\boldsymbol{y}^*\}$$

图 5.5　Wang(2015)对面板双门限模型的构建

首先介绍双门限模型的估计,它遵循如下思路:第一步,估计单门限模型,找出 $\hat{\gamma}_1$ 与残差平方和 $S_1(\hat{\gamma})$;第二步,在给定 $\hat{\gamma}_1$ 的情况下,估计第二个门限值,同样使用令残差平方和 $S_2^r(\gamma_2)$ 最小化的 $\hat{\gamma}_2$ 的值,γ_2 可能在 $\hat{\gamma}_1$ 的左边,也可能在其右边;第三步,这种方法得到的 $\hat{\gamma}_2$ 的值是有效率的,但是 $\hat{\gamma}_1$ 却不是有效率的,所以在给定 $\hat{\gamma}_2$ 的条件下,用相同的方法找到新的 γ_1 的值 $\hat{\gamma}_1^r$(见图 5.6)。

Step 1: Fit the single-threshold model to obtain the threshold estimator γ_1 and the RSS $S_1(\widehat{\gamma}_1)$.

Step 2: Given $\widehat{\gamma}_1$, the second threshold and its confidence interval are

$$\widehat{\gamma}_2^r = \arg\min_{\gamma_2}\{S_2^r(\gamma_2)\}$$
$$S_2^r = S\{\min(\widehat{\gamma}_1, \gamma_2)\max(\widehat{\gamma}_1, \gamma_2)\}$$
$$\mathrm{LR}_2^r(\gamma_2) = \frac{\{S_2^r(\gamma_2) - S_2^r(\widehat{\gamma}_2^r)\}}{\widehat{\sigma}_{22}^2}$$

Step 3: $\widehat{\gamma}_2^r$ is efficient but $\widehat{\gamma}_1^r$ is not. We reestimate the first threshold as

$$\widehat{\gamma}_1^r = \arg\min_{\gamma_1}\{S_1^r(\gamma_1)\}$$
$$S_1^r = S\{\min(\gamma_1, \widehat{\gamma}_2)\max(\gamma_1, \widehat{\gamma}_2)\}$$
$$\mathrm{LR}_1^r(\gamma_1) = \frac{\{S_1^r(\gamma_1) - S_1^r(\widehat{\gamma}_1^r)\}}{\widehat{\sigma}_{21}^2}$$

图 5.6　面板双门限模型估计

我们如何来确定是否应该用双门限模型?这就需要进行判断。首先假设不存在门限效应,备择假设为存在单门限效应,这个检验统计量我们之前已经讲过,用 F_1(式 5.9)与临界值进行比较。同样道理,在这个基础上再做一个比较,原假设为存在单门限效应,备择假设为存在双门限效应,将单门限效应下的残差平方和减去双门限效应下的残差平方和构建统

计量 F_2（式 5.11），如果拒绝了原假设，那么就是存在双门限效应，否则就是单门限效应，这个思路是比较清楚的。

$$F_1 = (S_0 - S_1(\hat{\gamma}))/\hat{\sigma}^2$$

$$F_2 = (S_1(\hat{\gamma}_1) - S_2^r(\hat{\gamma}_2^r))/\hat{\sigma}^2 \tag{式 5.11}$$

面板双门限模型也需要找到相应的置信区间。在双门限模型情况下置信区间如何计算？参照单门限模型，同样道理，通过式 5.12 和式 5.13 就能确定两个门限值的置信区间。

$$\mathrm{LR}_2^r(\gamma_2) = (S_2^r(\gamma_2) - S_2^r(\hat{\gamma}_2^r))/\hat{\sigma}^2 \tag{式 5.12}$$

$$\mathrm{LR}_1^r(\gamma_1) = (S_1^r(\gamma_1) - S_1^r(\hat{\gamma}_1^r))/\hat{\sigma}^2 \tag{式 5.13}$$

5.2　面板门限模型操作部分

5.2.1　xthreg 命令介绍

面板门限模型的估计需要用到 **xthreg** 命令，**xthreg** 命令是南开大学王群勇教授编写的。Wang(2015)的一文发表在 *The Stata Journal* 上，该命令只有在 Stata13 及以上版本上才能运行（见图 5.7）。

图 5.8 是对 **xthreg** 这个命令的一个总体概况，*depvar* 是被解释变量，*indepvars* 是除了体制—依赖变量外的解释变量。这个命令只能估计基于平衡面板数据的模型。

命令还包括以下选项：**rx**()里放体制—依赖变量，就是依赖于异质性因素的核心解释变量；**qx**()里放门限变量，也就是异质性因素变量；**thnum**()是门限数，最多可以选择 3 个门限值；**grid**()就是格栅点数目，默认为 300 个。**trim**()就是上下删去多少观测值，剩下的作为搜索门限值的范围，如果不进行此设定，当样本量较少的时候高组别和低组别之间的差距就会过大而难以解释，而且门限值往往也是在样本中位数附近出现，所以删掉头尾的观测值还是非常有必要的。要注意，**trim**()中填写的内容要与门限数对应，如果门限数为 1，那么 **trim**()内可以写 0.1，删去头尾 1% 个样本观测值；如果门限数为 2，那么就要填写 **trim**(0.1 0.1)；相应的，如果是三门限模型，就要填写对应的三个值，**trim**(0.1 0.1 0.1)。

bs()是自助抽样的次数，用于门限效应的检验，一般是 300 次。**thlevel**()是设定置信水平，一般为 95%。**gen**()是生成新的变量，即在面板门限模型中门限变量所在的每个区间生成虚拟变量，用来观察核心解释变量在不同门限区间或组别的系数。**thgiven**()非常重要，加上该选项时，第二个或第三个门限值的估计可以根据之前的结果（假设已进行第一个门限值

The Stata Journal (2015)
15, Number 1, pp. 121–134

Fixed-effect panel threshold model using Stata

Qunyong Wang
Institute of Statistics and Econometrics
Nankai University
Tianjin, China
QunyongWang@outlook.com

Abstract. Threshold models are widely used in macroeconomics and financial analysis for their simple and obvious economic implications. With these models, however, estimation and inference is complicated by the existence of nuisance parameters. To combat this issue, Hansen (1999, *Journal of Econometrics* 93: 345–368) proposed the fixed-effect panel threshold model. In this article, I introduce a new command (**xthreg**) for implementing this model. I also use Monte Carlo simulations to show that, although the size distortion of the threshold-effect test is small, the coverage rate of the confidence interval estimator is unsatisfactory. I include an example on financial constraints (originally from Hansen [1999, *Journal of Econometrics* 93: 345–368]) to further demonstrate the use of **xthreg**.

Keywords: st0373, xthreg, panel threshold, fixed effect

图 5.7 介绍 xthreg 命令的文章

xthreg *depvar* [*indepvars*] [*if*] [*in*], **rx**(*varlist*) **qx**(*varname*) [**thnum**(*#*) **grid**(*#*) **trim**(*numlist*) **bs**(*numlist*) **thlevel**(*#*) **gen**(*newvarname*) **noreg** **nobslog** **thgiven** *options*]

where *depvar* is the dependent variable and *indepvars* are the regime-independent variables.

图 5.8 xthreg 命令介绍

的估计)进行拟合。此外,可以在 **xthreg** 命令的被解释变量、解释变量、体制—依赖变量 **rx**() 和门限变量 **qx**() 里直接使用滞后项 $L.$ 的写法。

　　xthreg 命令运行后的几个存储结果非常重要,如图 5.9 所示,**e(LR)** 代表的是单门限模型情况下所对应的似然比统计量,**e(LR. 2_1)** 代表的是双门限模型情况下所对应的第一个似然比统计量,**e(LR. 2_2)** 代表的是双门限模型情况下所对应的第二个似然比统计量,**e(LR3)** 代表的是三门限模型情况下所对应的第三个似然比统计量。这些可用于计算似然比统计量,以此获得每个门限值的置信区间,完成面板门限模型的两个检验之一,即门限估计值的真实性检验。

```
Scalars
    e(thnum)            number of thresholds
    e(grid)             number of grid search points
Macros
    e(depvar)           name of dependent variable
    e(ix)               regime-independent variables
    e(rx)               regime-dependent variables
    e(qx)               threshold variable
Matrices
    e(Thrss)            threshold estimator and confidence interval
    e(Fstat)            threshold-effect test result
    e(bs)               bootstrap number
    e(trim)             trimming proportion
    e(LR)               LR statistics for single-threshold model
    e(LR_2_1)           LR statistics for first threshold in double-threshold model
    e(LR_2_2)           LR statistics for second threshold in double-threshold model
    e(LR3)              LR statistics for third threshold in triple-threshold model
```

图 5.9　运行 xthreg 命令后的存储结果

5.2.2　面板单门限模型的实现与检验

前文对 **xthreg** 命令进行了介绍,本节将介绍面板单门限模型的实现与检验,帮助大家进一步掌握 **xthreg** 命令并能够灵活运用。

本节以 Hansen(1999)研究的投资对现金流的敏感性是否受到融资约束的影响为例,来讲解面板单门限模型的实现,以及门限效应的显著性检验和门限估计值的真实性检验这两大检验。该文使用的数据集是美国 565 家企业 15 年的数据,是一个微观企业数据集。为了研究投资对现金流的敏感性是否受到融资约束的影响,Hansen 构造了如下模型:

$$I_{it} = \beta_0 + \beta_1 q_{it-1} + \beta_2 q_{it-1}^2 + \beta_3 q_{it-1}^3 + \beta_4 d_{it-1} + \beta_5 q_{it-1} d_{it-1} + \beta_6 c_{it-1} I(d_{it-1} < \gamma_1) + \beta_7 c_{it-1} I(\gamma_1$$

$$\leqslant d_{it-1} < \gamma_2) + \beta_8 c_{it-1} I(d_{it-1} \geqslant \gamma_2) + u_i + e_{it} \qquad\qquad (式 5.14)$$

这个模型设定是一个面板双门限模型,被解释变量 I_{it} 是投资—资本比;q_{it} 是用总市场价值与总资产的比值,即托宾 q 来衡量的;d_{it} 是长期负债率,衡量的就是融资约束,用长期负债与资产的比值加以衡量;c_{it} 是现金流与总资产的比值,是所关注的核心解释变量;这里的异质性因素就是融资约束或长期负债率 d_{it},用其滞后一期 d_{it-1} 作为门限变量。

在使用 **use hansen1999. dta, clear** 命令打开相应数据集后,我们使用以下命令对变量进行描述性统计:

tabstat *i* *q*1 *c*1 *d*1, s(**min p25 p50 p75 max**) **format**(%6. 3f) **c(s)**

该命令能够报告变量的不同分位数,便于我们找到临界值,在进行分组时非常好用。如果需进一步了解该命令,在 Stata 中使用 **help tabstat** 命令便能看到对它使用的说明。

描述性统计的结果呈现在图 5.10 上,可以看到,总共报告了 5 个分位数的结果,这个是由我们自己选择的,在 **s**()里面操作。

```
. tabstat i q1 c1 d1, s(min p25 p50 p75 max) format(%6.3f)  c(s)

   variable         min         p25         p50         p75         max

          i        0.001       0.049       0.076       0.113       1.655
         q1        0.021       0.371       0.675       1.308     111.796
         c1       -0.937       0.124       0.216       0.321       8.707
         d1        0.000       0.089       0.206       0.320       4.673
```

图 5.10　在 Stata 中运行 tabstat 相关命令后的结果示意

使用 **xthreg** 命令之前，首先需要进行安装，可以在 Stata 中运行 **findit xthreg** 命令搜索 **xthreg** 命令相关的下载包，此时将会跳出搜索结果的窗口，如图 5.11 所示，然后点击蓝色字样进入安装界面。接着，在跳出来的界面中点击 click here to install 进行安装，如图 5.12 所示。安装完成后，我们就可以利用 **xthreg** 命令去估计面板门限模型了。那么我们要估计几个面板门限模型？是先验地估计 Hansen(1999)构造的双门限模型吗？笔者认为，一开始进行双门限模型的估计并不是一个很好的经验策略，从简单的单门限模型开始估计是比较好的，这是因为如果存在单门限，那么才有必要看看是否存在双门限。单门限模型估计命令如下：

xthreg i $q1$ $q2$ $q3$ $d1$ $qd1$, **rx**($c1$) **qx**($d1$) **thnum**(1) **grid**(400) **trim**(0.01) **bs**(300)

其中，i 是被解释变量，紧跟着的是解释变量；体制依赖变量 $c1$ 放在 **rx**()中；门限变量 $d1$ 放在 **qx**()中。要注意的是，在这个模型中，异质性因素既作为控制变量，又作为门限变量，所以在解释变量里也放入了异质性因素 $d1$，一般情况下是不这么做的。**thnum**(1)是设定只有一个门限，**grid**(400)是格点数为 400，**trim**(0.01)是样本首尾删减 1%，**bs**(300)是进行自助抽样 300 次。

```
search for xthreg                               (manual:  [R] search)


Search of official help files, FAQs, Examples, SJs, and STBs

SJ-15-1 st0373  . . . . . . . . Fixed-effect panel threshold model using Stata
        (help xthreg if installed) . . . . . . . . . . . . . . . . Q. Wang
        Q1/15    SJ 15(1):121--134
        fits the fixed-effect panel threshold model


Web resources from Stata and other users

(contacting http://www.stata.com)

1 package found (Stata Journal and STB listed first)
-----------------------------------------------------
st0373 from http://www.stata-journal.com/software/sj15-1
      SJ15-1 st0373. Fixed-effect panel threshold... / Fixed-effect panel
      threshold model using STATA / by Qunyong Wang, Institute of Statistics and
      / Econometrics, Nankai University / Support:  qunyongwang@outlook.com /
      After installation, type help xthreg

(click here to return to the previous screen)

(end of search)
```

图 5.11　在 Stata 中运行 findit xthreg 命令后的结果示意

```
package st0373 from http://www.stata-journal.com/software/sj15-1

TITLE
      SJ15-1 st0373. Fixed-effect panel threshold...

DESCRIPTION/AUTHOR(S)
      Fixed-effect panel threshold model using STATA
      by Qunyong Wang, Institute of Statistics and
         Econometrics, Nankai University
      Support: qunyongwang@outlook.com
      After installation, type help xthreg

INSTALLATION FILES                              (click here to install)
      st0373/xthreg.ado
      st0373/xthreg.sthlp
      st0373/lxthreg.mlib
      st0373/xthcov.ado
      st0373/xthsig.ado

ANCILLARY FILES                                 (click here to get)
      st0373/xthsim.do
      st0373/example.do
      st0373/hansen1999.dta

(click here to return to the previous screen)
```

图 5.12　在 Stata 中安装 xthreg 命令的示意

　　图 5.13 和图 5.14 展示了运行上述命令后的估计结果,这是单门限估计,图 5.13 第一行是门限值,为 0.0154,第二行是门限效应的检验,可以看到显示自助抽样数为 300,通过自助法获得的 p 值为 0.0000,远小于 0.1,所以拒绝线性模型的原假设,存在门限效应。

```
. xthreg i q1 q2 q3 d1 qd1, rx(c1) qx(d1) thnum(1) grid(400) trim(0.01) bs(300)
Estimating the threshold parameters:   1st ......  Done
Boostrap for single threshold
......................................... +   50
......................................... +  100
......................................... +  150
......................................... +  200
......................................... +  250
......................................... +  300

Threshold estimator (level = 95):
```

model	Threshold	Lower	Upper
Th-1	0.0154	0.0141	0.0167

```
Threshold effect test (bootstrap = 300):
```

Threshold	RSS	MSE	Fstat	Prob	Crit10	Crit5	Crit1
Single	17.7818	0.0023	35.20	0.0000	13.0421	15.6729	21.1520

图 5.13　在 Stata 中运行 xthreg 相关命令的结果示意

　　估计结果中,虚拟变量取值为 0 时,代表融资约束小于门限值 0.0154,此时所对应的系数大小就是融资约束较低时现金流对投资的影响;取值为 1 时融资约束大于门限值 0.0154,所对应的是融资约束较高时现金流对投资的影响。可以看到结果还是很符合预期的,融资约束较高时现金流对投资的影响更大,原因是融资约束较高时,企业是很难从外面获得投资

```
Fixed-effects (within) regression          Number of obs      =       7910
Group variable: id                         Number of groups   =        565

R-sq:  within  = 0.0951                     Obs per group: min =         14
       between = 0.0692                                    avg =       14.0
       overall = 0.0660                                    max =         14

                                            F(7,7338)          =     110.21
corr(u_i, Xb)  = -0.3972                     Prob > F           =     0.0000

─────────────┬────────────────────────────────────────────────────────────
           i │      Coef.   Std. Err.      t    P>|t|     [95% Conf. Interval]
─────────────┼────────────────────────────────────────────────────────────
          q1 │   .0105555   .0008917    11.84   0.000     .0088075    .0123035
          q2 │  -.0202872   .0025602    -7.92   0.000     -.025306   -.0152683
          q3 │   .0010785   .0001952     5.53   0.000     .0006959    .0014612
          d1 │  -.0229482   .0042381    -5.41   0.000     -.031256   -.0146403
         qd1 │   .0007392   .0014278     0.52   0.605    -.0020597    .0035381
             │
     _cat#c.c1│
           0 │   .0552454   .0053343    10.36   0.000     .0447885    .0657022
           1 │   .0862498   .0052022    16.58   0.000      .076052    .0964476
             │
       _cons │   .0628165   .0016957    37.05   0.000     .0594925    .0661405
─────────────┼────────────────────────────────────────────────────────────
     sigma_u │   .03980548
     sigma_e │   .04922656
         rho │   .39535508   (fraction of variance due to u_i)
─────────────┴────────────────────────────────────────────────────────────
F test that all u_i=0: F(564, 7338) = 6.90              Prob > F = 0.0000
```

图 5.14 在 Stata 中运行 xthreg 相关命令的结果示意

所需要的资金的,所以企业投资时更多地依赖于内部的现金流。

接下来我们考虑控制双向固定效应情况下面板单门限模型的结果,其他都保持不变,加入时间效应,使用 **xi:xthreg** 命令,在解释变量处加上 **i. year**,便能够输出双向固定效应下的结果。估计命令如下:

xi:xthreg i $q1$ $q2$ $q3$ $d1$ $qd1$ **i. year,rx($c1$) qx($d1$) thnum(1) grid(400) trim(0.01) bs(300)**

估计结果呈现在图 5.15 和图 5.16 中,由于时间虚拟变量估计结果篇幅过长,简洁起见,这里只展示了主要的估计结果。可以看到,门限值没有发生变化(见图 5.15),仍为 0.0154,且通过了显著性检验。估计结果的系数发生了轻微的变化(见图 5.16),总体来说与未加时间虚拟变量的结果相似。

接下来我们可以用以下命令画出似然比函数 LR 和临界值线 $c(\alpha)$ 的图像:

_matplot e(LR),columns(1 2) yline(7. 35,lpattern(dash)) connect(direct) msize(small) mlabp(0) mlabs(zero) ytitle("*LR Statistics*") xtitle("*Threshold*") recast(line) name(LR)

该命令绘制出的图像如图 5.17 所示,可以看到,这个似然比统计量 LR 是门限变量的函数,$c(\alpha)$ 的值为 7. 35,也就是说 α 的取值为 5%,此时当 LR 小于 7. 35 时便确定了门限值的置信区间。同时令 LR 等于 0,能够得到所对应的门限值 γ 等于 0.0154。

```
. xi:xthreg i q1 q2 q3 d1 qd1 i.year, rx(c1) qx(d1) thnum(1) grid(400) trim(0.01) b
> s(300)
i.year              _Iyear_1974-1987   (naturally coded; _Iyear_1974 omitted)
Estimating the threshold parameters:  1st ...... Done
Boostrap for single threshold
............................................ +   50
............................................ +  100
............................................ +  150
............................................ +  200
............................................ +  250
............................................ +  300

Threshold estimator (level = 95):
```

model	Threshold	Lower	Upper
Th-1	0.0154	0.0141	0.0167

```
Threshold effect test (bootstrap = 300):
```

Threshold	RSS	MSE	Fstat	Prob	Crit10	Crit5	Crit1
Single	17.4741	0.0022	28.25	0.0000	12.5236	14.8183	18.3761

图 5.15 在 Stata 中运行 xi:xthreg 相关命令的结果示意

```
Fixed-effects (within) regression          Number of obs      =      7910
Group variable: id                         Number of groups   =       565

R-sq:  within  = 0.1108                     Obs per group: min =        14
       between = 0.0665                                    avg =      14.0
       overall = 0.0732                                    max =        14

                                            F(20,7325)         =     45.63
corr(u_i, Xb)  = -0.3773                     Prob > F           =    0.0000
```

i	Coef.	Std. Err.	t	P>|t|	[95% Conf. Interval]	
q1	.0099169	.000927	10.70	0.000	.0080996	.0117341
q2	-.0189205	.0026098	-7.25	0.000	-.0240365	-.0138046
q3	.0009996	.0001969	5.08	0.000	.0006136	.0013855
d1	-.0231959	.0042949	-5.40	0.000	-.031615	-.0147767
qd1	.0006069	.0014199	0.43	0.669	-.0021765	.0033904
_cat#c.c1						
0	.0553387	.0053814	10.28	0.000	.0447895	.0658878
1	.0829541	.0052309	15.86	0.000	.0727001	.0932081
_cons	.0648551	.0027401	23.67	0.000	.0594837	.0702265

```
sigma_u    .03960869
sigma_e    .04884208
rho        .39673517    (fraction of variance due to u_i)

F test that all u_i=0: F(564, 7325) = 6.99              Prob > F = 0.0000
```

图 5.16 在 Stata 中运行 xi:xthreg 相关命令的结果示意

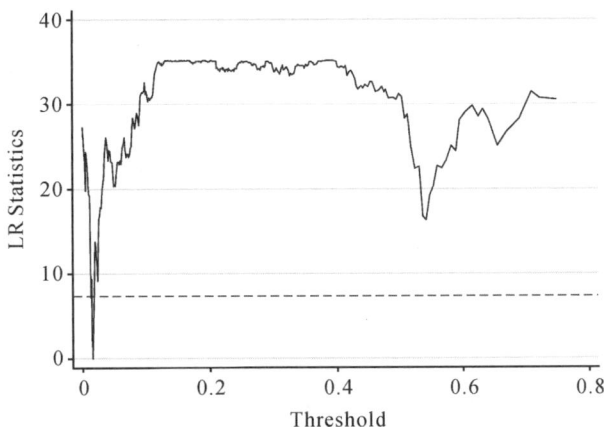

图 5.17　单门限的 LR 统计量置信区间

5.2.3　面板多门限模型的实现与检验

上一节介绍了面板单门限模型的实现与检验，本节将继续介绍面板多门限模型的实现与检验。笔者认为，只有完成这个工作，才能研究投资对现金流的敏感性是否受到融资约束的影响这个重要问题找到合适的面板门限模型。上一节中检验发现存在单门限，所以很有必要进一步查看是否存在多门限。**xthreg** 命令最多可以估计三个门限，这里我们就使用三门限模型，**trim**() 里要放三个值，参考 Wang(2015) 的设定，具体的命令为：

xthreg i $q1$ $q2$ $q3$ $d1$ $qd1$，**rx**($c1$) **qx**($d1$) **thnum**(3) **grid**(400) **trim**(0.01 0.01 0.05) **bs**(0 300 300) **thgive**

xthreg i $q1$ $q2$ $q3$ $d1$ $qd1$，**rx**($c1$) **qx**($d1$) **thnum**(3) **grid**(400) **trim**(0.01 0.01 0.05) **bs**(0 300 300)

在三门限模型命令中，写法和单门限类似，被解释变量、解释变量、体制—依赖变量和门限变量都保持不变，因为是三个门限，所以 **thnum** 为 3，**trim**(0.01 0.01 0.05) 表示样本缩减量第一个门限值是 0.01，第二个门限值是 0.01，第三个门限值是 0.05。**bs**(0 300 300) 意味着对第一个门限值检验时自助抽样数为 0，而对第二、第三个门限值检验时自助抽样数都为 300，这样对第一个门限值的估计可以节省时间。命令末尾加上 **thgive** 命令，表示在第一个门限值给定的情况下，寻找第二、第三个门限值，第二行命令未加 **thgive**，也就是从头开始估计，可以观察一下这个选项对估计时间和结果的影响。这几个命令在实际操作中所需的时间都比较多。

我们分别对两个命令进行估计，如图 5.18 所示，在第一个命令的估计结果中，第一个门限值还是 0.0154，第二个门限值是 0.5418，第三个门限值是 0.4778。接下来是门限效应的检验结果，第一个门限效应的 p 值远小于 0.1，所以拒绝不存在单门限效应的原假设，存在单门限效应;第二个门限效应的 p 值也小于 0.1,所以存在双门限效应;而第三个门限效应不存在。

```
Threshold estimator (level = 95):

    model     Threshold        Lower          Upper

     Th-1       0.0154         0.0141         0.0167
     Th-21      0.0154         0.0141         0.0167
     Th-22      0.5418         0.5268         0.5473
     Th-3       0.4778         0.4755         0.4823


Threshold effect test (bootstrap = 0 300 300):

 Threshold      RSS        MSE      Fstat     Prob     Crit10    Crit5     Crit1

   Single    17.7818     0.0023    35.20    0.0000   13.0421   15.6729   21.1520
   Double    17.7258     0.0022    24.97    0.0133   12.7394   15.1986   25.3522
   Triple    17.7119     0.0022     6.20    0.5700   15.1892   19.3399   25.4014
```

图 5.18　在 Stata 中运行三门限模型相关命令的结果示意

　　图 5.19 给出了运行三门限模型命令的另一部分估计结果,主要是关于解释变量系数大小及显著性的内容。可以看到,在系数的解释上,就是按融资约束的高低以三个分组标准分为了四组,从而得到不同的影响程度,具体就不再赘述。

```
Fixed-effects (within) regression              Number of obs      =      7910
Group variable: id                             Number of groups   =       565

R-sq:  within  = 0.0987                         Obs per group: min =        14
       between = 0.0684                                        avg =      14.0
       overall = 0.0667                                        max =        14

                                                F(9,7336)          =     89.26
corr(u_i, Xb)  = -0.4072                        Prob > F           =    0.0000

           i |      Coef.     Std. Err.      t     P>|t|     [95% Conf. Interval]

          q1 |    .0103968    .0008909    11.67    0.000     .0086503     .0121432
          q2 |   -.0201183    .0025559    -7.87    0.000    -.0251286    -.0151081
          q3 |    .0010734    .0001949     5.51    0.000     .0006915     .0014554
          d1 |   -.0166801    .0045804    -3.64    0.000    -.0256589    -.0077012
         qd1 |    .0008845    .0014255     0.62    0.535    -.0019099     .0036788

   _cat#c.c1 |
           0 |    .0587984    .0053924    10.90    0.000     .0482278      .069369
           1 |    .0920255    .0053928    17.06    0.000     .0814541     .1025969
           2 |    .1325752    .0173155     7.66    0.000     .0986318     .1665186
           3 |    .0419859    .0112319     3.74    0.000     .0199681     .0640037

       _cons |    .0604649    .0017873    33.83    0.000     .0569613     .0639684

     sigma_u |    .0400859
     sigma_e |   .04913619
         rho |   .39959759   (fraction of variance due to u_i)

F test that all u_i=0: F(564, 7336) = 6.94                 Prob > F = 0.0000
```

图 5.19　在 Stata 中运行三门限模型相关命令(加 thgive)的结果示意

再来看没有加 **thgive** 选项时的情况,估计结果呈现在图 5.20 和图 5.21 中,可以看到这里就不再报告第一个门限值的显著性检验结果了,其余内容都是一样的。估计的系数和显著性都没有发生变化。

```
Threshold estimator (level = 95):

    model  |   Threshold        Lower          Upper

     Th-1  |     0.0154        0.0141         0.0167
    Th-21  |     0.0154        0.0141         0.0167
    Th-22  |     0.5418        0.5268         0.5473
     Th-3  |     0.4778        0.4755         0.4823


Threshold effect test (bootstrap = 0 300 300):

 Threshold  |     RSS       MSE      Fstat     Prob    Crit10    Crit5     Crit1

    Single  |      .         .         .         .        .         .         .
    Double  |  17.7258    0.0022    24.97    0.0133   12.9372   15.9673   26.0830
    Triple  |  17.7119    0.0022     6.20    0.5867   16.3127   22.7223   37.4633
```

图 5.20　在 Stata 中运行三门限模型相关命令(未加 thgive)的结果示意

```
Fixed-effects (within) regression          Number of obs    =      7910
Group variable: id                         Number of groups =       565

R-sq:  within  = 0.0987                     Obs per group: min =       14
       between = 0.0684                                    avg =      14.0
       overall = 0.0667                                    max =        14

                                            F(9,7336)        =     89.26
corr(u_i, Xb)  = -0.4072                     Prob > F         =    0.0000


          i |    Coef.    Std. Err.      t     P>|t|    [95% Conf. Interval]

         q1 |  .0103968   .0008909    11.67    0.000    .0086503    .0121432
         q2 | -.0201183   .0025559    -7.87    0.000   -.0251286   -.0151081
         q3 |  .0010734   .0001949     5.51    0.000    .0006915    .0014554
         d1 | -.0166801   .0045804    -3.64    0.000   -.0256589   -.0077012
        qd1 |  .0008845   .0014255     0.62    0.535   -.0019099    .0036788

   _cat#c.c1 |
          0 |  .0587984   .0053924    10.90    0.000    .0482278    .069369
          1 |  .0920255   .0053928    17.06    0.000    .0814541   .1025969
          2 |  .1325752   .0173155     7.66    0.000    .0986318   .1665186
          3 |  .0419859   .0112319     3.74    0.000    .0199681   .0640037

      _cons |  .0604649   .0017873    33.83    0.000    .0569613   .0639684

    sigma_u |  .0400859
    sigma_e |  .04913619
        rho |  .39959759   (fraction of variance due to u_i)

F test that all u_i=0: F(564, 7336) = 6.94          Prob > F = 0.0000
```

图 5.21　在 Stata 中运行三门限模型相关命令(未加 thgive)的结果示意

接下来,我们要借助这个三门限模型画一下 LR 统计量的图像。第一个门限和第二个门限由以下两个命令可以画出:

_matplot e(LR21)，columns(1 2) yline(7.35，lpattern(dash)) connect(direct) msize(small) mlabp(0) mlabs(zero) ytitle("*LR Statistics*") xtitle("*First Threshold*") recast(line) name(LR21) nodraw

_matplot e(LR22)，columns(1 2) yline(7.35，lpattern(dash)) connect(direct) msize(small) mlabp(0) mlabs(zero) ytitle("*LR Statistics*") xtitle("*Second Threshold*") recast(line) name(LR22) nodraw

graph combine *LR21 LR22*，cols(1)

可以看到(见图 5.22),前两个门限的图像非常有规律,都与水平线有交点,分别确定了两个门限值的置信区间,所以是通过了显著性检验。

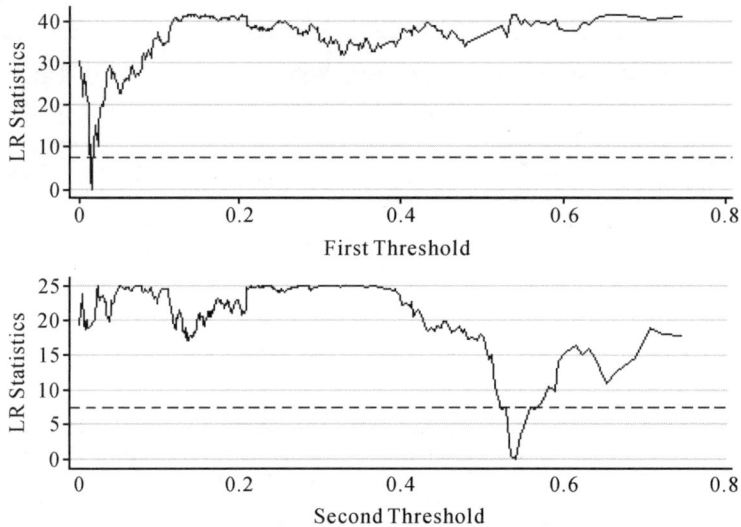

图 5.22 两个门限的 LR 统计量置信区间

那么如何呈现第三个门限置信区间的 LR 图呢? 与前两个门限所使用的命令相似,使用以下命令即可:

_matplot e(LR3)，columns(1 2) yline(7.35，lpattern(dash)) connect(direct) msize(small) mlabp(0) mlabs(zero) ytitle("*LR Statistics*") xtitle("*Third Threshold*") recast(line) name(LR3)

如图 5.23 所示,可以看到,第三个门限的 LR 图像与前两个图像明显不同,杂乱无章,并不能找到明显的临界值与置信区间,所以第三个门限未能通过显著性检验。

综上可知,这个模型并不存在三个门限,而只存在两个门限,所以比较适合的应该是双门限模型,最终应以双门限的估计结果为准。因此,我们应使用以下命令进行双门限模型的估计:

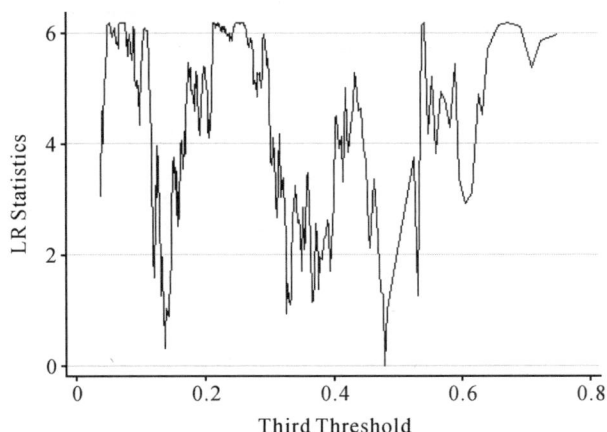

图 5.23 第三个门限的 LR 统计量置信区间

xthreg *i q*1 *q*2 *q*3 *d*1 *qd*1, rx(*c*1) qx(*d*1) thnum(2) grid(400) trim(0. 01 0. 01) bs(0 0)

xthreg *i q*1 *q*2 *q*3 *d*1 *qd*1, rx(*c*1) qx(*d*1) thnum(2) grid(400) trim(0. 01 0. 01) bs(300 300)

第一个命令自助数都设为 0,第二个命令自助数都设为 300。这里仅报告两个门限均抽样 300 次的估计结果,如图 5.24 和图 5.25 所示,可以看到,第一个门限值是 0.0154,第二个门限值是 0.5148,两个门限都通过了显著性检验。而且由两个门限值分成的三个分组的估计结果也非常显著,不过,在最高融资约束下,现金流的敏感性要低于中间程度融资约束下的现金流的敏感性,这似乎不符合理论预期,如何解决这个问题? 或许要找到更好的衡量融资约束的指标,这方面的文献是比较多的,有兴趣的同学可以好好研究一下,这个工作值得去做,因为在国际顶级期刊的经验论文中,经常用融资约束作为异质性因素来研究核心解释变量的异质性效应。

```
Threshold estimator (level = 95):

    model     Threshold       Lower          Upper

    Th-1       0.0154         0.0141         0.0167
    Th-21      0.0154         0.0141         0.0167
    Th-22      0.5418         0.5268         0.5473


Threshold effect test (bootstrap = 300 300):

Threshold      RSS       MSE        Fstat     Prob     Crit10    Crit5     Crit1

 Single      17.7818    0.0023      35.20    0.0000    12.5120   15.2788   20.8762
 Double      17.7258    0.0022      24.97    0.0167    12.8367   15.3129   43.3043
```

图 5.24 在 Stata 中运行双门限模型相关命令的结果示意

```
Fixed-effects (within) regression          Number of obs      =      7910
Group variable: id                         Number of groups   =       565

R-sq:  within  = 0.0980                     Obs per group: min =        14
       between = 0.0678                                    avg =      14.0
       overall = 0.0660                                    max =        14

                                            F(8,7337)          =     99.63
corr(u_i, Xb)  = -0.4091                    Prob > F           =    0.0000


           i |     Coef.   Std. Err.      t    P>|t|     [95% Conf. Interval]

          q1 |  .0103749   .0008912     11.64   0.000     .008628     .0121218
          q2 | -.0200947   .0025567     -7.86   0.000    -.0251065   -.0150828
          q3 |  .0010727   .0001949      5.50   0.000     .0006906    .0014547
          d1 | -.0150988   .0045344     -3.33   0.001    -.0239875    -.00621
         qd1 |  .0008845    .001426      0.62   0.535    -.0019108    .0036798

    _cat#c.c1 |
           0 |   .059253   .0053908     10.99   0.000     .0486854    .0698205
           1 |  .0929924   .0053795     17.29   0.000     .082447     .1035378
           2 |  .0386989   .0111521      3.47   0.001     .0168376    .0605602

       _cons |  .0601315   .0017824     33.74   0.000     .0566374    .0636256

     sigma_u |  .04013808
     sigma_e |   .0491522
         rho |  .40006551   (fraction of variance due to u_i)

F test that all u_i=0: F(564, 7337) = 6.95              Prob > F = 0.0000
```

图 5.25　在 Stata 中运行双门限模型相关命令的结果示意

参考文献

Hansen B E. Inference when a nuisance parameter is not identified under the hypothesis [J]. Econometrica,1996,64(2):413-430.

Hansen B E. Threshold effects in non-dynamic panels: Estimation, testing, and inference [J]. Journal of Econometrics,1999,93(2): 345-368.

Hansen B E. Sample splitting and threshold estimation[J]. Econometrica,2000,68(3):575-603.

Wang Q Y. Fixed-effect panel threshold model using Stata[J]. The Stata Journal,2015,15 (1):121-134.

李梅,柳士昌. 对外直接投资逆向技术溢出的地区差异和门槛效应——基于中国省际面板数据的门槛回归分析[J]. 管理世界,2012(1):21-32,66.

李泽广,王群勇,巴劲松,李津. 分省投资与信贷关系中的"门槛效应":审视投资增长的新视角[J]. 金融研究,2010(5):84-101.

吕延方,王冬,陈树文.进出口贸易对生产率、收入、环境的门限效应——基于 1992—2010 年 我国省际人均 GDP 的非线性面板模型[J].经济学(季刊),2015(2):703-730.

苏明政,张庆君.资金吸引力、对外依存度与巴拉萨—萨缪尔森效应——基于门限面板回归 模型的检验[J].国际贸易问题,2014(8):36-46.

习　题

5.1　请复现以下文章的实证部分,巩固面板门限模型实证操作。

张辉,闫强明,黄昊.国际视野下中国结构转型的问题、影响与应对[J].中国工业经济, 2019(6):41-59.

第六章 双重差分模型

双重差分模型在政策评估研究中被广泛应用,不论是国际顶级期刊,如 AER,还是国内顶级期刊,如《经济研究》,都发表了大量利用这种方法进行政策评估的学术论文。本章将从理论和操作两个部分对双重差分模型进行重点介绍,其中理论部分包括双重差分模型(difference-in-difference,DID)的介绍、使用 DID 方法需要注意的若干问题;操作部分包括双重差分模型的 Stata 操作。

6.1 双重差分模型理论部分

6.1.1 双重差分模型介绍 1

DID 方法主要用于政策评估,而在我国存在着大量具有渐进式特征的政策改革实践,将DID 方法结合中国改革实践,能够更好地评估各大改革的效果,并为政府制定政策提供建议。

下面介绍几篇使用了 DID 方法的优秀文献。如图 6.1 所示,郑新业等(2011)就使用了双重差分模型对中国"省直管县"改革的效果进行了评估。

中国公共管理论坛

"省直管县"能促进经济增长吗?
——双重差分方法

□郑新业 王 晗 赵益卓

摘要:基于河南省数据,我们利用双重差分方法(Difference-in-Difference Method)估计了"省直管县"改革对经济增长的影响。研究发现,在分离了其他因素对经济增长的影响之后,"省直管县"政策提高了被直管县的经济增长率1.3个百分点。进一步的分析表明,是经济分权,而非财政分权构成了增长的源泉。从学术积累的角度看,本文采用准自然实验来估计分权对经济增长影响,和已有研究相比,我们的估计结果更为可靠。从政策效果评估的角度看,我们的发现不能支持"省直管县"促进县域经济发展的改革思路。

关键词:"省直管县" 分权 经济增长 双重差分

图 6.1 双重差分模型文献 1

同样使用这一方法研究"省直管县"改革的文章还有很多，如图 6.2 所示的 Li 等(2016)的文章。

Journal of Development Economics 123 (2016) 18–37

Contents lists available at ScienceDirect

Journal of Development Economics

journal homepage: www.elsevier.com/locate/devec

Does flattening government improve economic performance? Evidence from China☆

Pei Li[a], Yi Lu[b], Jin Wang[c]

[a]Department of Public Finance and Wang Yanan Institute for Studies in Economics, Xiamen University, Xiamen 361005, China
[b]Department of Economics, National University of Singapore, 1 Arts Link, Singapore 117570, Singapore
[c]Division of Social Science, Hong Kong University of Science and Technology, Clear Water Bay, Hong Kong

A R T I C L E I N F O

Article history:
Received 13 August 2015
Received in revised form 3 April 2016
Accepted 15 July 2016
Available online 25 July 2016

JEL classification:
H11
O12

Keywords:
Flattening
Government
Hierarchies
Organization structures
Province managing county

A B S T R A C T

This paper examines a causal relationship between the flattening of a government hierarchy and economic performance by exploiting a panel data set on government reorganization in China from 1995 to 2012. Delayering has led to increases in revenue and inter-governmental transfers for county governments, but the associated enlarged span of control makes it difficult for upper-level governments to coordinate and monitor local ones. This has led to a reduction in county governments' total public expenditure and pro-growth expenditure, as well as an increase in land corruption. Overall, the flattening of the government hierarchy has a negative effect on economic performance.

图 6.2　双重差分模型文献 2

虽然这两篇文章的研究主题和方法类似，但是结论却不相同。Li 等(2016)的研究发现，"省直管县"改革会抑制经济增长，而郑新业等(2011)的研究却认为"省直管县"改革会促进经济增长，造成这一分歧的可能原因是他们采用的数据有所不同，Li 等(2016)使用的是全国县级层面的数据，而郑新业等(2011)采用的是河南省的数据。

再如图 6.3 所示的陈思霞和卢盛峰(2014)的文章，也使用了 DID 方法研究"省直管县"改革对民生性财政支出的影响。另一篇是汪伟等(2013)的文章，如图 6.4 所示，该文章基于 DID 方法研究税费改革对农村居民消费的影响，虽然只采用 2000—2009 年的数据，但是深入研究这种相对早期但却是重大的改革事件，依然具有很重要的研究意义和现实意义。

叶青等(2012)的文章同样是发表在《管理世界》上(见图 6.5)，使用 DID 方法研究了富豪榜影响企业会计信息质量的问题。

区域经济学领域的研究也有采用 DID 方法的。图 6.6 所示的洪俊杰等(2014)的文章便探讨了区域振兴战略与中国工业空间结构变动；再比如西方经济学领域，余明桂等(2013)的文章也使用了双重差分方法(见图 6.7)。

第 13 卷第 4 期　　　　　经 济 学（季 刊）　　　　Vol. 13，No. 4
2014 年 7 月　　　　　China Economic Quarterly　　　　July，2014

分权增加了民生性财政支出吗？

——来自中国"省直管县"的自然实验

陈思霞　卢盛峰*

摘　要　经典分权理论认为由地方政府提供公共服务与本地居民偏好更加匹配，促进了社会福利。基于"省直管县"自然实验的研究发现：深化分权改革并给予基层政府更大的自主决策权，将显著提高基础建设支出比重，降低教育等民生性服务支出占比。分权引致的"重基建、轻民生性公共服务"的支出倾向在贫困地区更为明显；"省直管县"分权的空间配置效应逐步递减。建立公共服务投入的最低标准并完善问责机制及相关制度是必要的。

关键词　"省直管县"改革，公共支出结构，倍差法

图 6.3　双重差分模型文献 3

《管理世界》（月刊）

2013 年第 1 期

税费改革对农村居民
消费的影响研究*

□汪　伟　艾春荣　曹　晖

摘要：本文以 2000~2009 年分省面板数据作为样本，运用连续型双重差分估计方法研究了税费改革对农村居民消费的影响。研究发现：税费改革对农村居民消费具有显著的刺激效应并且在改革的不同阶段表现出明显的差异，税费改革对消费的影响主要表现在改革的第二阶段，而且税费改革对消费的刺激作用在免除农业税的后续年份表现出较强的持续性。利用城镇样本进行反事实检验进一步印证了我们的结论，而且本文的估计结果对替代性的减税指标、函数形式的设定具有稳健性。分地区估计结果显示，税费改革对人均收入水平低、发展落后的西部地区、农业大省以及非粮食主产省的影响更大，且这种影响表现出阶段性差异。分消费类型来看，税费改革对设备用品及服务支出、交通通讯支出的影响最大。本文的研究结论为政府通过减税来扩大消费需求的政策举措提供了支持证据。

关键词：税费改革　农村居民消费　连续型双重差分估计

图 6.4　双重差分模型文献 4

　　还有金融学领域，肖浩和孔爱国（2014）的文章研究了融资融券对股价特质性波动的影响机理（见图 6.8），许红伟和陈欣（2012）的文章对我国推出融资融券交易对标的股票定价效率影响进行了研究（见图 6.9），李科等（2014）的文章研究了卖空限制与股票错误定价（见图 6.10），都是采用 DID 方法开展的研究。

　　举了这么多例子就是想告诉大家，不同的专业领域，不同的政策机遇，都可以使用 DID 方法进行研究。大家在日常科研生活中，一定要善于发现研究领域内的各类政策改革，广泛阅读梳理现有的政策评估类文章，发现新的角度推进研究。

富豪榜会影响企业会计信息质量吗？*

——基于政治成本视角的考察

□叶　青　李增泉　李光青

摘要：本文利用上市公司实际控制人首次登上"胡润百富榜"这一具有"自然实验"性质的事件，实证考察了上榜引起的政治成本上升对于公司会计信息质量具有何种影响。我们预期，富豪公司在上榜后将理性地选择"低调"行事，通过降低会计信息质量，以尽量规避或减轻公众关注所带来的政治成本。通过对比匹配样本和运用双重差分模型，我们发现，与上榜前相比，富豪公司在上榜之后、相对于非富豪公司其会计信息质量确有显著下降。并且，这种下降在具有原罪嫌疑因而政治成本上升更为剧烈的子样本中表现尤为明显。本文的研究对理解新兴市场国家中政治成本如何影响公司的会计信息生产过程具有启发意义。并且，本文的富豪榜情境表明，公众负面关注的压力与追溯企业家原罪的威胁也可能是构成政治成本的来源，从而增进和丰富了人们对于政治成本的理论内涵的理解。此外，本文在研究设计与研究结论的一般性方面对相关文献亦有改进与拓展。

关键词：胡润百富榜　政治成本　会计信息质量

图 6.5　双重差分模型文献 5

区域振兴战略与中国工业空间结构变动*

——对中国工业企业调查数据的实证分析

洪俊杰　刘志强　黄　薇

内容提要：基于 1998—2007 年间年均 222650 家中国工业企业调查的面板数据，本文运用双重差分内差分方法研究了区域振兴战略对我国工业空间结构变动的影响。研究表明，运输基础设施、税收和其它区域振兴政策对我国工业空间分布有着显著影响，欠发达地区的实际税率降低 10%、人均道路面积增加 10%，则当地工业产出占全国的比重分别提高 0.8% 和 0.5%；但这两项政策对不同产业的影响存在差异，税收政策影响的行业范围更为广泛。进一步研究发现，东部地区仍然拥有道路基础设施和税收等政策优势，工业主要集中在东部地区的事实没有根本性变化，但 2004 年以后有比较缓慢的向中西部转移的趋势。中部崛起战略促进了中部省份承接东部地区转移的工业，特别是劳动力密集型产业，西部大开发战略对促进资源密集型产业在该地区的发展有一定效果，而东北振兴战略的效果较弱。为了实现区域经济的协调可持续发展，中国政府应该在税收、基础设施建设等方面加大对欠发达地区的支持力度。

关键词：集聚经济　工业空间布局　区域振兴战略

图 6.6　双重差分模型文献 6

接下去进一步介绍 DID 方法的基本思想。DID 方法也就是双重差分方法，该方法基于政策改革的"准自然实验"，将研究对象随机地分成两组：处理组和对照组。其中，受到政策影响的是处理组，没有受到政策影响的是对照组。为了估计政策效应，需要比较处理组在政策发生前后的变化，但是需要注意的是，此时得到的这种变化并不一定全部是由政策改革带来的，也有可能是时间效应所致，也就是说，这种变化中可能包含了除政策影响外的另外一部分，这一部分即便没有政策因素，处理组也会随着时间变动而发生变化。所以，为了剔除这种随着时间变动的影响，我们引入对照组，由于对照组不会受到政策的影响，因而对照组在政策实施前后发生的变化，就是由于时间效应而带来的变化。我们使用对照组的这一变

民营化、产权保护与企业风险承担*

余明桂 李文贵 潘红波

内容提要:本文检验民营化能否促进企业在投资决策中承担更多的风险。以 1998—2011 年 A 股上市公司为样本,使用双重差分模型,检验结果发现,国有企业在民营化后风险承担水平显著提高。文章进一步检验了在产权制度和契约制度不同的地区,民营化的风险承担效应的差异。结果发现,在契约制度不同的地区,民营化的这种风险承担效应没有显著差异,而在产权制度更好的地区,民营化的风险承担效应显著更强。本文不仅从民营化的视角为风险承担提供了新的解释,同时也为不同产权保护制度的作用提供了微观层面的新证据。此外,本文的研究结果有助于澄清有关"国进民退"的争议,并对进一步深化国有企业的民营化以及完善民营企业产权保护具有重要的政策含义。

关键词:民营化 产权保护 契约制度 企业风险承担

图 6.7 双重差分模型文献 7

融资融券对股价特质性波动的影响机理研究:基于双重差分模型的检验*

□ 肖 浩 孔爱国

摘要:本文基于双重差分模型检验了融资融券对股价特质性波动的影响及其机理。研究发现,融资融券交易降低了标的证券股价特质性波动,但这一影响是通过降低标的证券的噪音交易、提升信息传递速度、降低公司盈余操纵以及降低投资者之间的信息不对称程度来实现。以上结果表明,融资融券业务降低了股价特质性波动的非信息效率因素。此外,本文发现,融资融券对公司盈余操纵的影响只有在业务开通时的瞬间效应而无持续效应,这表明卖空机制对公司的外部治理作用有待改善。

关键词:融资融券 股价特质性波动 噪音 盈余管理 双重差分模型

图 6.8 双重差分模型文献 8

化来剔除处理组中的时间效应,就能够估计得到处理组的政策效应。这就是双重差分方法的基本思想。

6.1.2 双重差分模型介绍 2

通常情况下,我们可以采用三种方式来理解 DID 方法,这三种方式分别是表格法、画图法和回归法。一般情况下,最终我们会通过回归法来识别政策效应。

首先,介绍表格法。第一步,需要分别计算处理组和对照组在政策发生前后结果变量的均值。第二步,用处理组政策发生后的均值减去政策发生前的均值得到处理组政策发生前后的变化,对照组也进行同样的操作,得到对照组在政策发生前后的变化,结合上一小节介绍的内容,我们知道对照组的这一变化是由于时间效应的存在而对结果变量造成的影响。最后一步,我们用处理组的变化减去对照组的变化,剔除掉时间效应,就可以得到政策效应,两次相减的过程就体现了双重差分的思想。

我国推出融资融券交易促进了标的股票的定价效率吗？[*]

——基于双重差分模型的实证研究

□许红伟　陈　欣

摘要：基于双重差分(DID)模型,本文研究了我国融资融券试点对股票定价效率和收益率分布的影响,发现其仅在少数指标上有一定积极作用,总体上效果仍然相当有限,为现有文献争议和后续政策完善提供了新的经验证据。具体来说,融资融券试点1年内:(1)对定价效率的改善仍然较弱,标的股票价格的负面信息含量和对市场向下波动的调整速度变化均不明显;(2)能够显著减少股价暴跌概率,对抑制暴涨却几乎没有影响,最终只起到了"单向缓冲器"作用;(3)仅能显著降低含H股、高市值、低换手率和低市盈率股票的偏度,对改善收益率的尖峰现象则没有起到积极作用。结合市场实际运行情况,本文认为融资融券这一机制创新没有完全发挥功能的主要原因在于诸多交易限制,并提出了相应的政策建议。

关键词：卖空机制　融资融券　定价效率　收益率分布　双重差分模型

图 6.9　双重差分模型文献 9

卖空限制与股票错误定价[*]

——融资融券制度的证据

李　科　徐龙炳　朱伟骅

内容提要：最近中国资本市场融资融券制度的建设为微观上实证检验卖空限制对股票价格实际影响提供了理想的研究背景。本文利用自然实验——白酒行业"塑化剂事件",研究卖空限制对股票错误定价的影响。我们根据股票卖空限制的性质构建对冲投资组合,实证结果显示投资策略取得了 0.5% 的平均日超额收率,1.5% 的标准差和 33% 的日夏普比率,表明投资组合具有很高的超额收益,但风险很低。进一步的回归分析发现卖空限制导致了不能被卖空的股票被严重高估,股票基础价值的变化不能解释高估的股价。本文的研究结果表明卖空限制导致了股价高估,融资融券制度等做空机制有助于矫正高估的股价,提高市场定价效率。本文将卖空限制与事件驱动相结合,设计了能产生显著超额收益的对冲交易策略。

关键词：卖空限制　错误定价　交易策略　融资融券

图 6.10　双重差分模型文献 10

接下来,我们通过表 6.1 来进一步讲解。在表 6.1 中,Group 1 是处理组,Group 2 是对照组。$E(Y_{t1})$ 表示处理组在政策发生前的结果变量均值,$E(Y_{t2})$ 表示处理组在政策发生后的结果变量均值；$E(Y_{c1})$ 表示对照组在政策发生前的结果变量均值,$E(Y_{c2})$ 表示对照组在政策发生后的结果变量均值；$\Delta Y_t = E(Y_{t2}) - E(Y_{t1})$ 表示处理组在政策发生前后结果变量均值的差分,$\Delta Y_c = E(Y_{c2}) - E(Y_{c1})$ 表示对照组在政策发生前后结果变量均值的差分；$\Delta\Delta Y =$

ΔY_t-ΔY_c 就是用处理组在政策发生前后结果变量均值的差减去对照组在政策发生前后结果变量均值的差,因为这个过程中有两次差分,所以叫双重差分。这个 $\Delta\Delta Y$ 就是我们关注的政策效应。

表 6.1 表格法

分组	政策前	政策后	差分
Group 1(Treat)	$E(Y_{t1})$	$E(Y_{t2})$	$\Delta Y_t = E(Y_{t2}) - E(Y_{t1})$
Group 2(Control)	$E(Y_{c1})$	$E(Y_{c2})$	$\Delta Y_c = E(Y_{c2}) - E(Y_{c1})$
差分			$\Delta\Delta Y = \Delta Y_t - \Delta Y_c$

其次,介绍画图法。在图 6.11 中,上方的曲线是对照组结果变量随时间变动的轨迹,下方的曲线是处理组结果变量随时间变动的轨迹。政策发生的时点为 $T=1$,我们要估计的是政策发生前后结果变量发生了多大的变化。与表格法一样,$E(Y_{t1})$ 表示处理组政策发生前的结果变量均值,$E(Y_{t2})$ 表示处理组政策发生后的结果变量均值,$\Delta Y_t = E(Y_{t2}) - E(Y_{t1})$ 就是处理组政策发生前后结果变量均值的差值,$\Delta Y_c = E(Y_{c2}) - E(Y_{c1})$ 是对照组政策发生前后结果变量均值的差值,那么,$\Delta Y_t - \Delta Y_c$ 就是剔除了时间效应之后的政策效应。

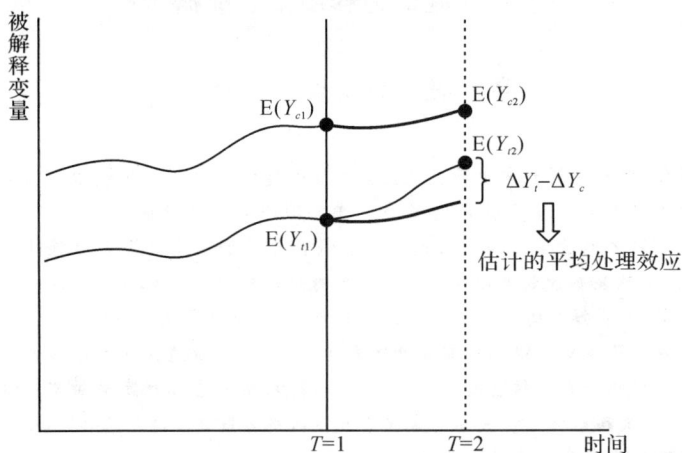

图 6.11 画图法 1

通过这一曲线图可以发现,结果变量的数值高低是不重要的,重要的是它的变化方向以及变化的大小。我们使用这一方法还要特别注意的一点是共同趋势假定,什么是共同趋势?就是指在政策发生前,对照组和处理组的结果变量呈现出共同的变化趋势,只有满足这一假定,才能使用对照组来模拟处理组未受到政策冲击的时间效应。在图 6.11 中,可以看到 $T=1$ 之前的两条曲线,趋势是一致的,这就是满足共同趋势假定的。

那如果不满足这个前提假定,会有什么影响呢?我们还是以刚才的曲线图为例,如

图 6.12所示,假设不满足共同趋势假定,处理组在政策发生后变动轨迹最终会如虚线所示。要是还采用对照组去模拟处理组,就会导致政策效应被高估。所以,要准确地评估政策实施效果,就必须满足共同趋势的前提假定。

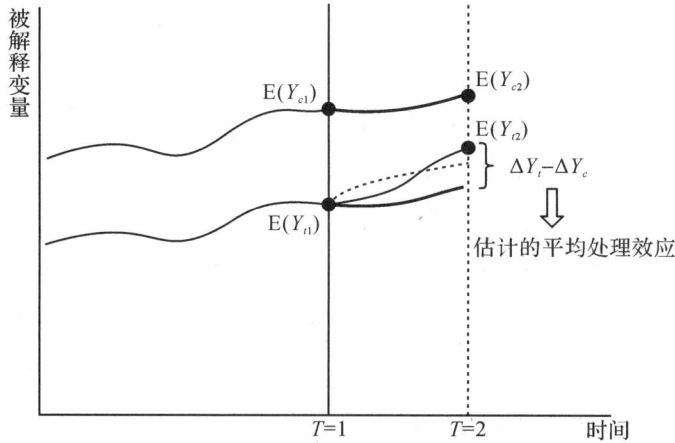

图 6.12　画图法 2

再次,介绍回归法。我们考虑"两组两期"的回归模型,"两组"就是指处理组和对照组,"两期"就是指政策发生前和政策发生后,设定的模型为 $Y_{it}=\beta_0+\beta_1 treat_i+\beta_2 P_t+\beta_3 treat_i \times P_t+\varepsilon_{it}$。其中,$Y_{it}$ 是被解释变量;$treat_i$ 是组别虚拟变量,如果个体属于处理组,则 $treat_i=1$,如果个体属于对照组,则 $treat_i=0$;P_t 是时间虚拟变量,政策实施之后 $P_t=1$,否则 $P_t=0$。系数 β_3 的大小和方向就反映了政策效应。

我们再使用表格的方式来说明,为什么 β_3 就能反映政策效应? 如表 6.2 所示,我们取 $treat_i=1$、$P_t=0$,就可以得到处理组在政策实施前的结果变量均值为($\beta_0+\beta_1$);令 $treat_i=1$、$P_t=1$,就能得到处理组在政策实施后的结果变量均值,等于($\beta_0+\beta_1+\beta_2+\beta_3$)。那么处理组在政策实施前后结果变量均值的差就是 $\Delta Y_t=\beta_2+\beta_3$。同样的道理,我们令 $treat_i=0$、$P_t=0$,就得到对照组在政策实施前的结果变量均值为 β_0;令 $treat_i=0$、$P_t=1$,就得到对照组在政策实施后的结果变量均值为($\beta_0+\beta_2$)。两者的差值就是对照组在政策实施前后结果变量的变化:$\Delta Y_c=\beta_2$。衡量政策效应的 $\Delta\Delta Y$ 就等于 ΔY_t 减去 ΔY_c,我们可以很清晰地看到,$\Delta\Delta Y=\beta_3$。所以,β_3 的大小和方向反映了双重差分政策效应,β_2 的大小和方向反映了双重差分时间效应。

表 6.2　回归法

分组	政策前	政策后	差分
Group 1(Treat)	$\beta_0+\beta_1$	$\beta_0+\beta_1+\beta_2+\beta_3$	$\Delta Y_t=\beta_2+\beta_3$
Group 2(Control)	β_0	$\beta_0+\beta_2$	$\Delta Y_c=\beta_2$
差分			$\Delta\Delta Y=\beta_3$

通过上述三种方法的讲解，相信大家对双重差分模型有了一定的了解。那么，我们为什么最终会采用第三种方法，即回归法来估计政策效应，而不是采用表格法和画图法呢？主要是因为回归法具备很多其他两种方法所不具备的优点：

第一，回归法能够计算政策效应的标准误和显著性。

第二，在回归过程中可以控制其他影响被解释变量的变量。

第三，回归法允许包含多期数据，能够使结果更加准确。

第四，在评估政策时，回归法还可以将政策强度考虑在内，例如，研究关税政策变动的影响时，就可以在模型的交互项系数前乘以关税税率变动的大小，这样就能更加具体地识别出该政策的影响效果。

6.1.3 双重差分模型介绍 3

截至目前，我们一直在讲的都是"两组两期"的 DID 模型。但是，现实中，很多政策的实施都是渐进式的，通常会有试点区，然后再逐步推广至其他地区，那么针对这种情况，我们就需要构造"两组多期"的 DID 模型和"多组多期"的 DID 模型。

我们只要对"两组两期"的 DID 模型进行一个小的修正即可设定"两组多期"的 DID 模型，即将单独项 P_t 改为 λ_t，修正后的模型为 $Y_{it} = \beta_0 + \beta_1 treat_i + \beta_2 treat_i \times P_t + \lambda_t + \varepsilon_{it}$。其中，$P_t$ 是时间虚拟变量，政策实施之后 $P_t = 1$；λ_t 是时间效应；$treat_i$ 是组别虚拟变量，如果个体属于处理组，则 $treat_i = 1$，如果个体属于对照组，则 $treat_i = 0$。

"多组多期"的 DID 模型多于两个时期，且多于两个分组，此时该如何设定虚拟变量？我们只要对两组多期的 DID 模型进行一个小的修正即可，即将 $treat_i$ 用 u_s 替代，$treat_i \times P_t$ 用 D_{st} 替代即可。经过这样的简单替换，"多组多期"的 DID 模型就可以设定为 $Y_{ist} = \beta_1 D_{st} + \beta_2 X_{ist} + u_s + \lambda_t + \varepsilon_{it}$。需要注意的是，"两组两期"时，变量的下标只有两个，i 和 t，i 是个体，t 是时间，但是在"多组多期"模型中，下标有三个，除了 i 和 t，还多了一个 s，这个 s 表示组别。模型中的 u_s 就是多组的固定效应，λ_t 就是多期的时间效应，D_{st} 则是一个虚拟变量，表示组别 s 在 t 时，是否受到政策的影响，如果受到政策的影响则为 1，否则为 0。

特别值得一提的是，在现有的政策性评估文章中，除了以上"两组两期"的 DID 模型、"两组多期"的 DID 模型和"多组多期"的 DID 模型外，我们也不时看到控制个体效应的 DID 模型，这些模型通常设定为 $Y_{it} = \beta_1 P_t \times treat_i + u_i + \lambda_t + \varepsilon_{it}$。其中，$u_i$ 是个体效应；λ_t 是时间效应；P_t 为政策实施时间的虚拟变量，政策实施后取值为 1，政策实施前取值为 0；$treat_i$ 是组别虚拟变量，如果个体属于处理组，则 $treat_i = 1$，如果个体属于对照组，则 $treat_i = 0$。

那么，这种控制个体效应的 DID 模型设定是不是也体现了双重差分的思想？交互项前面的系数是不是也反映了政策效应的大小?

如果政策发生前后,处理组和对照组中的个体个数没有发生变化,那么在方程中加入个体效应,就可以估计出处理组和对照组中的所有个体效应。在两次相减的过程中,个体效应就会抵消,所以此时 β_1 仍然能够反映政策效应,这种情况下,控制个体效应的 DID 模型就是可行的,否则,就不能真正地识别政策效应。

以上介绍的"两组两期"的 DID 模型、"两组多期"的 DID 模型、"多组多期"的 DID 模型、控制个体效应的 DID 模型等四种 DID 模型在政策性评估的经验研究中非常实用,值得用心体会。

6.1.4 使用 DID 方法需要注意的若干问题

经过之前的学习,相信大家对于双重差分方法的基本思想和双重差分模型的设定有了一定的理解和掌握,那么在使用 DID 方法的过程中,有哪些需要注意的地方呢? 这就是本节将要介绍的内容。

首先,DID 方法不仅能够估计出政策效应,而且还能识别出组别固定效应和时间效应。

其次,双重差分模型反映的是政策冲击的"即时效应",也就是在政策发生时可能带来的平均效应是多少,但是有时候政策冲击具有滞后效应,今年实施的政策,可能明年或者更之后的年份才能展现出效果,那如何衡量滞后效应呢? 通常情况下可以把 D_{it} 作为滞后一期,来估计政策冲击的平均效应。所以在科研实践中,如果某一政策不存在即时效应,一定要尝试考察是否存在滞后效应。

再次,需要注意之前反复强调的,就是共同趋势的前提假设。使用 DID 方法,必须要保证处理组和对照组在政策实施前的时间趋势是一致的,这个假设只能通过足够长的时间序列数据才能检验,所以必须要保证对照组和处理组在政策发生之前至少有两期的数据。如果不满足共同趋势的假定,那么估计得到的交互项系数就可能存在偏误。

除了共同趋势检验,在 DID 方法中还有一项重要的必不可少的检验——安慰剂检验。笔者认为,共同趋势检验是一种安慰剂检验,但反过来不成立,因为安慰剂检验还包括除共同趋势检验以外的其他检验。在现有的政策性评估文章中,有很多种进行安慰剂检验的方法。具体如下所述。

第一种,可以采用政策发生之前的数据。将政策实施前的除第一年之外的所有年份"人为地"设定成为处理组的政策实施年份,然后根据 DID 模型逐年回归。当所有回归中的交互项系数都不显著时,说明通过了安慰剂检验,表明之前识别的政策平均效应是可靠的,否则就是不可靠的。如果政策实施前有 n 年数据,那么就要做 $n-1$ 次上述回归。

第二种,可以"人为地"随机选择政策实施对象(处理组),然后使用全样本做 DID 回归。如果交互项系数不显著,则判断政策对随机选择的处理组都不存在政策效应,可以进一步证明之前识别的政策平均效应结果是可靠稳健的。

第三种,改变被解释变量,通常选择理论上不受政策影响的其他变量,保持真实的对照组和处理组、真实的政策实施时间,重新进行 DID 回归,理想的结果是,该政策的实施对其他被解释变量都不存在政策效应。

可以说,DID 方法最难的部分就是安慰剂检验,如果安慰剂检验不通过,那么双重差分模型得到的结果就不具有说服力,大家在科研实践中一定要多加注意。

下面我们再来考虑一下共同趋势的前提假设,如果我们选择的对照组和处理组确实不满足共同趋势的假定,那么这个研究是不是就不能做了? 有没有什么解决方法?

答案自然是有的,有两种解决思路。

第一种思路,是去寻找一个更好的对照组。怎么找? 既然找不到真实的对照组,那我们就尝试构造一个虚拟的对照组,这时候我们就要用到合成控制法,即寻找多个对照组并把多个对照组加权来构成一个虚拟的新的对照组,使得虽然每个对照组都与处理组的时间趋势不一样,但加权后的虚拟对照组的时间趋势与处理组的一样,这样虚拟对照组与处理组就满足了共同趋势的前提假定,这种方法常用于案例分析中。事实上,合成控制法已经被各国学者广泛使用,Abadie 和 Gardeazabal(2003)利用西班牙其他地区的组合来模拟没有恐怖活动的巴斯克地区的潜在经济增长,进而估计恐怖活动对巴斯克地区经济的影响。Abadie 等(2010)用同样的方法研究加州的控烟法对烟草消费的影响,他们利用其他州的数据加权模拟了加州在没有该法案时的潜在烟草消费水平。王贤彬和聂海峰(2010)利用合成控制法将全国其他省份作为对照组的集合,分析了重庆 1997 年被划分为直辖市对相关地区经济增长的影响。余静文和王春超(2011)研究了海峡两岸关系演进对福建省经济发展的影响。

第二种思路,是估算出因为时间趋势不同而带来的偏差,然后从双重差分结果中减去这个偏差即可。这种方法被称作三重差分方法(difference-in-differences-in-differences,DDD)。三重差分方法的思路是,既然两个地区的时间趋势不一样,那么我们可以分别在两个地区寻找一个没有受到干预影响的人群或行业,通过对这两组的双重差分进行估算,估算出时间趋势的差异,然后再从原来实验组和对照组的双重差分估算值中减去这个时间趋势差异。

6.2 双重差分模型操作部分

6.2.1 双重差分模型的 Stata 操作 1

下面,我们通过一个实践操作的案例来讲解双重差分模型的基本步骤和程序。这个经典案例是 Card 和 Krueger(1994)的文章,在文章中 Card 和 Krueger 研究了最低工资调整对就业的影响。文章以快餐业为考察对象,处理组和对照组分别为新泽西州和宾夕法尼亚州。

为什么选择快餐业? 因为快餐业属于低技能行业,此类行业的从业人员对于最低工资反应更为强烈,但是对高技术行业从业人员来说,他们对于最低工资就不是很敏感。

文章选择的政策事件背景是:从 1992 年 4 月 1 日起,新泽西州最低工资由 4.25 美元/小时上升到 5.05 美元/小时,而宾夕法尼亚州最低工资则保持不变。Card 和 Krueger 收集了两个州在政策实施前后快餐业就业人数的数据。因此,新泽西州的快餐业就是处理组,而宾夕法尼亚州的快餐业则为对照组。

新泽西州是一个相对小的州,选择临近州作为对照组可以尽量避免其他因素的干扰。在 1992 年 2 月到 3 月,新泽西州有 331 家快餐店,宾西法尼亚州有 79 家。1992 年 4 月 1 日新泽西州实施最低工资改革,在 1992 年 11 月到 12 月,新泽西州有 321 家快餐店(5 家关停,1 家转移,4 家暂时停业),而宾西法尼亚州有 78 家快餐店(1 家关停)。

按照前面所讲的,我们可以设定双重差分模型来研究最低工资调整对就业的影响。正确使用双重差分模型,首当其冲的便是要确定组别虚拟变量和时间虚拟变量。对于组别虚拟变量而言,如果是新泽西州($treat$),则 $NJ=1$,否则 $NJ=0$;对于时间虚拟变量而言,如果是 1992 年 4 月 1 日之后($post$),则 $after=1$,否则 $after=0$。

文章也绘制出了政策实施前后的趋势图,如图 6.13 所示,可以看到,粗黑虚线代表新泽西州,粗黑实线代表宾夕法尼亚州,从图中我们可以判断存在着显著的政策效应。

双重差分方法要用到的命令是 **diff**,这一命令需要安装,使用以下命令进行安装:

ssc install diff

成功安装 **diff** 命令的页面如图 6.14 所示,可以使用 **help diff** 查看该命令的具体用法。需要注意的是,**diff** 这个命令只能用于"两组两期"的情况。Villa(2012)在文章中提出了这一命令。

如图 6.15 所示,**diff** 这一命令的基本格式如下:

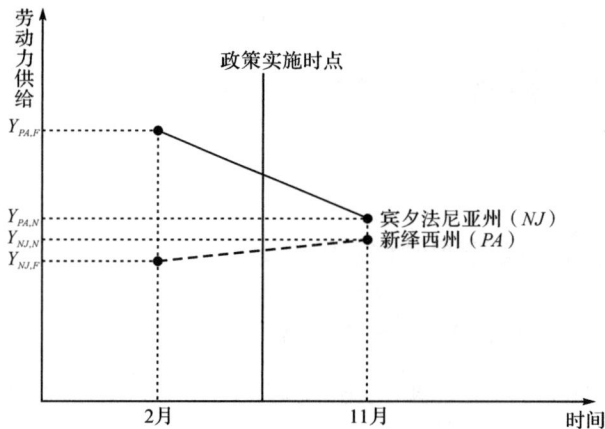

图 6.13　政策实施前后的趋势

```
. ssc install diff
checking diff consistency and verifying not already installed...
installing into c:\ado\plus\...
installation complete.
```

图 6.14　成功安装 diff 命令的示意

diff *outcome_var*，**period**(*varname*) **treated**(*varname*)

其中，*outcome_var* 是被解释变量，必选项"**period**(*varname*)"用来指定实验期虚拟变量，必选项"**treated**(*varname*)"用来指定处理变量，还有部分选择项。

```
diff outcome_var [if] [in] [weight], period(varname) treated(varname)
  [cov(varlist) kernel id(varname) bw(#) ktype(kernel) rcs qdid(quantile)
  pscore(varname) logit support addcov(varlist) cluster(varname) robust
  bs reps(int) test report nostar export(filename)]
```

图 6.15　diff 命令的基本格式

双重差分模型的设定为：$outcome\_var_{it} = \beta_0 + \beta_1 period_t + \beta_2 treated_i + \beta_3 period_t \times treated_i + e_{it}$。我们之前也已介绍过各参数的含义，通过回归估计出相应系数时，$\hat{\beta}_0$ 表示对照组在政策实施前的平均产出水平，$\hat{\beta}_0 + \hat{\beta}_2$ 表示处理组在政策实施前的平均产出水平，$\hat{\beta}_2$ 表示政策实施前处理组与对照组平均产出水平的差值，$\hat{\beta}_0 + \hat{\beta}_1$ 是对照组在政策实施后的平均产出水平，$\hat{\beta}_0 + \hat{\beta}_1 + \hat{\beta}_2 + \hat{\beta}_3$ 则表示在政策实施后处理组的平均产出水平，$\hat{\beta}_2 + \hat{\beta}_3$ 表示政策实施后处理组与对照组平均产出水平之差。

因此，$\hat{\beta}_3$ 就是我们关注的衡量政策效应的参数，从图 6.16 中也可以看到，政策发生前的差分是 $\hat{\beta}_2$，政策发生后的差分是 $\hat{\beta}_2 + \hat{\beta}_3$，两者的差值就是 $\hat{\beta}_3$。

```
DIFFERENCE-IN-DIFFERENCES ESTIMATION RESULTS
Number of observations in the DIFF-IN-DIFF: #
            Baseline        Follow-up
  Control:  #               #           (total)
  Treated:  #               #           (total)
            (total)         (total)
```

Outcome var.	fte	S. Err.	t	P>|t|
Baseline				
Control	$\hat{\beta}_0$			
Treated	$\hat{\beta}_0 + \hat{\beta}_2$			
Diff (T-C)	$\hat{\beta}_2$			
Follow-up				
Control	$\hat{\beta}_0 + \hat{\beta}_1$			
Treated	$\hat{\beta}_0 + \hat{\beta}_1 + \hat{\beta}_2 + \hat{\beta}_3$			
Diff (T-C)	$\hat{\beta}_2 + \hat{\beta}_3$			
Diff-in-Diff	$\hat{\beta}_3$			

```
R-square:    #.##
* Means and Standard Errors are estimated by linear regression
**Inference: *** p<0.01; ** p<0.05; * p<0.1
```

图 6.16　政策效应的衡量 Villa(2016)

对于 **diff** 命令中的选择项 **cov**(*varlist*)(见图 6.17),这是用来指定其他的控制变量,在括号中加入所有的控制变量名称,并在其后加上 **report** 这一命令,就可以在 Stata 中汇报控制变量的回归结果。选择项"**cluster**(*varname*)"用来设定标准差,**cluster** 是聚类标准误,**robust** 则是稳健标准误。

cov(*varlist*) - Specifies the pre-treatment covariates of the model. These variables are also known as controls or observable characteristics. If we denote $X_{k,i}$ as the kth covariate, diff runs the following regression with this option:

$$outcome\_var_i = \beta_0 + \beta_1 \cdot period_i + \beta_2 \cdot treated_i + \beta_3 \cdot period_i \cdot treated_i + \beta_k \cdot X_{k,i} + e_i$$

The coefficients β_k are not reported in the output table. However, it is possible to request them if option report is specified.

cluster(*varname*) - Calculates clustered standard errors by *varname*.

robust - Calculates robust Std. Errors.

bs - Performs a Bootstrap estimation of coefficients and standard errors. reps(*int*) specifies the number of repetitions when the bs is selected. The default are 50 repetitions.

nostar - Removes the inference stars from the p-values.

图 6.17　diff 命令的选择项 Villa(2012)

另外,还有一个平衡性检验的操作(见图 6.18),这个检验就是比较处理组和对照组在政策发生之前,在控制变量方面是否存在显著性差异,一般来说,如果没有显著性差异,就说明处理组和对照组是高度相似的,是适合使用 DID 方法的。

test - Performs a balancing t-test of difference in means of the specified covariates between the control and treated groups in period == 0. The option test combined with kernel performs the balancing t-test with the weighted covariates. Stata's ttest command is used to estimate the t-statistics and standard errors.

For each variable in cov(varlist), test option runs the command:

ttest cov(varname) if period == 0, by(treated)

When combined with kernel, the differences, t-statistics and standard errors are generated with linear regression.

图 6.18　平衡性检验 Villa(2012)

6.2.2　双重差分模型的 Stata 操作 2

在这一小节,我们将使用 Stata 软件和双重差分模型来复现 Card 和 Krueger 的研究成果。首先,通过 **use cardkrueger1994. dta** 命令调用 cardkrueger1994. dta 数据集,并通过 **sum** 命令可查看各变量的描述性统计情况,通过图 6.19,我们可以看到数据集中共有 8 个变量。

```
sum

    Variable |        Obs        Mean    Std. Dev.        Min        Max

          id |        820    246.5073    148.1413          1        522
           t |        820          .5    .5003052          0          1
     treated |        820    .8073171    .3946469          0          1
         fte |        801    17.59457    9.022517          0         80
          bk |        820    .4170732    .4933761          0          1

         kfc |        820     .195122    .3965364          0          1
        roys |        820    .2414634    .4282318          0          1
      wendys |        820    .1463415    .3536639          0          1
```

图 6.19　在 Stata 中使用 sum 命令后的窗口示意

接着我们使用之前介绍的 **diff** *fte*, **t**(*treated*) **p**(*t*)命令来进行双重差分模型估计,这个命令中没有加入控制变量。

然后我们能够得到双重差分的估计结果,从图 6.20 中可以看到,在政策实施前,处理组和对照组的差值是-2.884,政策实施后,处理组与对照组的差值是 0.030,政策后的差值 0.030 减去政策前的差值-2.884,得到的 2.914 就是双重差分估计的系数,这一系数 p 值为 0.071,在 10%的显著性水平下通过了检验。这里大家还要注意的是,政策实施前处理组是 326 家企业,但是政策实施后就是 320 家企业,所以这是个非平衡面板数据。

除了 **diff** 命令,我们也可以使用 OLS 来实现对这一模型的估计,使用 OLS 方法需要生成交互项,具体的命令是:**gen** *treatedt*=*treated* * *t*,然后按照双重差分模型的设定进行 OLS 估计,命令是 **reg** *fte treated t treatedt*,回归结果如图 6.21 所示,可以看到与前面使用 **diff** 命令得到的结果完全相同。

```
. diff fte, t(treated) p(t)

DIFFERENCE-IN-DIFFERENCES ESTIMATION RESULTS
Number of observations in the DIFF-IN-DIFF: 801
              Before          After
   Control: 78             77          155
   Treated: 326            320         646
              404          397
```

Outcome var.	fte	S. Err.	|t|	P>|t|
Before				
Control	19.949			
Treated	17.065			
Diff (T-C)	-2.884	1.135	-2.54	0.011**
After				
Control	17.542			
Treated	17.573			
Diff (T-C)	0.030	1.143	0.03	0.979
Diff-in-Diff	2.914	1.611	1.81	0.071*

```
R-square:    0.01
* Means and Standard Errors are estimated by linear regression
**Inference: *** p<0.01; ** p<0.05; * p<0.1
```

图 6.20　在 Stata 中使用 diff 命令后的窗口示意

```
. gen treatedt = treated*t

. reg fte treated t treatedt

    Source       SS           df       MS        Number of obs  =      801
                                                 F(3, 797)      =     2.15
     Model   524.003099        3    174.6677     Prob > F       =   0.0919
  Residual   64600.6458      797  81.0547626     R-squared      =   0.0080
                                                 Adj R-squared  =   0.0043
     Total   65124.6489      800  81.4058111     Root MSE       =    9.003

      fte      Coef.    Std. Err.      t     P>|t|    [95% Conf. Interval]

   treated  -2.883534   1.134812    -2.54   0.011   -5.111107   -.6559608
         t   -2.40651   1.446314    -1.66   0.097   -5.245544    .4325237
  treatedt   2.913982   1.610513     1.81   0.071   -.2473667    6.075331
     _cons   19.94872   1.019394    19.57   0.000     17.9477    21.94973
```

图 6.21　在 Stata 中使用 OLS 命令后的窗口示意

接下来我们来做几个测试,首先我们考虑不同标准误的情况,使用 OLS 估计做双重差分模型时,我们可以通过命令末尾的 cluster()选项来设定不同的标准差,**cluster(*treated*)**是在组别层面上聚类,**cluster(*id*)**是在企业层面上进行聚类,那么这两个命令得到的结果是否一样?

其次我们考察加入个体效应的情形。**xi:*reg fte treatedt t i.id treated*** 这个命令就是在我们所讲的典型 DID 模型设定中直接加入了个体效应。除此之外,我们在前文也介绍过,还有另外一种设定双重差分模型的方法,就是直接使用企业的个体效应,对应的命令是 **xi:*reg fte treatedt t i.id***。那么这两个命令得到的结果又是否一致呢?

我们首先运行一下控制个体效应的 **xi：*reg fte treatedt t i.id*** 命令，结果呈现在图 6.22 中，交互项前的系数是 2.963，回想一下我们之前估计得到的结果是 2.914，那么这个结果为什么不一样？原因就是这个数据集是非平衡面板数据，因为政策实施前后对照组和处理组的个体是不一样的，控制个体效应，所控制的个体是不同的，就会导致结果的不同。所以如果是平衡面板数据，这两种方式得到的结果就是一致的。

```
. set matsize 3000

. xi: reg fte treatedt t i.id
i.id              _Iid_1-522         (naturally coded; _Iid_1 omitted)
```

Source	SS	df	MS		Number of obs	=	801
					F(410, 390)	=	3.18
Model	50112.9815	410	122.226784		Prob > F	=	0.0000
Residual	15011.6673	390	38.4914547		R-squared	=	0.7695
					Adj R-squared	=	0.5272
Total	65124.6489	800	81.4058111		Root MSE	=	6.2041

fte	Coef.	Std. Err.	t	P>|t|	[95% Conf. Interval]	
treatedt	2.963228	1.116754	2.65	0.008	.7676178	5.158839
t	-2.506821	1.003157	-2.50	0.013	-4.479092	-.5345496
_Iid_2	-22.75	6.204148	-3.67	0.000	-34.94776	-10.55224
_Iid_3	-25.5	6.204148	-4.11	0.000	-37.69776	-13.30224
_Iid_4	-17.5	6.204148	-2.82	0.005	-29.69776	-5.302239
_Iid_5	-13	6.204148	-2.10	0.037	-25.19776	-.8022393
_Iid_6	-31	6.204148	-5.00	0.000	-43.19776	-18.80224
_Iid_8	-8.228204	7.602512	-1.08	0.280	-23.17524	6.718831
_Iid_9	-11.5	6.204148	-1.85	0.065	-23.69776	.6977607
_Iid_10	-11.75	6.204148	-1.89	0.059	-23.94776	.4477607

图 6.22　在 Stata 中使用 xi：reg *fte treatedt t i.id* 命令后的窗口示意

接着运行典型 DID 模型设定中直接加入个体效应的 **xi：reg *fte treatedt t i.id treated*** 命令，结果呈现在图 6.23 中，可以发现，交互项前的系数为 2.943，也与 2.914 存在差异，而与 2.963 也存在区别的原因是在回归中加入了组别变量 *treated*。

```
. xi: reg fte treatedt t i.id treated
i.id              _Iid_1-522         (naturally coded; _Iid_1 omitted)
```

Source	SS	df	MS		Number of obs	=	801
					F(411, 389)	=	3.16
Model	50114.6035	411	121.933342		Prob > F	=	0.0000
Residual	15010.0454	389	38.586235		R-squared	=	0.7695
					Adj R-squared	=	0.5260
Total	65124.6489	800	81.4058111		Root MSE	=	6.2118

fte	Coef.	Std. Err.	t	P>|t|	[95% Conf. Interval]	
treatedt	2.942513	1.122684	2.62	0.009	.7352249	5.1498
t	-2.490132	1.007684	-2.47	0.014	-4.47132	-.508943
_Iid_2	-22.75	6.211782	-3.66	0.000	-34.96287	-10.53713
_Iid_3	-25.5	6.211782	-4.11	0.000	-37.71287	-13.28713
_Iid_4	-17.5	6.211782	-2.82	0.005	-29.71287	-5.287133
_Iid_5	-13	6.211782	-2.09	0.037	-25.21287	-.7871331
_Iid_6	-31	6.211782	-4.99	0.000	-43.21287	-18.78713
_Iid_8	-8.22619	7.611872	-1.08	0.280	-23.19175	6.739368
_Iid_9	-11.5	6.211782	-1.85	0.065	-23.71287	.7128669
_Iid_10	-11.75	6.211782	-1.89	0.059	-23.96287	.4628669

图 6.23　在 Stata 中使用 xi：reg *fte treatedt t i.id treated* 命令后的窗口示意

我们进一步测试聚类到不同层面的估计结果。首先是聚类到组别层面的结果，使用 **reg** *fte treatedt t treated*，**cluster**(*treated*)命令进行估计，如图 6.24 所示，交互项前的系数是 2.914。再查看一下聚类到个体层面的结果，使用 **reg** *fte treatedt t treated*，**cluster**(*id*)命令进行估计，如图 6.25 所示，也为 2.914，系数保持一致，但是显著性存在差异，聚类到组别层面的显著性更好一些。一般而言，使用 DID 方法估计时，需要使用聚类标准误，这一点也是需要注意的一点。

```
. reg fte treatedt t treated, cluster(treated)

Linear regression                               Number of obs   =        801
                                                F(0, 1)         =          .
                                                Prob > F        =          .
                                                R-squared       =     0.0080
                                                Root MSE        =      9.003

                           (Std. Err. adjusted for 2 clusters in treated)

                          Robust
         fte      Coef.   Std. Err.      t     P>|t|    [95% Conf. Interval]

    treatedt   2.913982   6.71e-14   4.3e+13   0.000   2.913982    2.913982
           t   -2.40651   6.33e-14  -3.8e+13   0.000   -2.40651    -2.40651
     treated  -2.883534   3.61e-14  -8.0e+13   0.000  -2.883534   -2.883534
       _cons   19.94872   3.55e-14   5.6e+14   0.000   19.94872    19.94872
```

图 6.24　在 Stata 中使用 reg *fte treatedt t treated*，**cluster**(*treated*)命令后的窗口示意

```
. reg fte treatedt t treated, cluster(id)

Linear regression                               Number of obs   =        801
                                                F(3, 408)       =       1.89
                                                Prob > F        =     0.1305
                                                R-squared       =     0.0080
                                                Root MSE        =      9.003

                          (Std. Err. adjusted for 409 clusters in id)

                          Robust
         fte      Coef.   Std. Err.      t     P>|t|    [95% Conf. Interval]

    treatedt   2.913982   1.291448    2.26    0.025    .3752599    5.452705
           t   -2.40651   1.207109   -1.99    0.047   -4.779439   -.0335815
     treated  -2.883534   1.401798   -2.06    0.040   -5.639182   -.1278858
       _cons   19.94872   1.318071   15.13    0.000    17.35766    22.53978
```

图 6.25　在 Stata 中使用 reg *fte treatedt t treated*，**cluster**(*id*)命令后的窗口示意

　　下面，我们把控制变量加入，来看一看双重差分的结果，此时要加入 **report** 命令，才会汇报控制变量的结果。估计命令为 **diff** *fte*，**t**(*treated*) **p**(*t*) **cov**(*bk kfc roys*) **report**，估计结果如图 6.26 所示，可以看到交互项前的系数为 2.935，与之前相比有所增大，而且显著性也由一颗星变为两颗星，结果更好了。

```
. diff fte, t(treated) p(t) cov(bk kfc roys) report
DIFFERENCE-IN-DIFFERENCES WITH COVARIATES

DIFFERENCE-IN-DIFFERENCES ESTIMATION RESULTS
Number of observations in the DIFF-IN-DIFF: 801
              Before        After
   Control: 78        77            155
   Treated: 326       320           646
             404       397
Report - Covariates and coefficients:
```

Variable(s)	Coeff.	Std. Err.	t	P>|t|
bk	0.917	0.889	1.032	0.303
kfc	-9.205	1.006	-9.154	0.000
roys	-0.897	0.967	-0.927	0.354

Outcome var.	fte	S. Err.	|t|	P>|t|
Before				
Control	21.161			
Treated	18.837			
Diff (T-C)	-2.324	1.031	-2.25	0.024**
After				
Control	18.758			
Treated	19.369			
Diff (T-C)	0.611	1.037	0.59	0.556
Diff-in-Diff	2.935	1.460	2.01	0.045**

```
R-square:   0.19
* Means and Standard Errors are estimated by linear regression
**Inference: *** p<0.01; ** p<0.05; * p<0.1
```

图 6. 26　在 Stata 中使用 diff *fte*，t(*treated*) p(*t*) cov(*bk kfc roys*) report 命令后的窗口示意

我们再用 OLS 方法来估计一下加入了控制变量的结果，查看 **treatedt** 的系数和 p 值，估计命令为 **reg *fte treatedt t treated bk kfc roys***，结果呈现在图 6.27 中，可以发现此时的估计结果与使用 **diff** 命令时相同。

```
. reg fte treatedt t treated bk kfc roys
```

Source	SS	df	MS			
Model	12233.2833	6	2038.88054	Number of obs	=	801
Residual	52891.3656	794	66.6138106	F(6, 794)	=	30.61
				Prob > F	=	0.0000
				R-squared	=	0.1878
				Adj R-squared	=	0.1817
Total	65124.6489	800	81.4058111	Root MSE	=	8.1617

fte	Coef.	Std. Err.	t	P>|t|	[95% Conf. Interval]	
treatedt	2.93502	1.460147	2.01	0.045	.0688142	5.801225
t	-2.402678	1.311311	-1.83	0.067	-4.976724	.1713688
treated	-2.323906	1.030692	-2.25	0.024	-4.347109	-.300703
bk	.9168795	.8888416	1.03	0.303	-.8278775	2.661637
kfc	-9.204856	1.005536	-9.15	0.000	-11.17868	-7.231034
roys	-.8970458	.9673853	-0.93	0.354	-2.795981	1.001889
_cons	21.16069	1.141943	18.53	0.000	18.91911	23.40228

图 6. 27　在 Stata 中使用 reg *fte treatedt t treated bk kfc roys* 命令后的窗口示意

最后，我们再做一个平衡检验，来查看各变量在处理组和控制组之间是否存在差异。估计命令为 **diff *fte*，t(*treated*) p(*t*) cov(*bk kfc roys wendys*) test**，估计结果呈现在图 6.28 中。从结果中可以看到，被解释变量在处理组和控制组之间存在显著性差异，但是其余的控制变量的平均效应不存在显著差异,这就说明对照组和控制组的选择是恰当的。那么是什么原因导致被解释变量存在差异？可能是因为其他控制变量没有加进去,也有可能是存在时间效应。

```
. diff fte, t(treated) p(t) cov(bk kfc roys wendys) test
TWO-SAMPLE T TEST

Number of observations (baseline): 404
           Before           After
    Control: 78             -              78
    Treated: 326            -              326
             404            -

t-test at period = 0:
```

Variable(s)	Mean Control	Mean Treated	Diff.	|t|	Pr(|T|>|t|)
fte	19.949	17.065	-2.884	2.44	0.0150**
bk	0.436	0.408	-0.028	0.45	0.6538
kfc	0.154	0.209	0.055	1.09	0.2769
roys	0.218	0.252	0.034	0.62	0.5368
wendys	0.192	0.132	-0.060	1.37	0.1726

```
*** p<0.01; ** p<0.05; * p<0.1
```

图 6.28　在 Stata 中使用平衡性检验命令后的窗口示意

综合以上回归的结果,可以发现,最低工资的提高促进了就业率的提高,按照直觉判断,最低工资提高了,那么厂家就会削减就业机会,雇用更少的人,所以就业率应当是下降的,但是我们实证得到的结论却是相反的,为什么会出现这样的结果？这有可能是因为最低工资改革存在着滞后效应,应当尝试动态计量模型,也有可能是因为对照组选择得不恰当,还有可能是在政策实施之前就业情况就有所调整,所以这一问题还有待进一步探索。

参考文献

Abadie A，Gardeazabal J. The economic costs of conflict：A case study of the basque country[J]. American Economic Review,2003,93(1):113–132.

Abadie A，Diamond A and Hainmueller J. Synthetic control methods for comparative case studies：Estimating the effect of California's tobacco control program[J]. Journal of the American Statistical Association,2010,105(490):493–505.

Card D，Krueger A B. Wages and employment：Minimum a case study of the fast-food industry in New Jersey and Pennsylvania[J]. American Economic Review,1994,84(4):772–93.

Li P，Lu Y，Wang J. Does flattening government improve economic performance? Evidence from China[J]. Journal of Development Economics,2016,123:18–37.

Card D，Krueger A B. Wages and employment：Minimum a case study of the fast-food industry in New Jersey and Pennsylvania[J]. American Economic Review,1994,84 (4):772-93.

Villa J M. diff：Simplifying the estimation of difference-in-differences treatment effects [J]. The Stata Journal,2016,16(1):52-71.

陈思霞,卢盛峰.分权增加了民生性财政支出吗？——来自中国"省直管县"的自然实验[J]. 经济学(季刊),2014(4):1261-1282.

洪俊杰,刘志强,黄薇.区域振兴战略与中国工业空间结构变动——对中国工业企业调查数据的实证分析[J].经济研究,2014(8):28-40.

李科,徐龙炳,朱伟骅.卖空限制与股票错误定价——融资融券制度的证据[J].经济研究, 2014(10):165-178.

汪伟,艾春荣,曹晖.税费改革对农村居民消费的影响研究[J]. 管理世界,2013(1):89-100.

王贤彬,聂海峰.行政区划调整与经济增长[J].管理世界,2010(4):42-53.

肖浩,孔爱国.融资融券对股价特质性波动的影响机理研究:基于双重差分模型的检验[J]. 管理世界,2014(8):30-43,187-188.

许红伟,陈欣.我国推出融资融券交易促进了标的股票的定价效率吗？——基于双重差分模型的实证研究[J].管理世界,2012(5):52-61.

叶青,李增泉,李光青.富豪榜会影响企业会计信息质量吗？——基于政治成本视角的考察[J].管理世界,2012(1):104-120.

余静文,王春超.政治环境与经济发展——以海峡两岸关系的演进为例[J].南方经济,2011 (4):30-39.

余明桂,李文贵,潘红波.民营化、产权保护与企业风险承担[J].经济研究,2013(19): 112-124.

郑新业,王晗,赵益卓."省直管县"能促进经济增长吗？——双重差分方法[J].管理世界, 2011(8):34-44,65.

习　题

6.1　请下载并学习最近五年来发表在国内权威期刊上使用双重差分模型做的经验研究论文。

6.2　请阐述双重差分模型的基本思想。

6.3　请阐述安慰剂检验的方法。

6.4　请根据经典文献,学习使用平行趋势检验以及动态效应图的命令。

6.5　请查找一键生成 λ_{it} 的命令。

6.6　请下载并学习最近五年来发表在国内权威期刊上使用三重差分方法做的经验研究论文。

附　录

Fang H S, Bao Y, Zhang J. Asymmetric reform bonus: The impact of VAT pilot expansion on China's corporate total tax burden[J]. China Economic Review, 2017, (46): S17-S34.

第七章 断点回归设计

除双重差分模型外,断点回归设计(regression discontinuity design,RDD)在政策评估研究中也被广泛应用,是一种很实用的政策评估方法。本章将从理论和操作两个部分对其进行重点介绍,其中理论部分包括断点回归设计理论,操作部分包括断点回归设计的 Stata 操作。

7.1 断点回归设计理论部分

7.1.1 断点回归设计方法

我们将通过一个教育回报问题的例子来介绍断点回归设计方法。在这个例子中,我们感兴趣的问题是,上大学和不上大学对工资薪酬有没有影响? 有多大影响?

假设 Mike 不上大学的工资是 $Y_i(0)$,上大学后能赚到的工资是 $Y_i(1)$,那么 $Y_i(1)-Y_i(0)$ 就是读大学给 Mike 带来的薪酬改变。但是对于研究人员来说,我们只能获得其中的一个数据,比如你拥有大学文凭,那么我们能够观察到你大学毕业后工作的薪酬,但是并不清楚,如果你没有大学文凭,去找工作时能够拿到多少薪酬,也就是说 $Y_i(1)$ 和 $Y_i(0)$ 是不可能同时得到的。

在这个研究中,我们感兴趣的结果是 $E[Y_i(1)-Y_i(0)]=E(Y_i(1))-E(Y_i(0))$,也叫作平均处理效应,这一结果表示由于教育差异带来的平均薪酬差异,这一数据我们同样无法直接获得。

此时,我们就可引入断点回归设计方法,这种方法本质上是一个准自然实验,这种方法中的处理组和对照组都不是随机的,但是存在一个分组规则,决定哪些个体是处理组,哪些个体是对照组,这是断点回归设计方法的一个重要特点。

下面来看一个具体的例子[①],我们要评估上大学对工资薪酬的影响,并假设存在一个如

---

① 陈强. 高级计量经济学及 Stata 应用[M]. 2 版. 北京:高等教育出版社,2014:559-570.

下的简单分组规则：上大学与否（D_i）完全取决于高考成绩 x_i（即分组变量）（assignment variable，forcing variable 或 running variable）是否超过 500 分（即断点，cutoff point），即：

$$D_i = \begin{cases} 1, 若\ x_i \geqslant 500 \\ 0, 若\ x_i < 500 \end{cases}$$

记不上大学与上大学的两种潜在结果分别为（y_{0i}, y_{1i}），处理变量 D_i 为 x_i 的函数，记为 $D(x_i)$，在给定 x_i 的情况下，可将 D_i 视为常数。由于函数 $D(x_i)$ 在 $x = 500$ 处存在一个断点（discontinuity），所以可以估计 D_i 对 y_i 的因果效应。在断点 500 附近的一个邻域内，比如对于高考成绩为 498 分、499 分、500 分或 501 分的考生，可以认为他们在各方面（包括可观测变量与不可观测变量）都没有系统差异。他们高考成绩的细微差异只是随机抽样的结果，导致成绩为 500 分或 501 分的考生上大学（进入处理组），而成绩为 498 分或 499 分的考生落榜（进入对照组）。所以，由于上述分组规则，在高考成绩 500 分的邻域内 $[500 - \varepsilon, 500 + \varepsilon]$ 对考生进行了随机分组，故可视为准实验，这个准试验将样本分成了处理组和对照组。

由于在断点附近存在随机分组，所以我们可以一致地估计在断点 $x = 500$ 附近的上大学的局部平均处理效应（local average treatment effect，LATE）：

$$\text{LATE} \equiv \text{E}(y_{1i} - y_{0i} \mid x = 500) = \text{E}(y_{1i} \mid x = 500) - \text{E}(y_{0i} \mid x = 500) = \lim_{x \downarrow 500} \text{E}(y_{1i} \mid x) - \lim_{x \uparrow 500} \text{E}(y_{0i} \mid x)$$

其中，$\lim\limits_{x \downarrow 500}$ 和 $\lim\limits_{x \uparrow 500}$ 分别表示从 500 的右侧与左侧取极限，假设 $\text{E}(y_{1i} \mid x)$ 与 $\text{E}(y_{0i} \mid x)$ 为连续函数，故其极限值等于函数取值，该极限值的差异体现的就是上大学的政策效应。

在断点 $x = 500$ 处，我们看到个体进入处理组的概率从 0 跳跃到 1，这是一种精确断点回归设计（sharp regression discontinuity design，SRDD）方法，还有一种是模糊断点回归设计（fuzzy regression discontinuity design，FRDD）方法。[①] 本章只介绍精确断点回归设计方法。

刚才给出的是一个具体的分组规则，一般性的分组规则可以表述成：

$$D_i = \begin{cases} 1, 若\ x_i \geqslant c \\ 0, 若\ x_i < c \end{cases}$$

其中，D_i 是处理变量，x_i 是分组变量，c 是断点。

假设实验前，结果变量 y_i 和分组变量 x_i 之间存在线性关系：$y_i = \alpha + \beta x_i + \varepsilon_i$，且不失一般性，假设 $D_i = 1(x_i \geqslant c)$ 的处理效应为正，即上述线性关系在断点处存在一个向上的跳跃。基于数据可以绘出两者的关系（见图 7.1），可以看到，c 是断点，那么政策效应就是图中

---

① 陈强.高级计量经济学及 Stata 应用[M].2 版.北京:高等教育出版社,2014:563.

B－A 的这一段。由于在断点附近,个体无系统性差别,造成条件期望函数 $E(y_i \mid x_i)$ 在此跳跃的唯一原因就是 D_i 的处理效应。

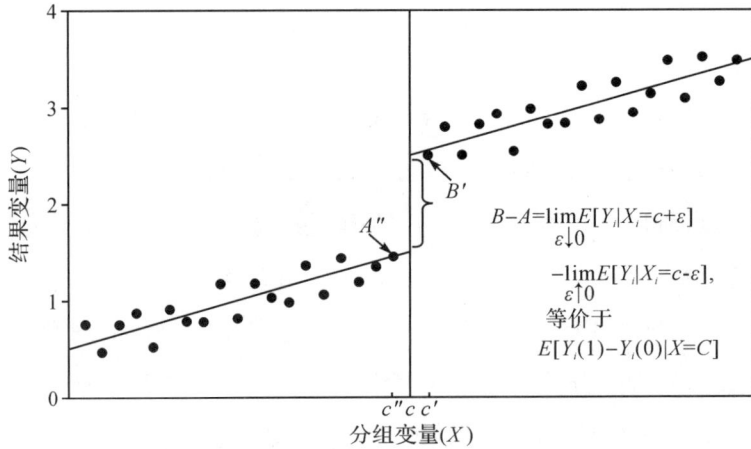

图 7.1　变量关系(Lee 和 Lemieux,2010)

为了估计这一影响,将上述线性方程改写为: $y_i = \alpha + \beta(x_i - c) + \tau D_i + \gamma(x_i - c)D_i + \varepsilon_i(i = 1, 2, \cdots, n)$。其中,$(x_i - c)$ 是为了将断点变为 0,在方程中引入虚拟变量 D_i 就是为了产生不同的截距项,引入交互项 $(x_i - c)D_i$ 则是允许断点两侧的回归线斜率不同。当 $D_i = 0$ 时,得到的是左边那段线,当 $D_i = 1$ 时,得到的是右边那段线。对上式进行 OLS 回归,所得虚拟变量 D_i 的系数就是在 $x_i = c$ 处的局部平均处理效应(LATE)的估计量,也即政策效应。由于这个回归存在一个断点,所以被称为断点回归设计(regression discontinuity design,RDD)。

为防止产生遗漏变量偏差和使用断点附近的样本数据,也可以在模型中引入高次项,并限定 x 的取值范围为$(c - h < x < c + h)$:

$$y_i = \alpha + \beta(x_i - c) + \tau D_i + \gamma(x_i - c)D_i + \beta_2(x_i - c)^2 + \gamma_2(x_i - c)^2 D_i + \varepsilon_i$$
$$(c - h < x < c + h)$$

但是因为最优带宽 h 通常是难以确定的,而且在设定函数的情况下还与函数的具体形式有关,所以研究者们开始转向非参数回归,不再依赖于具体的函数形式。这种非参数回归的方法还可以通过最小化均方误差来选择最优带宽 h,通常情况下使用的方法都是局部线性回归的方法,即最小化如下目标函数:

$$\min_{\langle \alpha, \beta, \delta, \gamma \rangle} \sum_{i=1}^{n} K\big[(x_i - c)/h\big]\big[y_i - \alpha - \beta(x_i - c) - \delta D_i - \gamma(x_i - c)D_i\big]^2$$

上式右侧部分 $\big[y_i - \alpha - \beta(x_i - c) - \delta D_i - \gamma(x_i - c)D_i\big]^2$ 为局部回归的残差平方和,左侧 $K(.)$ 为加权核函数,越接近断点,权重越大,一般默认为三角核函数(triangular kernel)。当然,也可以使用矩形核函数(rectangular kernel,即均匀核),权重相等,相当于普通 OLS 回归。简言之，三角核函数属于加权的 OLS。

最优带宽 h 的确定有三种方法，CV 法（Laduig 和 Miller，2007）、IK 法（Imbensand 和 Kalyanaraman，2012）和 CCT 法（Calonico 等，2014b；Calonico 等，2017），可以在 Stata 命令的选项中选择 **rd**，默认使用 IK 法确定最优带宽，命令 **rdrobust** 则提供最新多种不同的最优带宽计算方法选项（**mserd** 和 **cerrd**，默认为 **mserd**）（Calonico 等，2014a、2014b；Calonico 等，2017；Calonico 等，2018）。

对于断点回归设计方法，也需要做稳健性检验。由于断点回归在操作上存在不同选择，实践中一般建议同时汇报以下各种情形的结果，以证明结果的稳健性[①]：

（1）分别汇报三角核函数与矩形核函数的局部线性回归结果（后者等价于线性参数回归）。

（2）分别汇报使用不同带宽的结果（比如，最优带宽及其二分之一或两倍带宽）。这个稳健性检验，需要根据不同计算方式的最优带宽结果，自己计算二分之一或两倍带宽，然后加入回归命令中。

（3）分别汇报包含协变量与不包含协变量的情形。

（4）进行模型设定检验，包括检验分组变量（如高考分数）与协变量的条件密度是否在断点处连续，防止存在人为操纵。尤其是对于分组变量来讲，如果断点处分布不均匀，表明存在人为的控制分组，比如考生能够通过自身努力完全控制高考分数，此时断点回归将失效。对于协变量的条件密度是否连续，除了画图法外，还可以使用回归法的方式，也即将协变量逐个作为被解释变量进行回归，看是否存在显著的政策效应，如果存在，则表明协变量不连续。

7.1.2　断点回归设计方法应用举例

有很多使用这种方法的论文发表在了很多优秀的期刊上，如图 7.2 至图 7.4 所示，刘生龙等（2016）基于断点回归设计来考察义务教育法与中国城镇教育回报率问题；邹红和喻开志（2015）研究退休与城镇家庭消费问题；雷根强等（2015）使用此方法探究转移支付对城乡收入差距的影响。

---

① 陈强.高级计量经济学及 Stata 应用［M］.2 版.北京：高等教育出版社,2014:562-563.

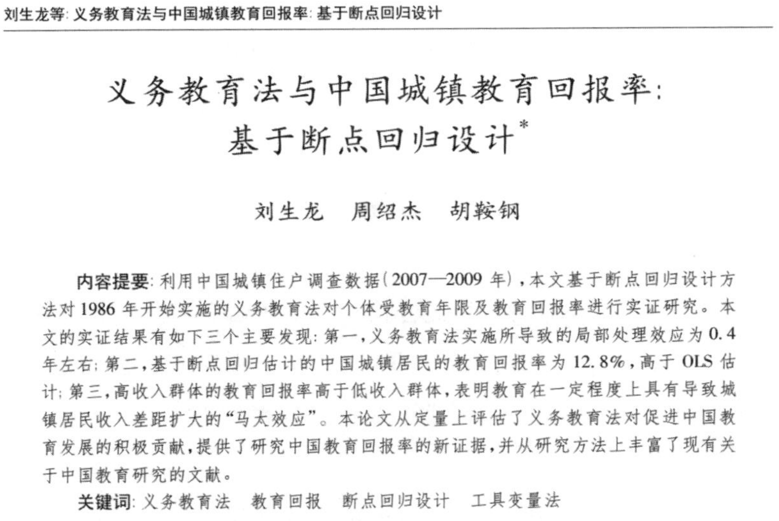
刘生龙等: 义务教育法与中国城镇教育回报率: 基于断点回归设计

义务教育法与中国城镇教育回报率:
基于断点回归设计*

刘生龙　周绍杰　胡鞍钢

内容提要: 利用中国城镇住户调查数据(2007—2009 年),本文基于断点回归设计方法对 1986 年开始实施的义务教育法对个体受教育年限及教育回报率进行实证研究。本文的实证结果有如下三个主要发现: 第一,义务教育法实施所导致的局部处理效应为 0.4 年左右; 第二,基于断点回归估计的中国城镇居民的教育回报率为 12.8%,高于 OLS 估计; 第三,高收入群体的教育回报率高于低收入群体,表明教育在一定程度上具有导致城镇居民收入差距扩大的"马太效应"。本论文从定量上评估了义务教育法对促进中国教育发展的积极贡献,提供了研究中国教育回报率的新证据,并从研究方法上丰富了现有关于中国教育研究的文献。

关键词: 义务教育法　教育回报　断点回归设计　工具变量法

图 7.2　义务教育法与中国城镇教育回报率:基于断点回归设计

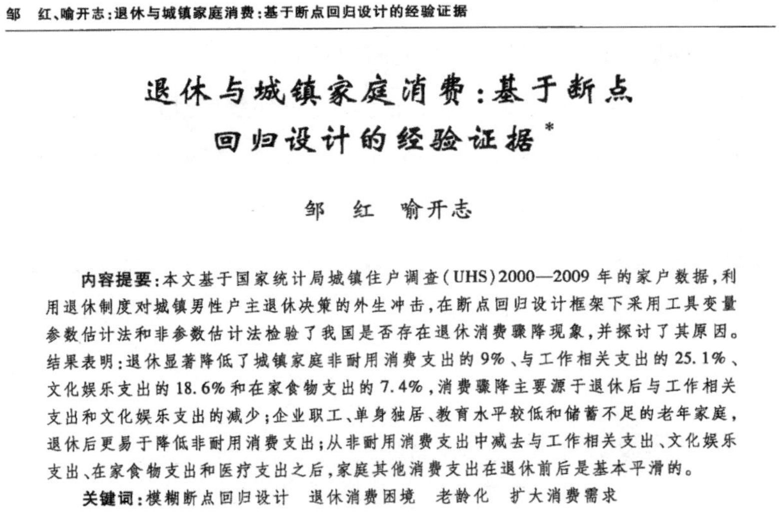
邹　红、喻开志:退休与城镇家庭消费:基于断点回归设计的经验证据

退休与城镇家庭消费:基于断点
回归设计的经验证据*

邹　红　喻开志

内容提要:本文基于国家统计局城镇住户调查(UHS)2000—2009 年的家户数据,利用退休制度对城镇男性户主退休决策的外生冲击,在断点回归设计框架下采用工具变量参数估计法和非参数估计法检验了我国是否存在退休消费骤降现象,并探讨了其原因。结果表明:退休显著降低了城镇家庭非耐用消费支出的 9%、与工作相关支出的 25.1%、文化娱乐支出的 18.6%和在家食物支出的 7.4%,消费骤降主要源于退休后与工作相关支出和文化娱乐支出的减少;企业职工、单身独居、教育水平较低和储蓄不足的老年家庭,退休后更易于降低非耐用消费支出;从非耐用消费支出中减去与工作相关支出、文化娱乐支出、在家食物支出和医疗支出之后,家庭其他消费支出在退休前后是基本平滑的。

关键词:模糊断点回归设计　退休消费困境　老龄化　扩大消费需求

图 7.3　退休与城镇家庭消费:基于断点回归设计的经验证据

7.2　断点回归设计操作部分

7.2.1　断点回归设计的 Stata 操作 1

断点回归设计在 Stata 中的实现命令主要有以下四个:**rdrobust**、**rdbwselect**、**rdplot**、**McCrary Test**。其中,**rdrobust** 是断点回归的命令,**rdbwselect** 是选择最优带宽的命令,**rdplot**

财贸经济 2015 年第 12 期

转移支付对城乡收入差距的影响

——基于我国中西部县域数据的模糊断点回归分析*

雷根强 黄晓虹 席鹏辉

内容提要：本文利用 2000—2007 年我国中西部地区 15 个省份中 1054 个县域数据，分析了转移支付对城乡收入差距的影响。选择以西部大开发战略政策的准自然实验进行地理位置模糊断点回归分析，发现中央对西部地方政府的转移支付高于中部地区，然而西部地区居民城乡收入差距却没有因此得到缓解，反而扩大了 20%。转移支付对城乡收入差距呈现扩大效应，该结果在不同带宽以及在距离或经纬度作为断点回归执行变量的情况下均具有稳健性。同时，机制分析发现，城镇居民收入从转移支付中受益程度高于农村居民。因此，本文认为转移支付应更有针对性地投向农村地区，同时中央政府应尽快合理调整转移支付结构，并纠正地方财政支出城镇偏向及结构偏向问题。

关 键 词：转移支付 城乡收入差距 断点回归

图 7.4 转移支付对城乡收入差距的影响

是一个画图的命令，用来观察是否存在跳跃点，**McCrary Test** 是一个检验的命令，用来检验分组变量和协变量的条件密度是否在断点处连续。

有两篇文章详细介绍了与断点回归设计相关的命令，一篇是 Calonico 等（2014b），另外一篇是 Calonico 等（2017）。

下面，我们将首先介绍 **rdrobust** 命令（Calonico 等，2014a、2018、2019、2020），它的基本句式如图 7.5 所示。

```
rdrobust depvar runvar [if] [in] [, c(#) fuzzy(fuzzyvar [sharpbw]) deriv(#) scalepar(#) p(#) q(#)
    h(# #) b(# #) rho(#) covs(covars) covs_drop(covsdropoption) kernel(kernelfn)
    weights(weightsvar) bwselect(bwmethod) scaleregul(#) masspoints(masspointsoption) bwcheck(#)
    bwrestrict(bwropt) stdvars(stdopt) vce(vcetype [vceopt1 vceopt2]) level(#) all ]
```

图 7.5 rdrobust 命令的基本句式

图 7.5 中，**depvar** 是被解释变量，**runvar** 是分组变量，**c(#)** 的括号里要填写分组变量的断点，比如前面例子中高考分数 500 分，默认是 0；**p(#)** 是点估计的局部多项式阶数，默认为 1，即局部线性；**q(#)** 指定了偏差纠正的多项式阶数，默认为 2；**h(# #)** 是回归带宽，默认使用最优带宽，我们也可以手动计算带宽的 0.5 倍、1.5 倍、2 倍等值代入括号中去，在稳健性检验时常常采用这种做法；**b(# #)** 为偏差纠正的回归带宽，如若不进行指定，将由命令"**rdbwselect**"计算得出；**rho(#)** 定义了 rho 的值，从而确定偏差纠正带宽 b 和带宽 h 的对应关系：$b=h/rho$；**covs(covars)** 用来添加回归时使用的其他协变量；**k(kernelfn)** 用来指定核函数，默认为三角核函数，核函数决定了误差项的权重。另外两个选项分别为均匀核函数

（uniform）和伊潘涅切科夫核函数（epanechnikov），三种核函数的主要区别是误差项平方和前权重的大小。**bwselect**（**bwmethod**）是估计带宽的方法。更多选择项的详细说明可在 Stata 中使用 **help rdrobust** 命令查看。

rdbwselect 是选择最优带宽的命令，其基本句式如图 7.6 所示，与 **rdrobust** 命令类似，命令的选择项也与 **rdrobust** 类似。

```
rdbwselect depvar indepvar [if] [in] [, c(#) fuzzy(fuzzyvar [sharpbw]) deriv(#) p(#) q(#)
    covs(covars) covs_drop(covsdropoption) kernel(kernelfn) weights(weightsvar) bwselect(bwmethod)
    all scaleregul(#) masspoints(masspointsoption) bwcheck(bwcheck) bwrestrict(bwropt)
    stdvars(stdopt) vce(vcetype [vceopt1 vceopt2]) ]
```

图 7.6　rdbwselect 命令的基本句式

rdplot 是一个画图的命令，其基本句式如图 7.7 所示，主要的选择项也与前几个命令类似。它可以检验是否存在断点以及判断跳跃的方向。如果向上跳跃，说明政策影响是正向的；如果向下跳跃，说明政策影响是负向的。

```
rdplot depvar runvar [if] [in] [, c(cutoff) p(pvalue) numbinl(numbinlvalue)
    numbinr(numbinrvalue) binselect(binmethod) lowerend(xlvalue) upperend(xuvalue)
    scale(scalevalue) scalel(scalelvalue) scaler(scalervalue) generate(idname
    meanxname meanyname) graph_options(gphopts) hide]
```

图 7.7　rdplot 命令的基本句式

我们还可以使用 **kdensity** 命令来画出核密度图，其基本句式如图 7.8 所示。

```
kdensity varname [if] [in] [weight] [, options]
```

图 7.8　kdensity 命令的基本句式

最后一个命令是 **McCrary Test**，其基本句式为 **DCdensity x，breakpoint**(*c*) **generate**(*Xj Yj r0 fhat se_fhat*) **graphname**(*rd.eps*)。我们用它来检验分组变量和协变量的条件概率密度是否在断点处连续，这是进行断点回归设计时必须要进行的一个检验。

以上相关命令的更多选择项的详细说明都可在 Stata 中使用 **help** 命令查看。

下面，我们通过一个具体的例子来运用刚刚介绍的命令。

这个例子研究的是美国民主党候选人在本届的当选情况对本辖区内下一届竞选得票率的影响，也即考察当期在位者的优势。根据美国竞选法，当一个辖区内民主党得票率超过 50%，即可获胜当选，成为在位者。显然，分组变量就是本届得票率，断点是 0.5。如果我们将民主党与共和党的当期得票率作差，此时断点就变成了 0。在这个例子中，设定的 RDD 模型为：

$$v_{i2} = \alpha w_{i1} + \beta v_{i1} + \gamma d_{i2} + e_{i2}$$

$$d_{i2} = 1\left[v_{i1} > \frac{1}{2}\right]$$

$f_{i1}(v \mid w)$ — *density of v_{i1} conditional on w_{i1}* — *is continuous in v*

$$E[e_{i2} \mid w_{i1}, v_{i1}] = 0$$

其中，v_{i2} 就是民主党人下一期在选区 i 的得票数，v_{i1} 就是民主党人本期在选区 i 的得票数；v_{i1} 大于二分之一就是在位者，如果是在位者，d_{i2} 取值为 1，否则为 0；w_{i1} 则为本期可能影响选举结果的一系列变量。

在这个例子中，变量主要有 $vote$、$margin$、$class$、$termshouse$、$termssenate$ 和 $population$。其中，$vote$ 是被解释变量，即民主党候选人在下次参议院选举中的得票比例；$margin$ 是分组变量，即民主党候选人在上次参议院选举中的得票比例减去共和党候选人在上次参议院选举中的得票比例，用来判断是否为在位者，此时的断点数为 0。$class$ 又是什么呢？美国参议院有 100 个席位，分为三个组，所以每组有 33～34 人，每隔两年轮换一次，$class$ 就是指在哪个组任职；$termshouse$ 是指某议员在众议院的任职任期数；$termssenate$ 是指某议员在参议院的任职任期数；$population$ 是指某州的人口总数。上述四个变量就是断点回归中的四个协变量。

7.2.2　断点回归设计的 Stata 操作 2

上一节中我们介绍了该例子的背景，本小节将讲解具体的 Stata 操作。

打开 Stata 软件，调用配套的 rdrobust_senate 数据，输入命令 **des** 或者 **sum** *vote margin class termshouse termssenate population*，**sep(2)** 来查看数据情况。

运行 **des** 命令的结果如图 7.9 所示，可以看到这个数据集中有 1390 个观测值，8 个变量。

```
  obs:         1,390
  vars:            8                          7 Mar 2017 18:33
  size:       38,920

              storage   display    value
variable name   type    format     label      variable label

state          float    %9.0g                 State ID
year           float    %10.0g                Election Year
vote           float    %9.0g                 Democratic vote share in next election
margin         float    %9.0g                 Democratic margin of victory
class          float    %9.0g                 Senate class
termshouse     int      %54.0g                Cummulative number of terms served in U.S. House by congress
                                                of record
termssenate    int      %53.0g                Cummulative number of terms served in U.S. Senate by
                                                congress of record
population     long     %10.0g                State population

Sorted by: state  year
```

图 7.9　在 Stata 中运行 des 命令后的窗口示意

而通过 **sum** 命令来查看描述性统计情况，可以看到各变量的情况，如图 7.10 所示，**sep(2)** 这个命令就是每两个变量隔一条线。

接下来我们进行断点回归估计，首先作图观察断点两侧被解释变量的跳跃，运行以下命令：**rdplot** *vote margin*。其中，$vote$ 是被解释变量，$margin$ 是分组变量。从输出结果中可以看到，断点左侧有 595 个观测值，右侧有 702 个观测值，使用了四阶多项式拟合，断点左侧箱体数目为 15 个，右侧为 35 个，断点左侧箱体宽度为 6.667，右侧宽度为 2.857（见图 7.11）。

```
. sum vote margin class termshouse termssenate population, sep(2)

    Variable          Obs         Mean    Std. Dev.         Min          Max

        vote        1,297     52.66627     18.12219           0          100
      margin        1,390     7.171159     34.32488        -100          100

       class        1,390     2.023022     .8231983           1            3
   termshouse       1,108     1.436823     2.357133           0           16

  termssenate       1,108     4.555957     3.720294           1           20
   population       1,390      3827919      4436950       78000     3.73e+07
```

图 7.10　在 Stata 中运行 sum 命令后的窗口示意

```
. rdplot vote margin

RD Plot with evenly spaced mimicking variance number of bins using spacings estimators.

        Cutoff c = 0 | Left of c  Right of c      Number of obs  =       1297
                                                  Kernel         =    Uniform
       Number of obs          595         702
  Eff. Number of obs          595         702
  Order poly. fit (p)           4           4
     BW poly. fit (h)     100.000     100.000
 Number of bins scale      1.000       1.000

Outcome: vote. Running variable: margin.

                       | Left of c  Right of c

       Bins selected           15          35
  Average bin length        6.667       2.857
   Median bin length        6.667       2.857

    IMSE-optimal bins            8           9
  Mimicking Var. bins           15          35

Rel. to IMSE-optimal:
      Implied scale        1.875       3.889
    WIMSE var. weight      0.132       0.017
   WIMSE bias weight       0.868       0.983
```

图 7.11　在 Stata 中运行 rdplot *vote margin* 命令后的窗口示意

同时，我们还可以得到回归函数拟合图，如图 7.12 所示，图中的每个点对应着每个直方图的均值，15 个箱体就是 15 个点，每个点就是箱体包含的数据的均值。左侧这条线表示在位者不是民主党人时，民主党下一次当选的得票率；右侧这条线表示在位者是民主党人时，民主党下一次还当选的得票率。很明显地可以看到，在断点处有个跳跃，这个跳跃一定程度上就反映了在位者的优势。

接下来我们就要把这一结果估计出来，使用以下命令：

rdrobust *vote margin*，all

其中，*vote* 是被解释变量，*margin* 是分组变量，断点为 0；最优带宽的计算方法是 **mserd**；核函数是三角核函数；**all** 代表同时报告使用普通方差估计量的普通 RDD 估计、使用普通方差估计量的偏差纠正 **RDD** 估计和使用稳健方差估计量的偏差纠正 RDD 估计的结果。

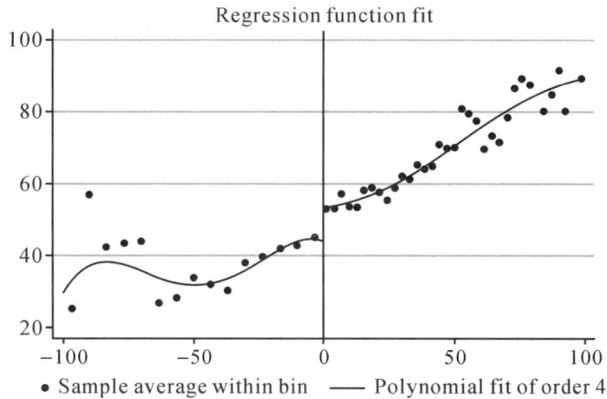

图 7.12　回归函数拟合图

我们也可以通过改变最优带宽的计算方法来进行稳健性检验，比如默认的计算方法是 **mserd**，上述命令的等价命令为：

rdrobust *vote margin*，**all bwselect(mserd) c(0) p(1) kernel(triangular)**

那我们就可以使用另外一种最优带宽的估计方法 **cerrd** 来做稳健性检验，相应命令如下：

rdrobust *vote margin*，**all bwselect(cerrd) c(0) p(1) kernel(triangular)**

除了改变估计方法，我们还可以指定具体的带宽来估计，这也是一种稳健性检验：

rdrobust *vote margin*，**all h() b()**

括号中填写具体的数字，就可以查看指定带宽的结果。

下面，我们首先来查看基本命令 **rdrobust** *vote margin*，**all** 的结果，如图 7.13 所示，我们可以看到政策效应非常显著，且系数大小为 7.4141，说明在位者优势能够给下一期带来更多的选票。

```
. rdrobust vote margin, all

Sharp RD estimates using local polynomial regression.

        Cutoff c = 0 | Left of c  Right of c        Number of obs =      1297
                     |                               BW type       =     mserd
       Number of obs |    595        702             Kernel        = Triangular
  Eff. Number of obs |    360        323             VCE method    =        NN
       Order est. (p)|      1          1
      Order bias (q) |      2          2
        BW est.  (h) | 17.754     17.754
        BW bias  (b) | 28.028     28.028
          rho (h/b)  |  0.633      0.633

Outcome: vote. Running variable: margin.

        Method |  Coef.    Std. Err.    z      P>|z|    [95% Conf. Interval]

  Conventional | 7.4141    1.4587    5.0826    0.000    4.5551    10.2732
 Bias-corrected| 7.5065    1.4587    5.1460    0.000    4.64747   10.3655
        Robust | 7.5065    1.7413    4.3110    0.000    4.0937    10.9193
```

图 7.13　在 Stata 中运行 **rdrobust** *vote margin*，**all** 命令后的窗口示意

计算最优带宽的方法是 **mserd**,具体计算最优带宽方法的介绍我们可以通过 **help** 命令来查看,图 7.13 中,Kernel type 显示的是 Triangular,说明使用的是三角核函数。从图 7.13 中可以看到,左侧的观测值是 595 个,右侧的观测值是 702 个,p 等于 1,说明点估计的局部多项式阶数为 1,为局部线性回归,偏差纠正的局部多项式阶数是 2,最优带宽 h 是 17.754,这个最优带宽可能是有偏差的,纠正之后的最优带宽是 28.028。因为带宽是不同的,所以运行出来的结果也是不一样的,标准情况下是 7.4141,纠正偏差后得到的系数是 7.5065,而最后一行则是针对偏差纠正的情况,提供了一个稳健标准误的结果,系数大小也为 7.5065。可以看到这三个结果都是高度显著的,说明在位者优势能够提高 7.5% 的得票数。

接下来我们进行稳健性检验,第一个稳健性检验是使用另外一种计算最优带宽的方法检验,运行 **rdrobust** *vote margin*,**all bwselect(cerrd) c(0) p(1) kernel(triangular)** 命令后,我们可以得到如图 7.14 所示的结果,可以看到此时系数大小是 7.6316,而之前使用默认命令得到的结果是 7.4141,两者相差不大,且都是高度显著的。

```
. rdrobust vote margin, all bwselect(cerrd) c(0) p(1) kernel(triangular)

Sharp RD estimates using local polynomial regression.

       Cutoff c = 0 |  Left of c  Right of c          Number of obs =        1297
                     |                                BW type       =        cerrd
      Number of obs  |       595         702           Kernel       =   Triangular
 Eff. Number of obs  |       284         248           VCE method   =           NN
    Order est.  (p)  |         1           1
    Order bias  (q)  |         2           2
       BW est.  (h)  |    12.407      12.407
       BW bias  (b)  |    28.028      28.028
        rho (h/b)    |     0.443       0.443

Outcome: vote. Running variable: margin.

         Method |     Coef.   Std. Err.      z     P>|z|     [95% Conf. Interval]

   Conventional |    7.6316     1.6801    4.5424   0.000      4.3387     10.9244
 Bias-corrected |    7.6817     1.6801    4.5723   0.000      4.38884    10.9746
         Robust |    7.6817     1.8406    4.1735   0.000      4.07422    11.2892
```

图 7.14   在 Stata 中运行稳健性检验命令后的窗口示意

在这里我们使用的是 **cerrd** 这种计算最优带宽的方法,其实还有很多种最优带宽的计算方法都可以使用。在选择最优带宽计算方法前,我们可以通过运行 **rdbwselect** *vote margin*,**all** 这一命令来查看所有计算最优带宽方法的结果,如图 7.15 所示,我们看到有 10 种方法,图 7.15 汇报了 10 个最优带宽,右边一列是修正后的带宽。

第二个稳健性检验是先选定一种计算最优带宽的方法,然后查看最优带宽的二分之一或者两倍的结果。我们以图 7.15 中的第一个结果为例,结果得到的最优带宽 h 为 17.754,b 为 28.028,要看二分之一最优带宽的结果,就计算上面两个带宽的二分之一并代入,分别得到 h 等于 8.877,b 等于 14.014,放入命令中并运行,如图 7.16 所示,我们看到结果仍然是显著的。

```
. rdbwselect vote margin, all

Bandwidth estimators for sharp RD local polynomial regression.

        Cutoff c =  | Left of c  Right of c        Number of obs  =      1297
                    |                               Kernel         = Triangular
     Number of obs  |    595         702            VCE method     =        NN
     Min of margin  |  -100.000      0.036
     Max of margin  |   -0.079     100.000
     Order est. (p) |      1           1
     Order bias (q) |      2           2

Outcome: vote. Running variable: margin.

                    |        BW est.  (h)        |        BW bias  (b)
          Method    | Left of c    Right of c    | Left of c    Right of c
         mserd      |   17.754       17.754      |   28.028       28.028
         msetwo     |   16.170       18.126      |   27.104       29.344
         msesum     |   18.365       18.365      |   31.319       31.319
         msecomb1   |   17.754       17.754      |   28.028       28.028
         msecomb2   |   17.754       18.126      |   28.028       29.344

         cerrd      |   12.407       12.407      |   28.028       28.028
         certwo     |   11.299       12.667      |   27.104       29.344
         cersum     |   12.834       12.834      |   31.319       31.319
         cercomb1   |   12.407       12.407      |   28.028       28.028
         cercomb2   |   12.407       12.667      |   28.028       29.344
```

图 7.15　在 Stata 中运行 rdbwselect vote margin，all 命令后的窗口示意

```
. rdrobust vote margin, all h(8.877) b(14.014)

Sharp RD estimates using local polynomial regression.

      Cutoff c = 0  | Left of c  Right of c      Number of obs  =      1297
                    |                             BW type        =    Manual
     Number of obs  |    595         702          Kernel         = Triangular
Eff. Number of obs  |    222         182          VCE method     =        NN
     Order est. (p) |      1           1
     Order bias (q) |      2           2
     BW est.  (h)   |   8.877       8.877
     BW bias  (b)   |  14.014      14.014
     rho (h/b)      |   0.633       0.633

Outcome: vote. Running variable: margin.

       Method   |  Coef.    Std. Err.    z      P>|z|    [95% Conf. Interval]
   Conventional |  8.3587    1.9463   4.2946    0.000    4.54401     12.1734
 Bias-corrected |  9.3753    1.9463   4.8169    0.000    5.56057     13.19
        Robust  |  9.3753    2.3638   3.9661    0.000    4.74221     14.0083
```

图 7.16　在 Stata 中运行二分之一最优带宽命令后的窗口示意

接下来再看一下两倍带宽的结果，在给 h 和 b 乘以 2 之后得到，得到 h 等于 35.508，b 等于 56.056，运行命令 **rdrobust *vote margin*，all h(35.508) b(56.056)**，如图 7.17 所示，同样可以看到结果是非常显著的。

下面，我们再做第三个稳健性检验，加进协变量的情况下查看结果是否稳健，使用的命令如下：

rdrobust *vote margin*，all covs(*class termshouse termssenate*)

与基本回归的命令相比，此时增加了 **covs(*class termshouse termssenate*)**，括号里面是协

```
. rdrobust vote margin, all h(35.508) b(56.056)

Sharp RD estimates using local polynomial regression.

    Cutoff c = 0  │ Left of c  Right of c        Number of obs =        1297
                  │                              BW type       =      Manual
   Number of obs  │   595         702            Kernel        = Triangular
Eff. Number of obs│   514         499            VCE method    =          NN
   Order est. (p) │     1           1
   Order bias (q) │     2           2
   BW est. (h)    │  35.508      35.508
   BW bias (b)    │  56.056      56.056
   rho (h/b)      │   0.633       0.633

Outcome: vote. Running variable: margin.

    Method     │   Coef.    Std. Err.     z      P>|z|    [95% Conf. Interval]

Conventional   │  7.1616     1.1018    6.4998   0.000    5.00205     9.32109
Bias-corrected │  8.0008     1.1018    7.2614   0.000    5.84127    10.1603
      Robust   │  8.0008     1.3482    5.9344   0.000    5.35836    10.6432
```

图 7.17 在 Stata 中运行两倍最优带宽命令后的窗口示意

变量。如图 7.18 所示,可以看到结果是 6.8499,纠正后的结果是 6.9884,并且非常显著,这表明估计结果是相对稳健的。

```
. rdrobust vote margin, all covs(class termshouse termssenate)

Covariate-adjusted sharp RD estimates using local polynomial regression.

    Cutoff c = 0  │ Left of c  Right of c        Number of obs =        1108
                  │                              BW type       =       mserd
   Number of obs  │   491         617            Kernel        = Triangular
Eff. Number of obs│   315         283            VCE method    =          NN
   Order est. (p) │     1           1
   Order bias (q) │     2           2
   BW est. (h)    │  18.033      18.033
   BW bias (b)    │  28.988      28.988
   rho (h/b)      │   0.622       0.622

Outcome: vote. Running variable: margin.

    Method     │   Coef.    Std. Err.     z      P>|z|    [95% Conf. Interval]

Conventional   │  6.8499     1.4067    4.8694   0.000    4.09275      9.607
Bias-corrected │  6.9884     1.4067    4.9679   0.000    4.2313     9.74556
      Robust   │  6.9884     1.6636    4.2009   0.000    3.7279     10.249

Covariate-adjusted estimates. Additional covariates included: 3
```

图 7.18 运行 rdrobust *vote margin*, all covs(*class termshouse termssenate*)命令后的窗口示意

最后还有一个很重要的检验,就是设定检验,检验协变量和分组变量的条件密度在断点处是否连续。用 **hist** *margin* 命令绘制频数直方图,用 **kdensity** *margin* 命令绘制核密度图。图 7.19 是频数直方图,在断点的左右,相对均匀。图 7.20 是核密度图,更为清晰,左右分布对称均匀。

另外,我们也可以通过 **DCdensity** *margin*, **breakpoint**(**0**) **generate**(*Xj Yj r0 fhat se_fhat*) **graphname**(*rd. eps*)命令得到分组变量的条件密度函数图,如图 7.21 所示,那么从这个图中如何判断分组变量在断点处是否连续? 又该怎么看呢?

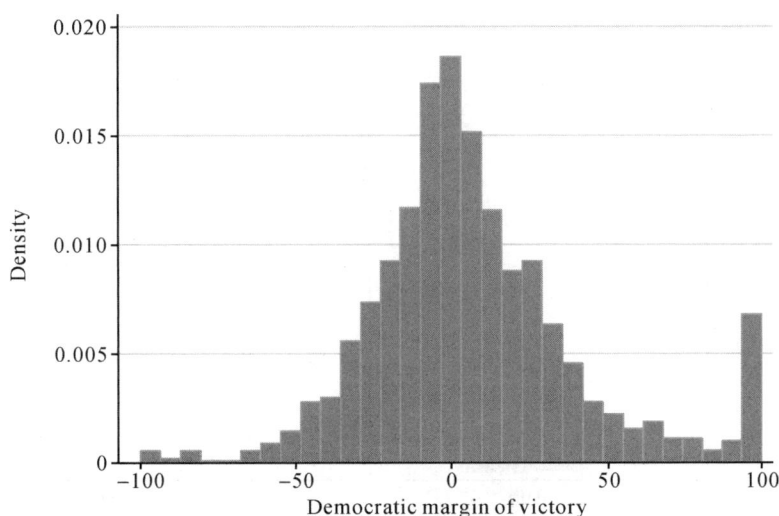

图 7.19 频数直方图

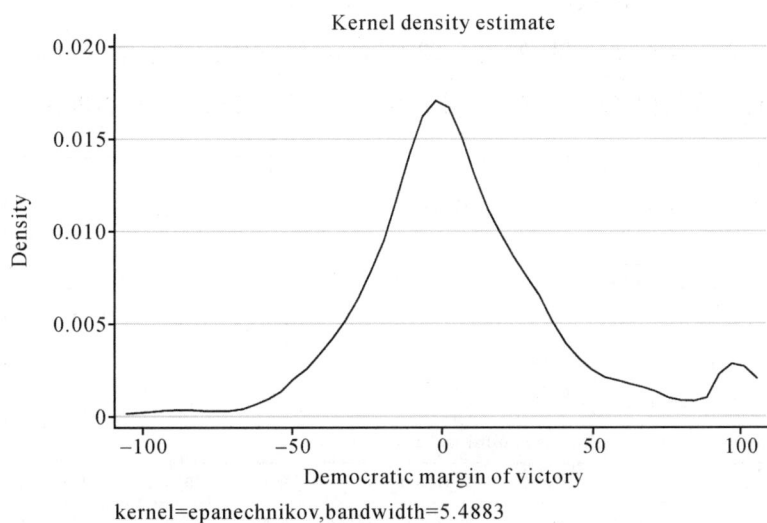

图 7.20 核密度图

图 7.21 中间的黑色线就是条件密度,黑色线旁边两条线表示一个置信区间,包围着黑色线,我们看到在断点两侧密度函数估计值的置信区间有很多重叠,可以判断分组变量在断点处是连续的。同样的,各协变量也可以参考上述方法分别进行连续性检验。

另外一种检验协变量条件密度是否在断点处连续的方法就是运行回归。具体做法是:分别将协变量作为被解释变量进行断点回归估计,预期的结果应当是不显著的,也就是表示该变量的条件密度函数在断点处不是跳跃的,是连续的。在这个例子中,可以分别运行以下命令:

rdrobust *class margin*,**all**

rdrobust *termshouse margin*,**all**

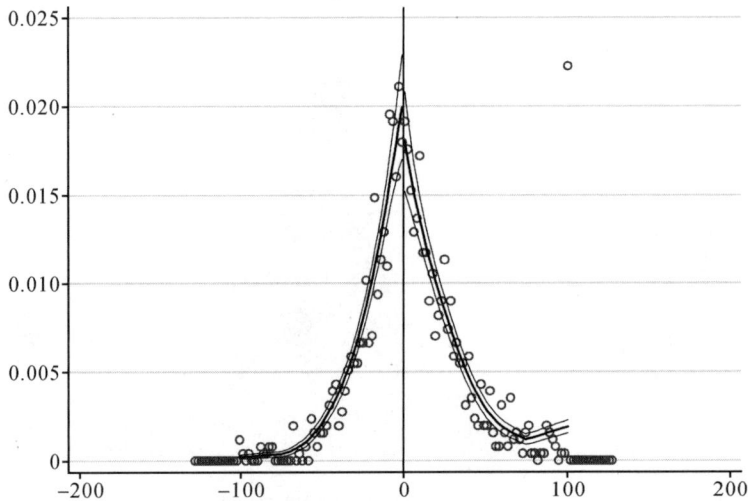

图 7.21　分组变量的条件密度函数图

rdrobust *termssenate margin*，all

我们首先看 *class* 这个协变量，如图 7.22 所示，直接看估计结果中的 p 值，分别是 0.859、0.877 和 0.896，可见 p 值相当高，相当不显著，说明 *class* 这个变量的条件密度在断点处是连续的。

```
. rdrobust class margin, all

Sharp RD estimates using local polynomial regression.

        Cutoff c = 0 │ Left of c  Right of c  │   Number of obs  =        1390
                     │                        │   BW type        =       mserd
      Number of obs  │      640        750    │   Kernel         = Triangular
 Eff. Number of obs  │      412        381    │   VCE method      =         NN
      Order est. (p) │        1          1    │
     Order bias (q)  │        2          2    │
        BW est. (h)  │   20.924     20.924    │
        BW bias (b)  │   32.813     32.813    │
        rho (h/b)    │    0.638      0.638    │

Outcome: class. Running variable: margin.

         Method │    Coef.   Std. Err.     z     P>|z|    [95% Conf. Interval]

   Conventional │  -.02135    .12054   -0.1771   0.859    -.25761    .214915
 Bias-corrected │  -.01863    .12054   -0.1546   0.877    -.254893   .217632
         Robust │  -.01863    .14311   -0.1302   0.896    -.299114   .261854
```

图 7.22　在 Stata 中运行 rdrobust *class margin*，all 命令后的窗口示意

再看 *termshouse* 的结果，如图 7.23 所示，p 值分别是 0.685、0.495 和 0.561，也是比较高的，说明 *termshouse* 这个变量的条件密度也在断点处连续。

最后再看 *termssenate* 的结果，如图 7.24 所示，同样看 p 值，分别是 0.755、0.879 和 0.900，也通过了检验，表明 *termssenate* 这个变量的条件密度在断点处也是连续的。

至此，我们讲完了断点回归设计的 Stata 操作。如果大家感兴趣，请学习以下代表性文献，进一步加深对这种方法的理解：

Lee D S，Lemieux T．Regression discontinuity designs in economics［J］．Journal of

```
. rdrobust termshouse margin, all

Sharp RD estimates using local polynomial regression.

    Cutoff c = 0 | Left of c  Right of c        Number of obs  =      1108
                 |                              BW type        =     mserd
    Number of obs|    491        617            Kernel         = Triangular
Eff. Number of obs|    282        257           VCE method     =        NN
    Order est. (p)|      1          1
    Order bias (q)|      2          2
      BW est. (h)|   15.657     15.657
      BW bias (b)|   25.431     25.431
       rho (h/b)|    0.616      0.616

Outcome: termshouse. Running variable: margin.

       Method  |   Coef.    Std. Err.     z     P>|z|    [95% Conf. Interval]

 Conventional  |  -.17257    .42515    -0.4059  0.685   -1.00585     .660715
Bias-corrected |  -.2902     .42515    -0.6826  0.495   -1.12349     .54308
      Robust   |  -.2902     .4996     -0.5809  0.561   -1.26941     .689003
```

图 7.23 在 Stata 中运行 rdrobust *termshouse margin*，all 命令后的窗口示意

```
. rdrobust termssenate margin, all

Sharp RD estimates using local polynomial regression.

    Cutoff c = 0 | Left of c  Right of c        Number of obs  =      1108
                 |                              BW type        =     mserd
    Number of obs|    491        617            Kernel         = Triangular
Eff. Number of obs|    291        267           VCE method     =        NN
    Order est. (p)|      1          1
    Order bias (q)|      2          2
      BW est. (h)|   16.443     16.443
      BW bias (b)|   25.956     25.956
       rho (h/b)|    0.634      0.634

Outcome: termssenate. Running variable: margin.

       Method  |   Coef.    Std. Err.     z     P>|z|    [95% Conf. Interval]

 Conventional  |  -.19177    .61552    -0.3116  0.755   -1.39816    1.01463
Bias-corrected |  -.09363    .61552    -0.1521  0.879   -1.30003    1.11276
      Robust   |  -.09363    .74571    -0.1256  0.900   -1.5552     1.36794
```

图 7.24 在 Stata 中运行 rdrobust *termssenate margin*，all 命令后的窗口示意

Economic Literature,2010,48(2):281-355.

Imbens G W,Lemieux T. Regression discontinuity designs:A guide to practice[J]. Journal of Econometrics,2008,142(2):615-635.

Lee D S. Randomized experiments from non-random selection in US house elections [J]. Journal of Econometrics,2008,142(2): 675-697.

Calonico S,Cattaneo M D and Titiunik R. Robust data-driven inference in the regression-discontinuity design[J]. The Stata Journal,2014,14(4):909-946.

Calonico S,Cattaneo M D,Farrell M H and Titiunik R. Rdrobust:Software for regression-discontinuity designs[J]. The Stata Journal,2017,17(2):372-404.

余静文,王春超. 新"拟随机实验"方法的兴起——断点回归及其在经济学中的应用[J]. 经济学动态,2011(4):30-39.

参考文献

Calonico S，Cattaneo M D，Titiunik R. Robust nonparametric confidence intervals for regression-discontinuity designs[J]. Econometrica,2014a,82(6):2295-2326.

Calonico S，Cattaneo M D，Titiunik R. Robust data-driven inference in the regression-discontinuity design[J]. The Stata Journal,2014b,14(4):909-946.

Calonico S，Cattaneo M D，Farrell M H，Titiunik R. Rdrobust:Software for regression-discontinuity designs[J]. The Stata Journal,2017,17(2):372-404.

Calonico S，Cattaneo M D，Farrell M H. On the effect of bias estimation on coverage accuracy in nonparametric inference [J]. Journal of the American Statistical Association,2018,113(522):767-779.

Calonico S，Cattaneo M D,Farrell M H，Titiunik R. Regression discontinuity designs using covariates[J]. Review of Economics and Statistics,2019,101(3):442-451.

Calonico S，Cattaneo M D，Farrell M H. Optimal bandwidth choice for robust bias corrected inference in regression discontinuity designs[J]. Econometrics Journal，2020,23(2): 192-210.

Imbens G，Kalyanaraman K. Optimal bandwidth choice for the regression discontinuity estimator[J]. The Review of Economic Studies，2012,79(3):933-959.

Imbens G W,Lemieux T. Regression discontinuity designs:A guide to practice[J]. Journal of Econometrics,2008,142(2):615-635.

Lee D S，Lemieux T. Regression discontinuity designs in economics [J]. Journal of Economic Literature,2010,48(2):281-355.

Lee D S. Randomized experiments from non-random selection in US house elections[J]. Journal of Econometrics,2008,142(2): 675-697.

Ludwig J,Miller D L. Does Head Start improve children's life chances? Evidence from a regression discontinuity design[J]. The Quarterly Journal of Economics,2007,122 (1):159-208.

雷根强,黄晓虹,席鹏辉. 转移支付对城乡收入差距的影响——基于我国中西部县域数据的模糊断点回归分析[J].财贸经济,2015(12):35-48.

刘生龙,周绍杰,胡鞍钢. 义务教育法与中国城镇教育回报率:基于断点回归设计[J].经济研究,2016(2):154-167.

余静文,王春超. 新"拟随机实验"方法的兴起——断点回归及其在经济学中的应用[J].经济学动态,2011(4):30-39.

邹红,喻开志. 退休与城镇家庭消费:基于断点回归设计的经验证据[J].经济研究,2015(1):124-139.

习　题

7.1　请梳理近五年《中国社会科学》《经济研究》《管理世界》三本期刊上使用断点回归设计做经验研究的文章。

7.2　请分别汇报三角核与矩形核的局部线性回归结果。